Dr. phil. Mathias Jung

Versöhnung
Töchter – Söhne – Eltern

... es gibt nichts Höheres, Stärkeres, Gesünderes,
Nützlicheres für das Leben, das vor uns liegt,
als eine gute Erinnerung, besonders wenn sie von
der Kindheit herrührt, aus dem Elternhaus ...
Wenn ein Mensch viele solcher Erinnerungen mit
sich ins Leben nimmt, ist er schon für sein ganzes
Leben gerettet.

Fjodor Dostojewski,
Die Brüder Karamasow

Aus der Sprechstunde Band 30

In liebevoller Erinnerung
an meine Eltern:

Dr. med. Erika Jung-Heimlich (1906–1977)
Dr. med Albert Jung (1905–1981)

Dr. phil. Mathias Jung

Versöhnung
Töchter – Söhne – Eltern

Nicht ich habe meine E l t e r n wählend bestimmt. In einem absoluten Sinn sind sie die meinigen. Ich kann sie, wenn ich etwa möchte, nicht ignorieren, ihr Wesen, selbst wenn es fremd erscheinen sollte, steht zu dem meinen in inniger Gemeinschaft.

Der objektiv leere Begriff der Eltern überhaupt erfüllt sich nur bestimmt in meinen Eltern, die in unvertretbarer Weise zu mir gehören. Daher erwächst hier mein Existenzbewusstsein in einer nicht zu ergründenden Mitverantwortung für ihr Sein oder im unmittelbaren Bruch meiner Existenz in der Wurzel (...).

Was auch geschieht, es bleibt die Liebe zu ihnen, selbst dann, wenn die Situation zwingt, auf Kommunikation zu verzichten.

Karl Jaspers,
Philosophie II. Existenzerhellung

Titelbild: H.-Dieter Horsthemke
Karikaturen: Reiner Taudien
Umschlagentwurf: Martin Gutjahr
ISBN 3-89189-077-X
1. Auflage 2000
© 2000 bei emu-Verlags-GmbH, 56112 Lahnstein
Alle Rechte, auch die des auszugsweisen Nachdrucks,
der fotomechanischen Wiedergabe und der Übersetzung
vorbehalten.
Gesamtherstellung: Kösel, Kempten

Inhaltsverzeichnis

Das Drama der Elternschaft 7

Die Mutter-Wunde
Töchter berichten: Feindin oder Vorbild? . 35

Die Mutter-Wunde
Söhne berichten: Symbiose oder
Abnabelung? 73

Georges Simenon
Brief an meine Mutter 100

Die Vater-Wunde
Töchter berichten: Der leere Blick 120

Die Vater-Wunde
Söhne berichten: Das Drama der
Vaterentbehrung 151

Franz Kafka
Brief an den Vater 181

Das böse Familiengeheimnis
Sexueller Missbrauch 198

**Kann man sich Mutter oder Vater
adoptieren?** 213

Der Preis des Unfriedens 231

Die Reise des Verzeihens
Was Verzeihen ist und was es nicht ist 246

Die Wege der Versöhnung 271

**Umarme deinen Gegner,
bis er sich ergibt** 302

Das Drama der Elternschaft

Es besteht gar keine Frage, dass Kinder von Herabsetzungen durch Freunde, Lehrer, Geschwister und andere Familienangehörige geschädigt werden, doch am verletzlichsten sind sie den Eltern gegenüber. Immerhin sind die Eltern für kleine Kinder der Mittelpunkt des Universums. Und wenn die allwissenden Eltern einem schlechte Dinge sagen, müssen sie stimmen. Wenn Mutter immer wieder sagt: „Du bist dumm", ist man auch dumm. Wenn Vater immer sagt: „Du bist wertlos", ist man das auch. Ein Kind hat noch keine Perspektive, aus der heraus es diese Aussagen bezweifeln könnte.

Susan Forward,
Vergiftete Kindheit.
Elterliche Macht und ihre Folgen

Mein jahrelanger Umgang mit Menschen aller Art und jeden Alters hat mich gelehrt, dass bei genauer und einfühlsamer Betrachtung fast alle Eltern das jeweils ihrer Meinung nach Beste für ihre Kinder wollten und getan haben. Dennoch wissen wir alle, wie sehr eine solch gute Absicht nicht selbstverständlich ein gelingendes Resultat erzeugt: Eltern machen Fehler, geben weiter, worunter sie selbst gelitten haben oder versuchen, es ganz bestimmt anders zu machen als ihre Eltern.

Angelika Glöckner,
Lieber Vater, liebe Mutter. Sich von
den Schatten der Kindheit befreien

Muss ich mir dieses Buch wirklich antun? Am liebsten möchte ich kneifen. Da sitze ich allein in der warmen Sonne am sommerlichen Lago Maggiore und lese zum zweiten Mal alle einhundertdreiundsechzig Briefe zum Thema „Versöhnung mit den Eltern". Einhundertelf Frauen und zweiundfünfzig Männer haben mir geschrieben. In der Regel sind es fünf bis zehn Seiten, manche von Tränenspuren gezeichnet. Über tausend Seiten, viele handgeschrieben, andere mit Schreibmaschine, gefaxt oder per Post, liegen vor mir. Es ist wohl die erschütterndste Lektüre meines Lebens. Manchmal kommen mir die Tränen. Manchmal ist mir auch alles zu viel. Vor allem, wenn mir die Menschen von den Grausamkeiten, Lieblosigkeiten, Sehnsüchten und der Ohnmacht ihrer Kindheit schreiben.

*

Die Mehrheit der Schreiberinnen und Schreiber erinnert sich, wie sie gleichlautend betonen, der Kindheit mit „gemischten Gefühlen". Ich habe übrigens, um es gleich vorwegzusagen, alle Namen der sich mir Anvertrauenden geändert. Nur in Ausnahmefällen, wenn der Schreiber um die Nennung seines wahren Namens bittet, tue ich dies und weise im Text ausdrücklich darauf hin. Da schreibt Carola (*Mein Vater ist seit sechzehn Jahren tot, das Verhältnis zu meiner Mutter ist sehr oberflächlich, wir sind beide eher angespannt als gelöst*) über den schwärzesten Tag in ihrem Kinderleben: *Ich war ein sehr lebhaftes Kind, immer in Bewegung, hatte immer*

9

irgendwo abgeschürfte Hautstellen. Ich hüpfte eine Treppe rauf und runter, als ich eine Milchflasche, die in einer Ecke stand, umstieß. Die Milch spritzte an die Wildlederjacke meiner Mutter. Sie hatte es natürlich klirren gehört und kam. Als sie die Bescherung sah, fing sie an zu schreien und zu zetern, sie hörte einfach nicht mehr auf, bis mein Vater kam. Sie verlangte, dass er mich bestrafte. Er packte mich und zog mich die Treppe hoch. Dort warf er mich auf ein Sofa und schlug wütend auf mich ein. Er war fast 1,90 Meter und wog über zwei Zentner. Ich hatte mich nass gemacht. Mir tat alles weh, doch diesmal war er wie von Sinnen. Er stemmte seinen Schreibtischstuhl, eine Antiquität aus massiver Eiche, hoch und kam auf mich zu. Ich hatte Todesangst, dieser Stuhl hätte mir alle Knochen gebrochen. Ich muss so tierisch geschrien haben, dass meine Mutter kam und letztlich das Schlimmste verhütete. Sie verließen beide den Raum und ließen mich ohne ein weiteres Wort liegen.

Carola bekennt: *Ich habe meinen Vater gehasst, und als Kind habe ich ihm oft den Tod gewünscht. An seinem Totenbett habe ich gedacht: „Gut, dass er tot ist. So kann er keinem mehr weh tun". Ich war erleichtert. Heute weiß ich, er sah zwar aus wie ein Baum, aber er war schwach und hilflos den Anforderungen meiner Mutter gegenüber.*

Carola hat Erfahrungen mit dem Wiederholungszwang geprügelter Kinder: *Bei meiner Tochter hatte ich schon einmal einen Ausraster in Richtung meines Vaters. Ich habe sie an den langen Haaren* gepackt, sie geschüttelt, angeschrien und geschlagen. Ich war hinterher völlig fertig, ich habe geweint und sie um Verzeihung gebeten. Schon als Kind wollte ich immer Kinder haben. Von diesem Wunsch kam ich nie los. Und ich sagte mir immer, dass ich sie nie misshandeln würde, weder seelisch noch körperlich. Dann passierte es mir doch. Wir reden noch heute darüber, und es schmerzt mich immer noch.

Dem Vater hat Carola verziehen, gegenüber der Mutter ist sie noch an der Versöhnungsarbeit: *Für mein Seelenheil ist wichtig, dass ich Frieden mit meiner Mutter finde. Ein ganz wichtiger Schritt hierbei ist das Verzeihen. Erst wenn das geschafft ist, kommt der Stein ins Rollen. Verzeihen ist kein spontanes Gefühl, sondern ein wachsender Prozess, der gut gepflegt sein will.*

*

Ist es bei ihr die Mutter-Wunde, so schmerzt bei vielen anderen die Vater-Wunde. Chethayin, wie er sich heute mit seinem spirituellen Namen nennt, ist ein ehemaliger Lehrer an Sonderschulen und heutiger Rentner, der erfolgreich eine flächendeckende Versorgung für Behinderte in seinem Kreisgebiet organisiert hat. Sein Vater ist zwanzig Jahre tot, doch ist das Geschehene immer noch gegenwärtig, als wäre es gestern gewesen. Bittere Kindheitserlebnisse mit seinem Vater sind dessen Strenge, verbunden mit Schlägen: *Geschlagen wurde bei uns mit einer sogenannten Kloppeitsche, einem Rundholz mit sieben Lederstreifen daran. Mein bitterstes*

11

Kindheitserlebnis mit meinem Vater war eine Situation, in der ich nach seiner Meinung ihn belogen und dadurch die für ihn kompromittierende Situation ausgelöst hatte. Ich war damals gerade sechs Jahre alt und kurz vor meiner Einschulung. Ich war ein sehr fantasievolles Kind und konnte oft nicht zwischen den Welten unterscheiden. Nach meinem Empfinden hatte ich ihn nicht belogen. Er stellte dann aber fest, dass ich aus seiner Sicht nicht die Wahrheit gesagt hatte. Lügen war mit das Schlimmste, was es für meine Eltern gab. „Wer lügt, der betrügt und stiehlt auch" haben wir immer wieder von unseren Eltern gehört. Somit war es für meinen Vater klar, dass ich bestraft werden musste, zumal ich trotz mehrmaliger Nachfrage bei meiner Wahrheit blieb. Er hat mich dann mit der Kloppeitsche so geprügelt, dass mein Hintern geblutet hat. Obwohl er auf die Hose geschlagen hat. Ich konnte nicht begreifen, was da mit mir geschah. In meinem Herzen hat es einen ganz deutlich zu vernehmenden Knacks gegeben.

Zu allem Übel wurde Chethayin ins Internat geschickt und dort von einem Geistlichen, dem er in der Kälte der Institution vertraute, emotional und sexuell missbraucht. Chethayin litt fürchterlich an der Vater-Wunde, um so mehr, als er die Kompetenz, den Fleiß, das soziale Engagement und die handwerkliche Qualifikation des Vaters schätzte und von diesen Eigenschaften selbst geprägt ist: *Als mein Vater vor zwanzig Jahren plötzlich starb, hatte ich eine fürchterliche Wut. Ich fühlte mich von ihm verraten. Er war einfach abgehauen, ohne dass er die erwünschte Klärung herbeigeführt hatte. Mir ist heute klar, dass es nicht dazu kommen konnte, weil ich damals in meiner seelischen Entwicklung noch nicht dazu in der Lage war.* Dreifach hat sich der Sohn mit seinem Vater wieder versöhnt – spirituell, therapeutisch und praktisch.

Chethayin hat Therapie gemacht. Das war aus vielen Gründen notwendig. Unter anderem, weil auch er den Wiederholungszwang einer nicht aufgearbeiteten Elterngeschichte am eigenen Leib erlebte: *Ich habe deutlich das Bild meiner Ursprungsfamilie auf meine Familie übertragen. Mit meinem Sohn hatte ich auch einen Konflikt, der fast spiegelbildlich zu meinem schlimmen Erlebnis mit meinem Vater war. Auch mein Sohn hatte mich „belogen", und ich empfand das als das Schlimmste, was man tun konnte. Auch ich habe in dieser Situation meinen Sohn geschlagen, aber bereits nach wenigen Sekunden durchfuhr es mich wie ein Blitz, und ich erkannte den Zusammenhang. Ich habe mit dem Schlagen natürlich aufgehört. Das war der Beginn einer kritischen Betrachtung meiner Rolle als Vater.*

Spirituell zog Chethayin Konsequenzen in der Auseinandersetzung mit dem übermächtigen Vater, indem er, gegen dessen dogmatische Katholizität gewandt, aus der Kirche austrat und ein eigenes, freies Bild von Gott und Kosmos entwickelte. Chethayin (der auf den Missbrauch des geistlichen Erziehers mit einem Selbstmordversuch reagierte und der noch als Erwachsener unter der Angstkrankheit Asthma litt) arbeitete mit einem Therapeuten sein zentrales Vaterproblem auch praktisch auf. Er musste buchstäblich den Vater erst einmal aus seiner Welt herausschmeißen, denn der Vater war ein Sammler gewesen und hatte alle Räumlichkeiten im Keller mit seinen Materialien zugestopft: *Ich bekam vom Therapeuten die Aufgabe herauszufinden, an welchen Stellen in meinem Haus mein Vater noch sichtbar sei und ob ich diese Situation erhalten wolle. Am stärksten war mein Vater in den Räumen unserer gemeinsamen Bastelwerkstatt noch vertreten. Ich habe mir dann vorgestellt, wie meine eigene Werkstatt aussehen würde... Es hat einige Tage gedauert, bis tief in meiner Seele die Klarheit entstand, wie ich diesen Bereich gestalten wollte und was ich nicht mehr von meinem Vater behalten wollte. Ich habe sieben große Anhänger, vollbepackt mit Materialien, Gegenständen, Krimskrams etc., zur Mülldeponie gebracht. Es war bei der ersten Fuhre sehr anstrengend und hat mich große Überwindung gekostet, die Teile in den Entsorgungscontainer zu werfen. Es waren ganz klare Assoziationen zu meinem Vater vorhanden. Das Wegwerfen habe ich als einen Abschied empfunden, und je mehr Teile ich wegwarf, um so leichter wurde mir. Diese Aktion war im wahrsten Sinne des Wortes eine Befreiung von der drückenden Autorität meines Vaters, seinen Mustern und strengen Werten. Es war aber auch ein Freiwerden für eine andere Beziehung zu ihm. Ohne die therapeutische Begleitung hätte ich das nicht geschafft.*

Mit seiner Mutter hat Chethayin die Versöhnung realisiert. Sie ist eine alte Frau und lebt in einem Pflegeheim: *Obwohl sie verwirrt ist, sage ich jedes Mal, wann ich wiederkomme und wieviel Zeit ich mir nehmen will. Manchmal jammert oder weint sie, wenn ich gehe. Das belastet mich aber nicht und verleitet mich nicht dazu, meine Haltung zu verändern. Seit gut einem Jahr gehe ich nun so mit meiner Mutter um und spüre eine ganz feine, zarte Zuneigung zu ihr, wie ich sie bisher in meinem Leben noch nicht hatte.*

*

Das sind Beispiele für Versöhnung. Aber aus anderen Briefen schlägt mir auch viel Unversöhntes, noch immer Schmerzendes entgegen: *Dankbarkeit an meinen verstorbenen Vater,* notiert Roland militärisch knapp, um fortzufahren: *Bitterkeit bei meiner Mutter, denn die Narben auf der Seele bleiben für immer, heilen nicht und brechen von Zeit zu Zeit auf.*

Ina wiederum litt an der Alkoholabhängigkeit der Mutter und ihrem schweren Betrug beim Erbe. Die Mutter schenkte das Haus, ohne Inas Wissen, an die beiden Schwestern, die es soeben für über zwei Millionen DM verkauften. Es war eine Familientragödie. Ina sagt dennoch: *Meine Entscheidung, nicht zur Beerdigung meiner Mutter zu gehen, war der größte Fehler meines Lebens!!! Ich habe sehr lange darunter gelitten, und ich leide noch heute. Ich bitte meine Mutter sehr um Verzeihung, weil ich sie auf ihrem letzten Weg nicht begleitet habe. Ich bereue dies zutiefst und werde es mir nie verzeihen können. Ich rate jedem, dies niemals zu tun. Von einer solchen Schuld kommt man nie wieder los.* Und: *Meine Mutter war schwach, aber lieb und herzensgut. Sie hatte ein schweres Schicksal und ist daran zerbrochen. Sie war nicht Schuld daran. Ich hege keinerlei Groll gegen sie.* Wie die meisten Schreiber hat Ina das Beantworten meines Siebzehn-Punkte-Fragebogens zur Elternversöhnung bewegt, und es war doch zugleich ein Stück Eigentherapie: *Mir hat es gut getan, alles einmal niederzuschreiben, obgleich es nicht immer leicht war. Ich habe manchmal bitterlich geweint, konnte abends nicht einschlafen, weil ich so aufgewühlt war und wollte oft alles hinschmeißen, aber nun bin ich froh, dass alles heraus ist. An den Tatsachen kann ich nichts mehr ändern, aber meine Einstellung zu diesen Tatsachen kann ich ändern, und dazu bin ich fest entschlossen.*

Elternschaft, so scheint es, ist eine Passion – für die Eltern wie für die Kinder: Eine Geschichte der versäumten Möglichkeiten, der Kränkungen und Traumatisierungen, aber auch der verschwenderischen Liebe, der schönen Prägungen, der unzerstörbaren Bindung und Zuwendung. Wieviel Köstliches enthalten auch „meine" hundertdreiundsechzig Briefe über die Seligkeiten der Kindheit, wieviel Witziges, Unkonventionelles und Verblüffendes. Lass mich, liebe Leserin, lieber Leser, exemplarisch eine einzelne Zuschrift dazu zitieren. Hella *(Schuldgefühle, Angst vor Streit und Achtlosigkeit standen an der Tagesordnung)* erinnert sich doch voller Entzücken an ein verrücktes Spiel mit ihrem Vater: *Oft ging mein Vater mit mir in die Natur. Und immer, wenn ein Ameisenhaufen kam, sagte ich: „Papi, mach deine Hand hinein, lass die Ameisen darauf krabbeln, und dann lege ich auch meine Hand hinein." Mein Vater legte seine Hand hinein, und dann bin ich vorgerannt und habe gerufen: „Ausgetrickst! Ich lege meine Hände nicht hinein!" Das habe ich echt jedes Mal so gemacht, und mein Vater hat immer mitgespielt und so getan, als ob er mir diesmal „glaubt".*

Aber auch von der Mutter blieb ein einzigartiges Aroma zurück, sozusagen eine olfaktorische Erinnerung. Hella: *Ein sehr schönes Erlebnis liegt in meiner frühen Kindheit. Ich war so vier oder fünf. Da bin ich morgens immer ins Bett meiner Mutter ans Fußende gekrabbelt. Ich habe mit Ketten, Ringen, Taschentüchern und meinem Spielzeug, was ich zum Sandkastenspielen hatte, mit den Zehen meiner Mutter gespielt, z. B. Mutter, Vater, Kinder, Verkleiden, Prinzessin und Prinz... Das konnte ich echt stundenlang tun. Ich weiß auch noch immer, wie meine Mutter riecht, ich schnupperte sehr gern an ihr.*

Gleichwohl haben Hella und ihre drei Geschwister heute den Kontakt mit den Eltern abgebrochen. *Das ist doch klar,* meint Hella, *dass auch von eurer*

Seite Fehler gemacht wurden. Wacht endlich auf!
Den gleichen Satz, liebe Hella, möchte man auch
euch Kindern zurufen, die ihr die Goldene Hoch-
zeit eurer Eltern boykottiert habt. Es ist gut, dass du
am Ende schreibst: *Aber ich möchte den Frieden mit
ihnen finden, in mir, für mich, für das schöne Leben.*

*

Das Drama der Elternschaft ist ein Komplex voller
Zwiespältigkeiten. Er reicht von der Hassliebe bis
zur rührendsten Dankbarkeit. Wer will hier den
Richter spielen. Aber es tut mir beim Lesen der
erschütternden Notate doch immer wieder weh,
wenn ich spüre, wieviele Energien die Ablehnungen
und der Hass verzehren. In der vergangenen Nacht
las ich die neunhundertseitige Schmerzensgeschichte der Maria Riva über Marlene Dietrich zu
Ende (*Meine Mutter Marlene*). Über ihren letzten
Besuch bei der verwahrlosten alten Frau und Alkoholikerin schreibt sie so unversöhnt und voller Ekel,
dass es einem als Leser auf den Magen schlägt:

*Man wird die Dietrich finden, ein Tagebuch
neben sich liegend, in dem steht: „Maria nicht da",
„Nichts gehört von Maria", „Nichts zu essen",
„Allein". Sie hat alles geplant, bis ins kleinste Detail,
ein meisterhaftes Drehbuch, und die Welt wird ihr
glauben. Sie selbst ist die Schöpferin und Bewahrerin
der Dietrich-Legende.*

*Wieder einmal bin ich gekommen, habe versucht,
nahe genug an sie heranzukommen, um die ver-
schmutzte Bettwäsche zu wechseln und meine Mut-*

ter zu waschen. Sie stößt wüste Beschimpfungen aus, ihre Wut ist grenzenlos, roh. Ich stehe da, bin hilflos. Und plötzlich verstehe ich. Ich verstehe das Spiel, das wir spielen. Sie will es. Sie will in ihrem Dreck gefunden werden, es ist ihr gewähltes Martyrium: die Mutter, vergessen von dem Kind, das sie zu sehr liebte. So eine bedauernswerte Kreatur würde niemand eine Hure nennen, besonders nicht, wenn sie einen Ehering trägt. Und solches Mitleid wallt in mir auf für diese einst so wunderschöne Frau, die in ihrem gehorteten Unrat liegt und Buße spielt und auf ihre Heiligsprechung wartet.

Die Lider werden ihr schwer, endlich gibt sie nach, erlaubt den Tabletten, die Kontrolle zu übernehmen und ihren Tag zu beenden. Sie rutscht nach unten, rollt sich am äußersten Rand der zerschlissenen Matratze zusammen und murmelt leise vor sich hin.

„Du bist da ... jetzt kann ich schlafen.“

Ihre Beine verdorren. Ihre Haare schneidet sie im Alkoholrausch mit einer Nagelschere kurz und färbt sie rosa mit schmutzigen weißen Flecken. Ihre Ohrläppchen hängen tief herunter, ihre Zähne – sie war immer so stolz gewesen, dass es ihre eigenen waren – sind schwarz geworden und brüchig. Ein grauer Star, den behandeln zu lassen sie sich weigert, hat ihr linkes Auge eingetrübt. Ihre einstmals durchscheinende Haut Pergament. Sie verströmt einen Geruch nach Scotch und körperlichem Verfall.

Der Tod sitzt auf dem verdreckten Laken, doch immer noch, trotz des Verfalls und durch ihn hin-

durch, scheint etwas auf ... ein schwacher Schein,
vielleicht nur eine Erinnerung an das, was einst war
... eine Schönheit, so hinreißend, so fesselnd, so vollkommen, dass über fünfzig Jahre lang alle Frauen
daran gemessen wurden, alle Männer sich danach
verzehrten.

Ihr Schnarchen klingt zerrissen, Speichel rinnt
über ihre zerfurchten Lippen. Wie ein Embryo liegt
sie da, eingefallene Wangen, gewiegt in knochigen
Händen, die streichholzdünnen Beine an den gebrechlichen Körper gezogen, als fürchte sie, noch
einmal geboren zu werden und noch einen Tag
überleben zu müssen.

Ich betrachte diese jämmerliche Gestalt, die sich
meine Mutter nennt, und Mitleid für uns beide
überkommt mich. Steht der Feuerlöscher neben dem
Bett? Ist die Kochplatte aus und das Wasser in den
Thermosflaschen heiß? Stehen die Eimer, Schüsseln
und Flaschen bereit? Ich krieche unter die Tische
und sammle die Scotchflaschen ein, trage sie in die
Küche, gieße den Rest den Abfluss hinunter – seltsam, wie der Geruch von Scotch mir den Magen
umdreht –, fülle die Flaschen bis zur ursprünglichen
Höhe mit Wasser und stelle sie zurück. Selbst wenn
ich nicht da bin, versteckt sie die Flaschen vor sich
selbst, letzte Selbsttäuschung der zum Untergang
verurteilten Alkoholikerin. Bevor ich das Zimmer
verlasse und die Tür anlehne, wie befohlen, lausche
ich noch einmal auf ihre regelmäßigen Atemzüge.

Das unbewohnte Wohnzimmer: angegraute Gar-
dinen, ein Raub der Zeit, durchgetretene, fleckige

20

Teppiche, Kisten, Umzugkartons, Mappen über Mappen, alte Koffer, die großen grauen Elefanten meiner Kindheit – alles aufbewahrt, über die Jahre gerettet. Listen, Listen und nochmals Listen, von brüchigem Klebeband an den Wänden gehalten, zwischen unzähligen Orden, lobenden Erwähnungen, Auszeichnungen, Preisen, Ehrenzeichen und an breiten, verblassten Schleifen hängenden Medaillen. Daneben die gerahmten, postergroßen Porträts der einst gefeierten Frau – das Ganze wie ein Schrein, vor der Zeit fertiggestellt. Ich stehe da, den geordneten Tod ihrer Habseligkeiten betrachtend. Ich wünschte – ach, so vieles sollte, könnte anders sein. Das nächste Mal muss ich, will ich noch einmal versuchen, sie zu waschen, sie dem Alkohol zu entwöhnen. Einmal, nur noch einmal muss ich es wenigstens versuchen. Niemand soll so sterben ... Leise schließe ich die Tür. Ich bin müde.

Die Luft in Paris ist frisch und rein, es riecht nach leichtem Regen und fallenden Blättern. Auf der anderen Straßenseite spiegeln sich die Lichter des Plaza Athénée auf dem regennass glänzenden Asphalt. Ich stehe da und atme tief durch. Plötzlich fange ich an zu rennen. Wie ein entlassenes Kind. Ich weiß nicht, warum ich plötzlich so in Eile bin, aber ich bin es. Das Leben und die Liebe warten auf mich. Nach Hause. Ich eile nach Hause.

*

Dankbarkeit, das ist der andere, meist verschwiegene, von uns schwerer zu leistende Part. Hierin scheint eine Aufgabe unserer Seelenarbeit im Verhältnis zu den Eltern zu liegen. Anna (*Nachdem ich dein Buch „Seele-Sucht-Sehnsucht" mit großem Interesse las und ich selbst sehr vieles an mir wiedererkannte, Zuckersucht, Fernsehsucht, Ängste, innere Blockaden, ständige Selbstzweifel an meinen Fähigkeiten, möchte ich gerne auf deine Frage eingehen*) nennt das Verhältnis zu ihrer Mutter gut. Die Vierzigjährige äußert Hochachtung, dass ihre Eltern es geschafft haben, acht Kinder gesund großzuziehen. Sie selbst ist von ihrem ältesten Bruder sexuell missbraucht worden, erinnert sich aber an eine *ansonsten wunderschöne freie Kindheit.* Anna nimmt sich heute, wie es ihre Eltern schon taten, besonders viel Zeit für die Kinder, vor allem an den Feiertagen wie Geburtstagen, Ostern, Weihnachten für Zirkusbesuche, Rummel, Spaziergänge in der Natur: *Alle dies sind liebevolle Erinnerungen an meine Kindheit. Eigentlich danke ich meinen Eltern für alles. Sie haben sich zufriedene Kinder verdient.*

Anna lässt auch die Trauer um das langsame Entschwinden ihrer Mutter zu: *Was mir in letzter Zeit passiert ist, da bin ich früh um vier Uhr aufgewacht mit Herzklopfen. Es überkam mich eine große Traurigkeit. Ich musste richtig weinen, in Gedanken, dass meine Mutter irgendwann nicht mehr bei uns ist, da doch ihr Lebensmut deutlich nachgelassen hat. Das merkt man an ihren müden Augen. Irgendwann muss ich ihr noch einmal sagen, dass ich an ihr hänge und sie sehr lieb habe. Auch jetzt überkom-*

*men mich einfach die Tränen, da der Gedanke
daran einfach unerträglich ist ... Ich habe gelernt,
mit ganz kleinen Dingen meinen Eltern noch ein
bisschen Freude zu machen, sei es, dass ich ihnen ein
Buch aus der Bücherei mitbringe oder meine Mutter
mit einem Spaziergang aus dem Haus locke.*

*

Noch einmal: Es fällt mir schwer, dieses Buch zu
schreiben. Viel eigenes Biografisches kommt in mir
hoch, auch wenn ich es in meinen Therapien und in
der Lehranalyse meiner psychotherapeutischen
Ausbildung beweint, bewütet, geklärt, verabschie-
det und mich damit versöhnt habe: Die Scheidung
meiner Eltern, als ich sieben Jahre alt war. Der Weg-
gang meiner beiden älteren Brüder in das Internat.
Meine eigenen Internatsjahre vom zehnten bis zum
siebzehnten Lebensjahr, ein für mich galaktisch kal-
ter frauenloser Jesuitenknast der Einsamkeit, der
Minderwertigkeitskomplexe und der Wunde des
Ungeliebtseins. Da war Groll auf die Mutter, die
mich ins Internat schickte. Zorn auf den Vater, den
„Verräter", der uns vier Kinder verließ und sich
wenig um uns kümmerte. Doch haben sie mir beide,
auch der Vater, so viel mitgegeben an Lebenswärme,
Optimismus, Bildung und Helferethos, dass ich
mich dankbar fühle.

Natürlich, und auch dies wird ein Thema dieses
Buches sein, gäbe es einiges, wofür auch ich meine
Mutter und meinen Vater heute noch um Verzei-
hung bitten möchte. Denn nicht nur die Eltern ver-

letzen ihre Kinder. Eltern sind keine Idealgestalten, sondern, wie wir, Menschen aus Fleisch und Blut. Wir Kinder fügen aber auch, besonders als Erwachsene, den Eltern Verwundungen zu. Wie oft strafen wir sie durch Distanz, Nichtbesuche, Vorenthalten unserer Kinder. Es ist wichtig, dass ich auch einmal diese Seite der Bilanz betrachte und aus der Opferrolle aussteige. In jedem von uns steckt nicht nur das Opfer, sondern auch der Täter, der kräftig austeilt und gnadenlos ist.

Wie gefühlsbelastet das Thema der Versöhnung mit den Eltern ist, habe ich schon im Vorfeld dieses Buches zu spüren bekommen. Helene aus Frankreich (*Bis jetzt habe ich keinen Frieden geschlossen, weder mit meiner Mutter, noch mit meinem leiblichen Vater, der sich ganz einfach eines Tages nach dem Krieg von seiner Geliebten lossagte und auch von seinem gewünschten Kind*) äußert Kritik an der argumentativen Richtung meines Siebzehn-Punkte-Fragebogens: *Gleich am Anfang aber möchte ich mein Erstaunen kundtun über deine Feststellung, dass wir rückwärts gerichtet sind, nicht reif werden, solange wir Eltern abweisen. Du sprichst sogar von der „Gnade des Verzeihens", das hört sich ja sehr religiös an, was ich bei einem Psychoanalytiker nicht vermutete! Wenn du solche gewichttragenden Sätze zu Beginn deines Fragebogens schreibst, fühlt man sich als Normalbürger sofort eingeschüchtert und aufgerufen, ja keine Hassgefühle seinen Eltern ge-*

*genüber zu hegen, und die Antworten zu eben die-
sem Fragebogen können so beeinflusst und nuanciert
werden, und das sollte ja für eine seriöse Studie eben
nicht passieren!!! Außerdem finde ich es absurd, nur
an die Kinder zu appellieren mit Verzeihen und Versöhnung, so können die Eltern, die Kindern Leid
zugefügt haben, automatisch mit der großen Güte
rechnen und mit ihrem Tun weitermachen! Ich sche-
matisiere etwas, aber wieder einmal müssen sich die
Opfer (= Kinder) in Frage stellen, in sich gehen,
während von den Tätern (= Eltern) nichts derglei-
chen verlangt wird!!! Du wirst ja wohl nicht sagen
wollen, dass man seinen Eltern alles vergeben muss,
eben nur weil sie unsere Eltern sind??!! Im Gegensatz zu dem, was du denkst, meine ich, dass es ein
großer Reifeprozess sein kann, wenn man sich nach
langen Jahren aus den „Klammern" und negativen
Einflüssen mancher Eltern befreit und dann endlich
einen klaren Blick bekommt!!*

Danke, liebe Helene, für deine kritischen
Anmerkungen. Sie helfen uns, in das Thema hinein-
zukommen. Ja, ich bin allerdings der Auffassung,
dass wir, solange wir unsere Eltern abweisen und sie
sogar hassen, seelisch immer noch in der Kinder-
und Opferperspektive verharren. Wir werden nicht
reif. Wir sind rückwärts gerichtet. Wir verbrauchen
lebenswichtige Energien, um die bösen Gefühle auf-
recht zu erhalten. Wir geben weder den Eltern noch
uns selbst die Gnade des Verzeihens und Versöhnens. Wir berauben uns selbst der Eltern als „guter
innerer Objekte". Der Blick zurück im Zorn lässt

uns nicht erwachsen werden. Wir übernehmen nicht die Verantwortung für unser Leben.

In der Tat ist mein Buch ein Plädoyer wider die Feindschaft gegen die Eltern. Eltern machen nun einmal Fehler. Sie geben weiter, worunter sie selbst gelitten haben. Fast immer versuchen sie, es besser zu machen als ihre eigenen Eltern. Das ist der Gang der Dinge. Wir selbst versagen als Eltern wieder an unseren Kindern, auch wenn wir es objektiv besser machen als unsere eigenen Eltern oder zumindest subjektiv meinen, es besser zu machen.

Aber, und da stimme ich dir unbedingt zu, wir müssen Wut und Zorn gegen die Eltern zulassen, sonst können wir überhaupt nicht verzeihen. Das ist exakt der Kern jeder guten Therapie, die sich mit den Problemen der Kindheit auseinandersetzt. Wenn ich noch als Erwachsener die Wut und den Zorn verdränge, dann bleibe ich in der Tat in der Opferrolle, ich bleibe kindlich und nehme die Eltern aus der Verantwortung. In der Therapie stellt die, meist imaginäre, Konfrontation mit dem Vater oder der Mutter eine lebensnotwendige und tiefe emotionale Klärung dar. Erst wenn ich das Recht auf meine Verletzung, meine verwundeten Gefühle eingeklagt, wahrgenommen, verteidigt habe, stehe ich meinem „inneren Kind" bei, lasse es nicht mehr im Stich, verharre nicht länger in Anpassung oder Verdrängen und lerne, neue Grenzen zu ziehen gegenüber den lebenden – oder auch toten – Eltern. Denn selbst verstorbene Eltern sind, wenn ich mein Verhältnis zu ihnen nicht geklärt habe, mächtige innere Instanzen unter meiner Schädeldecke. Sie können fast noch kontrollierender sein als die lebenden Eltern. Sie verfolgen mich mit ihren, wie die Transaktionsanalyse sagt, Bannbotschaften, mit den neurotischen Weisungen der Kindheit, so wie der Laternenanzünder in Saint-Exupérys „Der kleine Prinz" den Kommandos der Vergangenheit sklavisch folgt und dabei sein Leben verfehlt. Vor dem Verzeihen liegen die Wut und der Zorn.

Ja, ich verwende den Begriff der Gnade. Nicht jedes Wort ist, weil es religiösen Ursprungs ist, damit automatisch diskreditiert. Ganz im Gegenteil, der Zentralbegriff der Gnade weist auf das Bedürfnis der Erlösung in uns hin. Aggression, Ablehnung und Feindschaft binden gewaltige Energien in unserem Gefühlshaushalt. Energien, die wir dringend für eine lebensbejahende Einstellung benötigen. Indem ich meine Schmerzensgeschichte und Unversöhntheit beende, gewähre ich mir die Gnade der Befriedung. Ich muss nicht mehr hassen.

Statt meine Mutter, meinen Vater zu verurteilen, kann ich sie/ihn jetzt verstehen. Ich habe verstehend ihren Lebensweg rekonstruiert, ihre Psychogenese vom Kleinkind zum Erwachsenen, ihre Prägungen, Deformationen, ihre Überforderungen durch Milieu, Beruf, Zeitgeschichte, Konfession, Weltanschauung, männliche und weibliche Rollenstereotypen. Indem ich einem Vater oder einer Mutter verzeihe, kann ich gleichzeitig auch verzeihend mit mir selbst umgehen. Denn ich selbst bin doch auch unvollkommen, oft zerrissen. Ich habe viele Dinge in meinem Leben falsch gemacht. Ich war ungerecht meinen Kindern oder dem Partner gegenüber. Ich bin unreif gewesen und schlage mich noch heute mit der „Schattenpersönlichkeit" (C. G. Jung) meines dunklen Ichs herum. Ein solcher Prozess der Klärung und Versöhnung ist Gnade. Denn er ist Versöhnung mit sich selbst, Integration des eigenen Lebens und nicht mehr Anklage. Wollen wir denn noch mit achtzig Jahren, wie es die Karikaturen dieses Bandes satirisch pointieren, unsere Eltern für unser Lebensunglück haftbar machen?

Es fällt mir in diesem Zusammenhang immer wieder in der täglichen psychotherapeutischen Arbeit auf, wieviel Liebenswertes Frauen und Männer in meiner Praxis plötzlich an ihren Eltern entdecken, wenn sie erst einmal das Schwere und Überfordernde ihrer Kindheit erinnern, bewüten und beweinen durften. Immer wieder erkennen sie dann, dass sie nicht nur ihre genetische Ausstattung ihren Eltern verdanken (den hohen Wuchs, die schönen Haare, die klassische Nase, die schöne Haut, die runden Formen...), sondern dass sie darüber hinaus lebenswichtige innere Haltungen ihrer Eltern verinnerlichen: Zähigkeit, Fleiß, Verantwortungsgefühl, Humor, Einfallsreichtum, Lebendigkeit, Lust an Essen und Trinken, Spiritualität, Freude am Garten, Pflege von Beziehungen, handwerkliche Qualifikationen, hausfrauliche Fähigkeiten...

Das steht nicht im Gegensatz dazu, liebe Helene, dass es in der Tat auch eine Notwendigkeit ist, sich im Akt der Deidentifikation im Erwachsenwerden von den Eltern abzusetzen und das Leben eigenständig zu konstruieren, besonders natürlich, wenn von den Eltern viel Destruktives kam. Der große Schweizer Psychoanalytiker Carl Gustav Jung schreibt dazu einmal: *Im Prinzip bin ich immer dafür, dass sich die Kinder sobald wie möglich von den Eltern trennen, wenn sie ein reifes Alter erreicht haben. Die Eltern müssen wissen, dass sie Bäume sind, von denen die Früchte im Herbst abfallen.* (Briefe I, II, 77).

*

Eltern können Kinder, Kinder Eltern Verletzungen und Traumatisierungen zufügen. Doch wie komme ich aus infantiler Abhängigkeit und Hass zu Autonomie und Liebe in der Elternbeziehung? Um diese Frage zu klären, haben in diesem Buch einhundertdreiundsechzig Menschen geholfen. Ich danke jedem von euch Schreiberinnen und Schreibern dafür von Herzen. Ihr habt rückhaltlos eure Seele geöffnet. Immer wieder schreibt ihr, wie euch die Tränen, manchmal auch die Wut, beim Beantworten der Fragen gekommen sind. *Trauer, Kloß im Hals, Tränen in den Augen,* notierst zum Beispiel du, Evelyn, am Ende deiner elterlichen Bestandsaufnahme voller Schmerz.

Ich danke auch hier wieder meinem alten Freund und Künstler Reiner Taudien für seine sarkastischen Zeichnungen, die so erfrischend das oft so schwere Thema kontrapunktieren. Danke an den Künstler Dieter Horsthemke, der eigens für dieses Buch das magische Titelbild malte. Danke an Martin Gutjahr, der als Layouter den Umschlag gewohnt exzellent gestaltete. Dank auch an Annette Wölwer-Jeckel, die, wie seit Jahren, den Text fachfraulich und mit nie nachlassender Sympathie vom Diktat ins Schriftliche übertragen hat. Mein besonderer Dank gilt Dr. med. M. O. Bruker, der sich mit über neunzig Jahren Satz für Satz das Manuskript angehört, kommentiert und gegebenenfalls verbessert hat, wie meiner Liebsten, Ilse Gutjahr, die, wie immer, äußerst hilfreich an jedes Kapitel eigens Hand anlegte.

Erwachsen werden ist eine Heidenarbeit, will mir scheinen. Der klärende Gang zurück zu den Wurzeln, zur Entwicklung unserer Persönlichkeit im familiären Schoß, ist eine Aufgabe, die wir leisten müssen. Tun wir es nicht, bleibt im Souterrain unseres Persönlichkeitsbaus Geröll und Übelriechendes. Damit du, liebe Leserin, lieber Leser, dich dieser bewegenden Aufarbeitung deiner frühen Menschwerdung so stellen kannst, wie die Schreiberinnen und Schreiber dieses Buches, drucke ich meinen Siebzehn-Fragen-Katalog hier einführend noch einmal ab. Gib dir Zeit zur Beantwortung und lass deine Gefühle dabei zu. Wenn du alle Fragen beantwortet hast, besprich sie mit deinem Partner, eventuell auch mit deinen Kindern. Vielleicht ist auch alles zu starker Tobak für dich. Es geht dir dann wie Claire. Sie schreibt am Ende ihres Rapports: *Unser*

Verhältnis ist immer noch schwierig. Eine offene Aussprache kommt nicht in Frage, da meine Eltern nicht kritikfähig sind. Wenn ich mir das Geschriebene jetzt so ansehe, überkommt mich ein Gefühl von unglaublicher Traurigkeit. Ich kann es gar nicht richtig mit Worten beschreiben. Ich fühle mich verlassen – verlassen von den Menschen, für die ich eigentlich etwas ganz Wichtiges in ihrem Leben sein müsste.

Wenn es dir, liebe Leserin, lieber Leser, so geht wie Claire, solltest du dir vielleicht die „Gnade" eines therapeutischen Klärungsprozesses gönnen. Das wäre keine Schwäche, sondern Stärke.

Der Fragenkatalog lautet:

1) (Falls deine Eltern noch leben)
   Bist du entspannt und gut gelaunt, wenn du mit deinen Eltern zusammen bist?
   Würdest du ihnen etwas Intimes anvertrauen (Schulden, eine Außenbeziehung, Arbeitslosigkeit, sexuelle Schwierigkeiten)?

2) Denkst du mit Dankbarkeit und Vergnügen an deine Kindheit zurück, mit Groll und Trauer oder mit gemischten Gefühlen? Was war ein sehr schönes, was war ein sehr bitteres Kindheitserlebnis mit deiner Mutter/deinem Vater?

3) Welche Note würdest du dem Verhältnis zu deiner Mutter, welche zu deinem Vater geben – sehr gut, gut, befriedigend, genügend, ungenügend?

4) Was hast du von deiner Mutter, was von deinem Vater fürs Leben positiv mitbekommen – Geborgenheit, Werte, Bildung, kostbare innere Haltungen, materielles Erbe? Was imponiert dir an deiner Mutter/deinem Vater? Wo hast du Hochachtung?

5) Wonach hast du dich bei deiner Mutter/deinem Vater vergeblich gesehnt? Was tut heute noch weh? Hat dich deine Mutter/dein Vater geliebt?

6) Falls deine Eltern sich scheiden ließen oder falls ein Elternteil früh verstarb – wie hast du diese Situation als Kind erlebt, wie hat sie dich geprägt?

7) Auf welchen wichtigen Satz deiner Mutter/deines Vaters (auch wenn sie/er inzwischen tot ist) wartest du heute noch? („Ich bin stolz auf dich", „Ich habe dich geliebt" …)

8) Welchen existenziell wichtigen Satz würdest du heute gerne deiner Mutter/deinem Vater (auch wenn sie tot sind) sagen?

9) Wenn deine Mutter und/oder dein Vater bereits verstorben sind, was hast du bei ihrem/seinem Tod empfunden? Was hat sich durch ihren/seinen Tod in deinem Leben ideell und materiell verändert?

10) Wenn euer Verhältnis schwierig war, hast du deiner Mutter/deinem Vater inzwischen verziehen? Hast du die Verzeihung offen ausgespro-

chen, oder war es ein Prozess in dir? Warum
hast du verziehen? Was oder wer hat dir dabei
geholfen?

11) Wenn du noch nicht Frieden mit den Eltern
geschlossen hast, hast du es überhaupt vor?
Wann? Wie? Wenn nein, warum nicht?

12) Stehen deine Geschwister im Groll oder in Versöhnung mit deinen Eltern?

13) Gab es (falls die Eltern tot sind) Erbstreitigkei-
ten? Trugen deine Eltern dazu bei?

14) Gibt es etwas, wofür du selbst deine Eltern um
Verzeihung bitten müsstest? Hast du einem
Elternteil vielleicht gar keine Chance gegeben?
Warst du hart? Warst du uneinfühlsam und verurteilend? Hast du sie überfordert? Warst du,
vielleicht noch als Erwachsener, ein „Sorgen-
kind"?

15) Wie lebst du selbst, falls du ein Kind/Kinder
hast, deine Mutterschaft/deine Vaterschaft –
ähnlich oder gegensätzlich zu der deiner
Eltern?

16) Wenn dir die Versöhnung mit den Eltern gelungen ist, welchen Ratschlag würdest du anderen
für diesen Friedensschluss geben?

17) Welches Gefühl überkommt dich, wenn du
jetzt, am Ende dieser Fragen, an deine Mut-
ter/deinen Vater denkst?

Es ist schwer, die Menschen, die man Mutter und Vater nennt, als ganz normale Menschen mit ihren Widersprüchen zu sehen... Sich von diesen Eltern trennen? Das geht nicht. Das hat etwas mit Sterben zu tun.

Michel Friedmann,
Mitglied des Zentralrats der Juden in
Deutschland, DIE ZEIT, August 2000

*

... keine kostbareren Erinnerungen hat der Mensch als die an die frühe Kindheit im Elternhaus; das gilt fast immer, wenn in der Familie nur ein wenig Liebe und Eintracht herrschen. Ja, selbst an die übelste Familie können kostbare Erinnerungen bewahrt werden, wenn wenigstens die eigene Seele das Kostbare zu suchen imstande ist.

Fjodor Dostojewski,
Die Brüder Karamasow

*

Die Mutter-Wunde
Töchter berichten: Feindin oder Vorbild?

> *Alle Frauen sind Töchter. Einige sind noch immer fest an ihre Mütter gebunden; einige wünschen sich eine nähere Beziehung, andere wieder bedauern, ihre Mutter nicht richtig zu kennen. Einige wollen nichts mehr mit ihr zu tun haben. Andere haben ihre Mütter nie gekannt ... Früher glaubte man, Individuation bedeute, die Mutter zu verlassen, von ihr wegzukommen, aus ihrem Leben zu verschwinden. Heutzutage wissen wir, dass Trennung von der Mutter nicht heißt, sie nicht mehr zu lieben und nicht mehr mit ihr zusammen zu sein. Es bedeutet einzig, nicht länger zu erwarten, dass sie für uns sorgt.*

Marilyn Boynton, Mary Dell
Tochter sein dagegen sehr.
Wie die Beziehung zur Mutter erwachsen
werden kann

Der Leidensdruck der Mutter-Wunde, der mir aus den Briefen, aber auch der alltäglichen Praxis entgegenschlägt, ist bedrückend. Melanie, Frührentnerin nach schweren Gemütsstörungen, schätzt zwar die Lebenslust und Unternehmensfreude ihrer Mutter, aber sie spricht von *unendlich viel Traurigkeit und Hassgefühlen* gegen sie: *Ich sehnte mich vergeblich bei Mutter nach Ehrlichkeit und Verständnis, natürlichem Körperkontakt. Eine-eigene-Meinung-haben-dürfen, sprechen über die Dinge, sich*

ausreden können. Ich habe zwar verziehen, aber einen echten Frieden mit den Eltern noch nicht gefunden. Immer wieder überfallen mich Hassgefühle meiner Mutter gegenüber, wenn ich sie sehe. Ich kann diese Gefühle nicht kontrollieren. Sie tauchen auch in Alpträumen auf. Ich müsste sie um Verzeihung bitten, dass ich mich sowohl ihr wie dem Vater gegenüber starr wie ein Eisblock verhalte, dass ich mich kaum für ihre Hilfe bedanke, die sie mir momentan zukommen lassen, dass ich oft ungerecht, hart und abweisend auf sie reagiere oder zynisch und unhöflich. Auch sie müssen mit meinen Erkrankungen und meinen Unfähigkeiten leben. Ganz tief unten ist auch immer noch dieses Fünkchen Liebe für sie, das unter Bergen von Asche versucht, irgendwie an die Luft zu kommen.

Auch Cäcilie, zweiundvierzig Jahre alt, verheiratet, zwei Kinder, steht fassungslos vor ihrer Mutter-Wunde: *Meine Eltern leben beide noch. Zu meiner Mutter möchte ich im Moment überhaupt keinen Kontakt. Ich kann eigentlich gar nicht genau sagen, warum. Meine Mutter ist ein sehr schwacher und hilfloser Mensch. Wenn sie etwas will, redet sie nur um den heißen Brei herum... Ich halte sie für egoistisch und verlogen. Und genau diese Meinung über meine Mutter stört mich.* Während sich Cäcilie mit ihrem Vater auseinandersetzen kann, ist ihre Mutter nachtragend: *Wenn wir als Kinder nicht funktioniert haben, wurden wir mit Nichtbeachtung, manchmal bis zu sechs Wochen, bestraft, bis wir nach Zuwendung und Liebe gewinselt haben. Liebe empfinde ich für beide nicht. Ich habe mich nach Liebkosungen, Streicheleinheiten, Aufmunterung, Zuwendung, Umarmungen, einfach nach all den menschlichen Gefühlen, die ich als Mensch lebensnotwendig brauchte, gesehnt.* Inzwischen sind die Eltern längst geschieden. Cäcilie selbst umarmt ihre eigenen Kinder gerne, bespricht alle Probleme offen mit ihnen und versucht, immer für sie da zu sein. Cäcilie ist ratlos, was ihre Eltern, besonders ihre Mutter, betrifft: *Ich wünsche mir, bevor sie sterben, in Frieden mit ihnen zu sein. Ich möchte gerne alles verzeihen können und einmal über alles mit ihnen sprechen können, was war. Ich möchte meine Eltern lieben können, so wie sie sind.*

Obwohl sie dankbar und ohne Groll an ihre Eltern denkt und als einziges Kind *sicher sehr geliebt* wurde, empfindet Irene der Mutter gegenüber Ambivalenz: *Meine Mutter hatte einen Erziehungsstil, der mich heute in der Erinnerung noch schmerzt: Sie konnte tagelang mit mir nicht sprechen, wenn ich nicht „brav" war. Man musste um ihre Gunst betteln. Das fand ich so schrecklich, dass ich diese Methode bei meinen beiden Söhnen nie angewandt habe. Meine Mutter ist durch Tabletten aus dem Leben geschieden. Sie kam mit ihrem Leben, nachdem mein Vater gestorben war, nicht mehr zurecht. Sie machte mir und meiner Familie das Leben recht schwer mit ständigen Klagen. Bei ihrem Tod habe ich zuerst eigentlich Erleichterung empfunden. Dies ist das erste Mal, dass ich dieses Wort schreibe – bisher wagte ich es kaum zu denken.*

Obwohl ich heute nach der langen Zeit (1978) dankbar an meine Eltern denke, muss ich sagen, dass nach dem Tod, besonders meiner Mutter, meine persönliche Entwicklung große Fortschritte machte. Vorher war ich sehr abhängig, auch wenn ich versuchte, mich davon zu befreien.

Die Mutter-Tochter-Beziehung ist ein Drama. Die Psychoanalytikerin Hendrika C. Halberstadt-Freud hat in ihrem Buch *Elektra versus Ödipus. Das Drama der Mutter-Tochter-Beziehung* die komplizierte Frau-Werdung untersucht, frei nach dem Motto der großen Feministin Simone de Beauvoir *Man kommt nicht als Frau zur Welt, man wird es (Das andere Geschlecht).* Frauen erleben die Urbindung an die erste Liebe des Lebens als gleichgeschlechtliche Beziehung. Um sich von diesem geliebten Urobjekt zu lösen, müssen Töchter zwischen zwei psychischen Extremen hindurchsteuern, dem Hass auf die Mutter einerseits und der totalen Symbiose, also der klebrigen Verschmelzung, mit ihr andererseits. Je nachdem, wie sich das innere Mutterbild in der Tochter entwickelt, kann es das Mädchen fördern oder zur Quelle der Deformation werden.

Wenn eine Tochter sich von der Mutter nicht zu lösen vermag, sondern deren Wünsche zu erfüllen versucht, wird sie dies mit verborgener Feindseligkeit bezahlen. Ohnehin ist die Mutter die zentrale und zunächst wichtigste Figur bei der psychischen Geburt des Kindes. Wenn eine Mutter zur Liebe und psychischen Versorgung ihrer Tochter nicht

fähig ist, wird diese in ihrer potenziellen Mütterlichkeit und Weiblichkeit geschädigt. Sie wird sich,
weil sie es nie erfahren hat, möglicherweise schwer
tun, selbst einmal Kindern Liebe zu zeigen. Man
nennt dies in der Tiefenpsychologie den Wiederholungszwang. Das heißt jedoch nicht, dass dieser
naturnotwendig eintreten muss. Gerade in der Deidentifikation von einer gefühlskargen Mutter vermögen deren Töchter, wie die mir vorliegenden
Briefe oftmals demonstrieren, ihren Kindern die –
selbst schmerzlich vermisste – Liebe zu geben.

Manchmal entwickelt die Mutter-Wunde eine
verhängnisvolle, destruktive Kraft für ein ganzes
Leben. Manuela, Assistentin in einer Unterneh-
mensberatung und im Zweitberuf Tänzerin, erinnert sich an die *ständige Missbilligung meiner
Mutter.* Das Elternhaus war materialistisch und leistungsorientiert: *Mir fehlte es sicher an nichts. Erst
Jahre später erkannte ich, dass das Entscheidende
gefehlt hat. Ich hatte nie das Gefühl, dass meine
Eltern mich auch geliebt hätten, wenn ich die Leistung nicht erbracht hätte. Es ist die bedingungslose
Liebe, die mir gefehlt hat. Also Liebe unabhängig
von Leistung. Sie waren beide nicht in der Lage,
Gefühle zu zeigen oder zu kommunizieren. Für
mich selbst war es ein langer Weg, das zu lernen. Ob
mein Vater, der leider mit neunundvierzig Jahren
starb, mich geliebt hat, ist mir nicht bekannt. Meine
Mutter? Wenn sie mich liebt, so hat sie zumindest
eine merkwürdige Art, mir das zu zeigen. Ich würde
sagen, sie liebt mich nicht. Meinem Vater habe ich*

immer verziehen, ihn habe ich geliebt. Meiner Mutter habe ich nie verziehen. Ich glaube, es gibt keinen Menschen auf der Welt, der einem so seelische Schmerzen zufügen kann wie die eigene Mutter. Aus diesem Grund sehe ich nicht die Möglichkeit, wieder zusammen zu kommen. Sie hat zwischen mir und ihrem Freund gewählt und entschieden. Ich fühle mich eigentlich nach dem endgültigen Bruch erleichtert. Ich brauche nichts mehr zu erwarten. Ich habe eben keine Mutter mehr. Sind in den letzten Zeilen nicht auch Eifersucht und Sehnsucht zu spüren (*Sie hat zwischen mir und ihrem Freund gewählt und entschieden*)? Welche unerhörte Kraft mag es dich, Manuela, kosten, immer wieder die Gefühle wegzudrücken und den Satz herauszustoßen *Ich habe eben keine Mutter mehr*?

Paula Kaplan resümiert in ihrem Buch *So viel Liebe, so viel Hass. Zur Verbesserung der Mutter-Tochter-Beziehung: Die Energie, die verschwendet wird, um unsere Mütter ... voller Zorn zu verurteilen, blockiert unsere emotionale Entwicklung. Eine der größten Quellen fehlgeleiteter emotionaler Energien überhaupt steckt in der millionenfachen Wut der Frauen gegen ihre Mütter. Große Kunstwerke könnten geschaffen werden, soziale Probleme gelöst und Identitätskrisen entkrampft werden, wenn diese obsessiven* (zwanghaften – M.J.) *Schuldzuweisungen produktiver analysiert werden könnten.*

Beharren Töchter nicht oft darauf, alle Liebe dieser Welt noch einmal von ihrer – längst alt gewordenen – Mutter zu erhalten? Verhindert dies nicht die

Ablösung zwischen beiden? Kann so je die Mutter-Wunde heilen? Ist die Mutter-Fixierung nicht ein Vorgang der Selbstinfantilisierung?

Hanna bekennt am Ende ihres Leidensbriefes ganz offen: *Manchmal träume ich mit offenen Augen, dass mich einmal jemand in die Arme nimmt und sagt: „Ich hab dich lieb".* Hanna ist, kein Zweifel, ein Schmerzenskind. Der Vater fiel 1941. Da war sie zehn Jahre. Zehn Jahre später heiratete die Mutter einen anderen Mann. Ein Jahr später verheiratete sich Hanna. Hanna leidet noch heute: *Ich war ein ungewolltes Kind, und das haben mich beide spüren lassen. Es gab kein Streicheln, keine Zärtlichkeit, kein Kuscheln, keinen Kuss. Wenn beide sonntags im Bett kuschelten, stand ich mit traurigen Augen im Gitterbettchen und guckte zu. Wenn ich mir holen wollte, was ich brauchte, wurde ich abgewiesen und weggestoßen. Ich habe gelernt, still zu sitzen, stundenlang, und den Mund zu halten, wenn Erwachsene reden. Ich habe gelernt, allein zu spielen.* Ihre Mutter ging mit Hannas Verlobtem ins Bett, aber Hanna stellte sie nicht zur Rede. Das Verhältnis zwischen Mutter und Tochter heilte nie. War die Mutter wirklich so ein Monstrum? Hanna ist tief irritiert: *Ich habe meinen Kindern all das gegeben, was ich so sehr vermisst habe. Nun kommt etwas, was ich nie begreifen werde. Meine Kinder sind heute auch nicht zufrieden mit mir. Wenn ich sie manchmal reden höre, begreife ich gar nicht, dass ich diese Rabenmutter gewesen sein soll, von der sie sich so unverstanden fühlten. Verstehst du das?*

Vielleicht, liebe Hanna, liegt hier die Einsicht verborgen, dass auch du keine perfekte Mutter warst und diesen Mythos von der perfekten Mutter aus deinem Leben verabschieden darfst. Damit könntest du deiner Mutter und dir selbst näher kommen. Auch eine Mutter ist nur ein Mensch. Sie hat das Recht, Fehler zu machen. Vielleicht wäre eine „perfekte" Mutter für eine Tochter sogar ein Alptraum, denn sie selbst könnte dieses Ideal nie einholen und würde vermutlich unter chronischen Schuldgefühlen leiden. Bist du sicher, dass deine Mutter für dich nicht das Beste gewollt hat? Hast du einmal mit ihr darüber gesprochen, wie sie den Soldatentod deines Vaters und das männerlose Jahrzehnt danach erlebt hat? Ob sie für das Muttersein gut vorbereitet war?

An einer Stelle deines Briefes, liebe Hanna, schreibst du etwas Ergreifendes, das Hoffnung aufscheinen lässt. Du hast deine lebensbedrohlich erkrankte Mutter mit Vollwertkost wieder aufgepäppelt. Deinem Stiefvater bereitete die gesunde Ernährung, wie oft bei Umstellung, zunächst einmal Bauchschmerzen. Er schmiss dich aus seinem Haus. In dieser Situation hast du nicht, was zu erwarten gewesen wäre, getobt und deine Mutter mit Liebesentzug bestraft. Du schreibst im Gegenteil: *Und da nahm ich sie das erste Mal in meinem Leben in den Arm und küsste sie auf die Wange. Ich habe ihr versprochen, dass sie nicht in ein Altenheim muss, wenn ihr Mann eher stirbt als sie.*

Die Römer pflegten zu sagen *amor vincit omnia*, die Liebe besiegt alles. Es ist die einzige Chance, heil aus schwierigen Beziehungen zu kommen und einen Neuanfang zu wagen. Allerdings nicht, ohne dass wir vorher eine Klärung und Auseinandersetzung gewagt und unsere Verletzungen erkannt haben.

Erwachsene Töchter, die heute noch an der Mutter-Wunde leiden, sollten auch nicht den sozialen Faktor des Generationenwechsels außer acht lassen. Das Verhältnis zwischen Müttern und Töchtern hat sich in den fünfzig Jahren nach dem Krieg geradezu revolutionär verändert. Die Erziehung in den fünfziger und sechziger Jahren, besonders die der Frauen, basierte auf Anpassung, Bescheidung, Gehorsam. Die Sexualität war verpönt. Die klassischen Erziehungssprüche dieser schwarzen Pädagogik, die auch mit Schlägen nicht geizte, lauteten etwa *Die Männer wollen nur das Eine* und *Bring uns ja kein Kind heim.* Die Erziehung war eng, autoritär. Die Kinder mussten aufs Wort parieren. Ein partnerschaftlicher Erziehungsstil wie heute, mit heftigen Debatten und Familienkonferenzen, war undenkbar, der Begriff einer *antiautoritären Erziehung* ein Fremdwort bis an das Ende der sechziger Jahre, als die Studentenbewegung Luft in die miefigen restaurativen Verhältnisse brachte.

Ordnung, Disziplin, Sauberkeit, das waren die ausschließlichen Werte dieser Jahre. Die Mädchen wurden zu braven kleinen Hausfrauen erzogen. Sie sollten fleißig, hilfsbereit und sauber sein. Und sittsam, ja nicht zu kokett! Wir können heute die moralische Demarkationslinie zwischen der „heilen

Welt" der konservativen Adenauer-Demokratie und dem Innovationsschub des Aufbruchs terminieren. Es war die Pille, die Anfang der sechziger Jahre erstmalig die moralischen Einstellungen blitzschnell veränderte. Als die Zeitschrift *Twen* 1962 eine Umfrage startete, sprach sich die Mehrzahl der Befragten noch rigoros für voreheliche Keuschheit aus, auch die Männer. 1963 waren nur noch knapp zwanzig Prozent dieser Meinung. Bereits ein Drittel akzeptierte bei der gleichen Befragung die Mutterschaft einer unverheirateten Frau.

Wohl in keinem Zeitraum zuvor hat sich das Frauenbild so verändert wie im letzten halben Jahrhundert. Die heutigen Mütter erwachsener Töchter waren die ersten Frauen, die durch die Pille über ihren eigenen Körper verfügen konnten. Auch die Diskussion um den § 218 (*Mein Bauch gehört mir*) förderte die weibliche Emanzipation und das Bewusstsein, dass auch eine Frau ohne Kind eine vollwertige Frau ist. Frauen wurden stolz auf ihr Geschlecht, sie wurden stärker. Sie gaben ihren Frauenfreundschaften hohen Wert und, vor allem, sie partizipierten an der gewaltigen Bildungsrevolution. An den deutschen Fachhochschulen und Universitäten sind heute im Durchschnitt die Hälfte Studentinnen. Wie nie zuvor errangen die Frauen in der Bundesrepublik berufliche Qualifikation und ökonomische Sicherheit. Einundsechzig Prozent aller Scheidungen werden heute von selbstbewussten Frauen eingereicht, die die Lieblosigkeiten ihrer Männer satt haben.

Das wäre für die Frauen der fünfziger und sechziger Jahre noch weitgehend undenkbar gewesen. Meine eigene Mutter, die sich mit vier Kindern scheiden ließ, war, Ende der vierziger Jahre, noch eine exklusive Ausnahme. Sie konnte die Scheidung auch nur wagen, weil sie als erfolgreiche Ärztin mit einer großen Praxis auf eigenen Füßen stand. Gleichzeitig war jedoch für die Frauen dieser Generation die Scheidung ein schwerer gesellschaftlicher Makel. Es waren immerhin noch die Zeiten, als eine Frau ohne Einwilligung des Mannes laut Bürgerlichem Gesetzbuch keine Unterschrift unter den Kaufvertrag eines Hauses setzen durfte und in schlechten Ruf geriet, wenn sie allein ein Restaurant aufsuchte. *Die ist auf Männerfang,* hieß es dann.

In diese vergangene soziale und emotionale Welt führt uns auch die Mutter-Wunde von Anja. Die Gesundheitsberaterin GGB ist zweiundvierzig Jahre alt, ihr Vater ist vor einigen Jahren am Schlaganfall gestorben, die Mutter, fünfundsechzig, lebt über hundert Kilometer von ihrem Wohnort entfernt. Als erstes fällt Anja *Ordnung* ein, wenn sie an ihre Kindheit denkt: *Auf alten Fotos sehe ich ein Mädchen von vier oder sechs Jahren mit traurigen Augen. Ich hatte ein kleinbürgerliches, sauberes und ordentliches Zuhause, aber es fehlte Geborgenheit. Meine Mutter war mit dem Haushalt ausgelastet. Der Vater blieb ihr bis zu seinem Tod fremd. Er hat hart gearbeitet, um Geld für die Familie zu verdienen, er hat für alles gesorgt, er trank fast keinen Alkohol. Er war allerdings der Haushaltungsvor-*

stand, und wir mussten parieren. Als Kind sah ich am liebsten, wenn er im Dienst war. Mitgenommen habe ich, dass man ehrlich und aufrichtig sein muss, da doch alles ans Licht kommt. Ich durfte eine weiterführende Schule besuchen und eine Lehre machen. Das war das Größte, was mein Vater mir bieten konnte. Das Wort Liebe passt nicht in unsere Familie. Die Kinder waren nun mal da (beides „Unfälle"), also sorgte man für sie. Als mein Vater starb – er kämpfte eine Woche im Krankenhaus, hat er mir unendlich leid getan. Sein Leben lang nur gearbeitet und viele Träume für das Rentnerdasein gehabt. Und dann Ende. Getrauert habe ich nicht. Meine Mutter habe ich nach dem Tode meines Vaters neu kennengelernt. Sie ist nicht mehr dieselbe. Ich musste erkennen, dass sie ohne meinen Vater nichts ist. Als Kind konnte ich ihr nichts recht machen, wurde nach Strich und Faden „zusammengefaltet". Sie war perfekt. Heute ist sie klein und unsicher. Damit habe ich Probleme.

Anja kommt zu dem Schluss: *Ich verdanke mein heutiges Leben (Single, kaum Freunde, aber alles sauber und ordentlich und immer pünktlich im Büro) der Prägung meiner Mutter. Sie hat mir schon mit vier Jahren unbewusst zu verstehen gegeben, dass man mit Männern nur Schwierigkeiten hat. Auf Grund der Prägung durch das Elternhaus bin ich äußerlich einigermaßen erfolgreich, innerlich jedoch total verarmt. Ich habe meinen Frieden mit meiner Mutter gemacht. Jedenfalls so gut wie. Allerdings nur für mich – innerlich. Zwanzig Jahre lang habe* ich stumme Zwiesprache mit meiner Mutter gehalten, ihr die schlimmsten Vorwürfe gemacht und gehadert. Heute bin ich so weit, dass ich ihr die letzten Jahre noch angenehm machen möchte. Sie konnte wahrscheinlich nicht anders, hatte auch ihre Probleme. Von diesen Prozessen und Kämpfen ahnt meine Mutter nicht mal etwas. Für sie würde eine Welt zusammenbrechen.

Nichts fürchtete diese Mütter- und Vätergeneration in der Regel mehr als den Eigensinn des Kindes. Dieser musste um jeden Preis gebrochen werden. Nicht umsonst hat der Dichter Hermann Hesse einen eigenen Essay zum Thema Eigensinn geschrieben. Er versteht ihn als Eigen-Sinn, als die höchste und kardinale Tugend des Menschen, denn es ist die Stimme seines Inneren und nicht eine Fremdbestimmung wie alle anderen Tugenden (*du sollst, du musst, du darfst nicht*).

Hulda, eine heute siebenundachtzigjährige gebildete und gescheite Frau erinnert sich: *Noch im Kinderwagen lernte ich zu resignieren.* Als sie später, auf dem Küchenstuhl hockend, einen Wunsch äußerte mit den Worten *Ich will* antwortete die Mutter wie aus der Pistole geschossen: *Kind hat keinen Willen!* Die Mutter war aber auch besitzergreifend. Hulda: *Ob ich geliebt wurde? Die Mutter war wahnsinnig eifersüchtig. Am liebsten hätte ich gar keine Freundin haben sollen.* Hulda, die ein Einzelkind war, weiß heute: *Als Mutter habe ich auch Fehler gemacht.* Und: *Durch die Einsicht, dass meine Eltern nicht bösartig handelten, als sie mir nicht zur*

Entfaltung halfen, konnte ich eine versöhnliche Haltung einnehmen. Sie hatten es eben nicht besser verstanden. Meine Mutter war damit überfordert.

Besitzergreifung, emotionale Kolonisation und Okkupation, das ist oftmals eine zwar sanft scheinende, aber schlecht heilende Mutter-Wunde. Die Psychoanalytikerin Halberstadt-Freud spricht von der „symbiotischen Illusion" zwischen Mutter und Tochter. Die Analytikerin zu diesem Begriff der Symbiose: *Sie beschreibt einen stummen Pakt zwischen Mutter und Kind, in dem das Kind seine Unabhängigkeit opfert und dafür die Liebe der Mutter bekommt. Diese narzisstische Bindung, bei der das Kind sich mit dem einen Elternteil identifiziert und den anderen ausschließt, verhindert die Triangulierung* (die Dreiecksbeziehung unter Einschluss des Vaters – M.J.) *und hemmt die Loslösung und Individuation des Kindes. Besonders Frauen neigen dazu, Konflikte masochistisch zu lösen, da in ihren Augen in der idyllischen Bindung an die Mutter kein Platz für Feindseligkeit ist ... Der symbiotischen Illusion begegnet man am häufigsten zwischen Mutter und Tochter, denn die Zugehörigkeit zum gleichen Geschlecht fördert die illusorische Vorstellung großer Gemeinsamkeit. Gleichzeitig werden alle negativen Gefühle, die es ja immer auch gibt, tief im Unbewussten begraben ... Dies impliziert auch die Ausgrenzung einer dritten Person, des Vaters, dem es nicht gelingt, das Kind dabei zu unterstützen, sich von der Mutter zu lösen... Der Pakt der Ausschließlichkeit und gegenseitigen*

Abhängigkeit, den Mutter und Kind miteinander geschlossen haben, erzeugt eine falsche Harmonie. Symbiose als Illusion bedeutet, dass weder Hass noch Neid noch Aggressionen zugelassen sind. Jedes Anzeichen von Selbstständigkeit des Kindes wird von der Mutter in dieser parasitären Beziehung als Bedrohung empfunden. Das Kind, das die Mutter nicht verletzen will, zieht es vor, ihr gefällig zu sein, anstatt sich zu seinem eigenen Besten von ihr zu lösen.

Einen Pakt der Ausschließlichkeit und gegenseitigen Abhängigkeit zwischen Mutter und Tochter erlebte Elisabeth, heute sechzig Jahre alt, vier erwachsene Kinder, von Beruf Kinderärztin: *Meine Mutter hatte mit meinem Vater eine Vernunftehe geschlossen. Er war Bankdirektor, ein schüchterner und linkischer Mann, einzig den Zahlen hingegeben, von enger Religiosität, seltsam unkörperlich, ja unattraktiv. Er spendierte uns allerdings eine glanzvolle Lebenssituation mit Villa, Schwimmbecken, tollen Kleidern und Auslandsreisen. Er liebte uns auf eine hingebungsvolle, fast hündische Art, verzeih das Wort. Heute, wo er seit Jahrzehnten tot ist, habe ich ihn in seiner Gradlinigkeit und seiner scheuen Natur tief in mein Herz geschlossen, während ich meiner Mutter, der schönen Frau und wohl auch Blenderin, kritischer gegenüberstehe. Sie war zeitlebens nur Hausfrau, hat nie draußen in einem Beruf gearbeitet, obwohl sie nur mich als einziges Kind hatte. Sie verschmolz förmlich mit mir. Sie wollte immer, zu jedem Zeitpunkt, meine „beste Freundin"* sein. Sie machte einen Affen aus mir. Ganz früh musste ich Klavier und Ballett lernen und damit vor der Verwandtschaft brillieren. Ich war ein Vorzeige-püppchen. Meine Mutter teilte fast jede freie Minute mit mir, und sie hatte ja unermesslich viel Zeit, denn wir verfügten über eine Haushälterin und über einen Gärtner. Sie machte sehr viele Reisen allein mit mir. Da sie nicht in einem gemeinsamen Schlaf-zimmer mit meinem Vater schlief, sondern ihr „Bou-doir" besaß, durfte/musste ich bis zu fünf Mal in der Woche, auch noch als Abiturientin, auf dem dort befindlichen „Französischen Bett" bei ihr schlafen.

Freundinnen duldete meine Mutter nicht, sie drängte sie aus meinem Leben. Grundsätzlich durfte ich keine Schulfreundinnen mit nach Hause bringen. „Wir sind doch die besten Freundinnen", pflegte sie zu bemerken: „Von mir kannst du am meisten ler-nen". Als ich mit achtzehn zum ersten Mal mit einem Jungen schlief, quetschte meine Mutter jedes Detail der sexuellen Begegnung aus mir heraus. Ich durfte mich weder in der Toilette noch im Badezim-mer einschließen („Das gibt es zwischen uns nicht"). Immer wieder schärfte mir meine Mutter ein, dies mit Erfolg: „Vor mir darfst du keine Geheimnisse haben!". Sie sprach herabsetzend über meinen Vater, bezeichnete ihn als „sexuelle Null" und weihte mich, sinnigerweise zu meinem zehnten Geburtstag, in das Geheimnis ein, dass sie einen Liebhaber habe. Sie hatte derer mehrere, oft sogar zur gleichen Zeit. Ich ließ mich dazu missbrauchen, gegenüber meinem Vater für meine Mutter zu lügen. Oft ging sie angeblich mit mir ins Kino, wie sie meinem Vater sagte. Tatsächlich setzte sie mich am Kino ab und verbrachte ein zärtliches Tête-à-tête mit einem Freund.

Wenn mein Vater etwas mit mir unternehmen wollte – er liebte mich auf seine stumme, verlässliche Weise –, fand sie immer eine Ausrede, um mich anderweitig zu verplanen und für sich in Anspruch zu nehmen. Mutter demonstrierte mir von morgens bis abends eine Weibchenrolle, in der die Männer nur in zwei Rollen vorkamen, als erotische Nieten oder „Sexhasen", wie sie sagte. Mit diesem verzerrten Bild des Mannes ging ich ins Studium und habe dieses verzerrte Männerbild mit einer katastrophalen ersten Ehe bezahlt. Denn natürlich konnte nur ein „Supermann" für mich angemessen sein, den meine Mutter für mich aussuchte und der sich letztendlich als ich-schwacher Charmeur und Gigolo entpuppte.

Elisabeth hat sich von der „symbiotischen Illusion" befreit: *Als sich meine Mutter auch in meine zweite Ehe drängte – ich habe einen wundervollen, klugen und sehr männlichen Kollegen geheiratet, der ein wahrer Schatz ist –, da zog ich endlich Grenzen. Meine Mutter reagierte fassungslos, als ich ihr erklärte, meine knappen Ferien nicht mit ihr, sondern mit meinem Mann zu verbringen. Sie hat schwer geschluckt. Sie sagte wörtlich: „Nun bin ich ganz allein auf der Welt. Habe ich das verdient. Ich habe doch immer alles für dich, nur für dich getan!"* „Genau das ist es", habe ich ihr erwidert, „jetzt ist es höchste Zeit, dass du dein eigenes Leben zu leben

*beginnst!" Es gab dann einige Jahre stürmische Erd-
beben zwischen uns, Richterskala nach oben offen.
Aber wir haben es beide geschafft, uns aus der zu
engen Beziehung zu lösen. Mir hat es gut getan,
auch einmal aggressiv, scharf abgrenzend und „grol-
lig" gegen meine Mutter zu sein. Das hatte ich ja nie
gewagt. Wir hatten ein süßliches Verhältnis miteinander, wie Dr. Oetkers Götterspeise, gehabt.*

*Ich bin über diese Auseinandersetzung zu einer
starken Frau geworden, meine Mutter hat mehr zu
sich selbst gefunden. Vielleicht war mein Vater auch
der falsche Mann für sie. Ich kann heute vieles besser verstehen und möchte nicht der Richter meiner
Mutter sein. Immerhin habe ich im Leben auch einiges falsch gemacht. Meine beiden ältesten Töchter
aus der ersten Ehe tragen noch heute Scheidungs-
schäden in sich, denn ich habe mich so mit ihrem
Vater gefetzt, dass sie es schwer hatten, ihm Achtung
entgegenzubringen. Das würde ich nie wieder tun.
Zu Ehren meiner Mutter muss ich auch eingestehen,
dass ich, bei aller „Mannstollheit", doch ihre erotische Seite, die sie noch als vierundachtzigjährige
Frau besitzt (sie schminkt sich vorzüglich und trägt
bunte Klamotten!), hoch schätze. Da kann ich mir
ein Stück abschneiden, ich laufe in der Praxis
manchmal wie ein Aschenputtel herum.*

Geklammert hat wohl auch Edinas Mutter, die
heute noch mit achtundachtzig Jahren bei der Tochter lebt. Sie war Kriegerwitwe und wollte ein ange-
passtes Kind: *Ich glaube schon, dass sie mich liebt,
aber immer öfter denke ich, dass sie nur lieb war,*

wenn ich alles tat, was sie wollte. Ansonsten lief sie weg: „Ich nehme einen Strick und hänge mich auf." Offensichtlich ist die Mutter mit ihrer Witwenrolle nicht fertig geworden. Wer möchte ihr das vorwerfen? Es war das schwere Schicksal von Millionen deutscher Kriegerwitwen: Edina, heute achtundfünfzig, erinnert sich: *Mein Vater blieb im Krieg. Meine Mutter weinte und jammerte immer um ihn, obwohl sie mit einem anderen ins Bett ging, was sie strikt bis vor fünf Jahren verleugnete. Ich habe sie aber, als ich etwa sechzehn Jahre war, in unmissverständlicher Stellung, allerdings bekleidet, erwischt. Sie leugnete trotzdem und wollte wieder einmal mehr „den Strick nehmen".* Am liebsten möchte Edina heute der Achtundachtzigjährigen sagen: *Liebe Mutter, sieh endlich in mir deine erwachsene Tochter, die tun und lassen darf, was sie will und nicht deine Erwartungshaltung erfüllen muss.*

Erwachsene Töchter tun gut daran, vom Mythos der perfekten Mutter Abschied zu nehmen. Mütter sind nicht immer von Natur aus gut, opferbereit und außer sich vor Glück über ihre Mutterschaft. Mütter tragen nicht ein ganzes Leben lang die Verantwortung für das Glück und Unglück ihrer Kinder, ihre Charakterzüge, Defizite und Havarien. Frauen sollten einmal das Buch von Herrad Schenk „*Wieviel Mutter braucht der Mensch. Der Mythos von der guten Mutter*" lesen. Darin schreibt Herrad Schenk: *Die überhöhte Form der Mutterliebe, die wir heute für selbstverständlich halten, ist ein verhältnismäßig spätes Produkt unserer Kulturent-*

wicklung. Und: *Welche Mutter ist schon immer einfühlsam, sanft, geduldig und hat alle Zeit der Welt?
Natürlich halten die meisten Frauen den von ihnen
selbst als ideal empfundenen Stil nicht annähernd
durch. Manchmal verlieren sie die Geduld, sie brül-
len das Kind an. Sie werden ungeduldig, sie drän-
geln es und treiben es an, wenn es trödelt, sie kom-
mandieren, statt zu erklären ... Das ist eigentlich
ganz selbstverständlich... Das vorherrschende Ideal
der einfühlsamen Mutter setzt übertrieben hohe und
wahrscheinlich nicht einmal wünschenswerte Ver-
haltensstandards.* Auch in der Psychotherapie geht
es darum, endlich von der analytischen Mode Abschied zu nehmen, für jedes Zipperlein des erwachsenen Menschen die böse Mutter haftbar zu
machen. Solange wir dem Muttermythos von der
großen Allernährerin und Liebesspenderin huldi-
gen, nehmen wir zugleich den Vater aus der Pflicht
für die Liebesarbeit an seinen Kindern. Das ist der
eigentliche Skandal.

Den Vater in die Pflicht zu nehmen, auch wenn
er längst gestorben ist, das würde ich dir, liebe Veronika, raten. Du schreibst: *Mein Vater hat meine
Mutter und auch uns Kinder geschlagen, Alkohol
getrunken und ist wegen sexueller Delikte im
Gefängnis gesessen. Als ich fünf Jahre alt war, ließ
sich meine Mutter scheiden. Mein Vater starb mit
sechsunddreißig Jahren an Alkoholproblemen. Seit
ich denken kann, leide ich unter Ängsten, die mich
sogar heute noch nachts aus dem Schlaf reißen. Ich
bin zum zweiten Mal verheiratet, habe drei Kinder*

und bin sehr stolz auf sie. Du schreibst, dass du deiner Mutter gegenüber nichts empfindest. Du siehst sie *wie eine entfernte Verwandte, nicht wie meine Mutter.* Ihr telefoniert zwar miteinander, seht euch aber nur einmal im Jahr. Du warst ein unerwünschtes Kind: *Meine Mutter hat sich bis zum achten Monat den Bauch geschnürt, um nicht zeigen zu müssen, dass sie schwanger ist.*

Meine Frage an dich lautet: Auch wenn es fürchterlich weh tut, kannst du als erwachsene Frau heute nachempfinden, dass sich eine Frau gegen die Schwangerschaft wehrt, wenn der Mann ein Alkoholiker ist und sie schlägt? Kannst du dir heute nicht das ständige Schimpfen deiner Mutter vor dem Hintergrund erklären, dass sie sich blutjung mit insgesamt drei Kindern durchs Leben schlagen musste, geschieden und vermutlich mit miserablen Unterhaltszahlungen des Ex-Mannes, der zudem in ganz jungen Jahren einen Säufertod stirbt? Kannst du ihr verzeihen, dass sie dich seit deinem Schulalter bei den Großeltern untergebracht hat? Heute hast du selbst drei Kinder und ein erstes Enkelkind – haben sie nicht ein Recht auf eine Oma und Uroma, die von dir geehrt wird?

Du schreibst: *Wenn ich an meine Mutter denke, so ist immer eine große Leere in mir. Ich finde keinen richtigen Bezug zu ihr.* Ich will dich nicht belehren, weil ich deine tiefe Enttäuschung respektiere. Du selbst machst es besser mit deinen Kindern und Enkeln. Und doch – wie wäre es, wenn du allen Mut zusammennähmest, auf deine Mutter zugingst, ihr deine erwachsenen Kinder und das Enkelchen mitbringst und eurer beider Leere fülltest? Magst du das Gefühl zulassen, dass auch sie leidet? Vielleicht, liebe Veronika, helfen dir die folgenden Berichte. Sie handeln von der Heilung der verletzten Mutter-Wunde.

Wie schwierig eine Mutter auch sein mag, so bleibt es doch menschlich und sinnvoll, sie als Menschen und nicht als Teufel zu sehen. Mit einem starken Selbstwertgefühl können wir uns in einer Erwachsenenposition der Schmerzensmutter nähern. Sonst verharren wir im Teufelskreis: Minderwertigkeitskomplexe verstärken unser Bedürfnis nach Anerkennung durch die Mutter, während der Komplex gleichzeitig unsere Überzeugung zementiert, dass die Mutter uns geringschätzt. Wir werden noch wütender auf sie. Unser Selbstwertgefühl fällt weiter, eben weil wir dauernd kritisieren und verkrampft sind.

Der englische Arzt und Psychotherapeut Winnicott hat einmal etwas ungemein Wichtiges zum Mythos der „perfekten Mutter" festgestellt. Er sagte: Eine Frau muss nicht eine sehr gute Mutter sein. Sie muss nicht einmal eine gute Mutter sein. Es genügt, eine *ausreichend gute Mutter* zu sein. Das ist es. Dasselbe, so möchte ich als männlicher Psychotherapeut hinzufügen, muss natürlich auch für den Mann gelten. Es reicht, ein *ausreichend guter Vater* zu sein. Alles andere ist Idealbildung und kindlicher Größenwahn, der nicht ablassen will, die Eltern auf ewig als die Götter des infantilen Universums zu installieren.

So hat Sabrina, zweiundvierzig, Gesundheitsberaterin GGB, heute ein differenzierteres Verhältnis zu ihrer Mutter (*Die Beantwortung der Fragen war wie eine kleine Therapie für mich, und beim Schreiben sind mir oft die Tränen gekommen*). Beide Eltern waren schlesische Heimatvertriebene. Der Vater starb kurz vor einer Herzoperation, als Sabrina dreiundzwanzig Jahre alt war. Es war ein großer Schock für alle. Die Mutter, *die eigentlich immer etwas hilflos und auf meinen Vater fixiert war*, wurde durch seinen Tod selbstständig. Auf die Mutter hat Sabrina oft noch heute Wut: *Sehr schlimm finde ich es, obwohl ich es bewusst nicht erlebt habe, dass meine Mutter mich als sechs Wochen alten Säugling in ein Pflegeheim, das Nonnen führten, gegeben hat, um ihre Eltern im polnisch besetzten Schlesien zu besuchen. Sie begründete es damit, dass es viel zu gefährlich gewesen wäre, wenn sie mich mitgenommen hätte. Mein Vater erzählte mir oft, in welch schrecklichem Zustand sie mich abholten, wund bis zum Hals.*

Gleichzeitig betont Sabrina: *Von beiden Eltern erhielt ich familiäre Geborgenheit, Werte wie Ehrlichkeit, Treue, Disziplin und sogenannte gute Erziehung. Meine Eltern waren einfache, aber ordentliche Menschen, die mir die Möglichkeit gaben, eine höhere Schule zu besuchen.* Achtung und Groll liegen für Sabrina nahe beieinander: *In meiner Freizeit helfe ich meiner Mutter bei ihren zwölf Katzen. Es sind alles Sozialfälle. Sie gibt ihr ganzes Geld dafür aus, was auch völlig in Ordnung ist. Aber ein kleines*

Dankeschön in Form eines liebevoll verpackten Geschenkes zu Weihnachten, wenn es auch nur fünf D-Mark kostete, bringt sie nicht fertig. Meistens musste ich mir meine Seife und Creme aus dem Reformhaus noch selbst besorgen und einpacken. Sabrina ist die Versöhnung mit der Mutter *noch nicht ganz gelungen,* aber sie ist auf gutem Weg: *Gestern erzählte mir meine Mutter, dass sich eine Besucherin lobend über mich und meinen Bruder geäußert habe. Meine Mutter antwortete ihr, dass sie sehr stolz auf ihre Kinder sei.* Na also!

Die amerikanische Feministin Marilyn French bemerkt einmal in ihrem autobiografischen Buch *Tochter ihrer Mutter*: *Je mehr du deine Kinder liebst, um so schockierter werden sie sein, wenn sie auch nur eine winzige Spur von Zweifel oder Ablehnung entdecken. Wir sind unersättlich nach dieser Liebe, wir erwarten, dass sie vollkommen ist, wir können nicht verzeihen, dass auch die Mutterliebe nur menschlich ist.*

Wieviel schwieriger ist es dann mit einer Stiefmutter. Saskia (*Ich habe während der ganzen Zeit des Schreibens mit den Tränen kämpfen müssen*) konstatiert: *Meine Mutter ist meine Stiefmutter (meine leibliche Mutter starb, als ich sechs Jahre alt war) und hat mich als Kind sehr schlecht behandelt. Wenn ich meine Mutter dann einmal im Jahr sehe, ist das Treffen gespannt, denn sie ist eine sehr kalte Persönlichkeit, kann Gefühle nicht zeigen und hatte (früher) immer über mich eine sehr schlechte Meinung... Als ich in die Pubertät kam und meine*

*Regel bekam (ohne je aufgeklärt worden zu sein)
und meine Stiefmutter aufhörte, mir die Wäsche zu
waschen und ich (per Hand) die Wäsche in der
Badewanne waschen musste, zog sie eine blutver-
schmierte Unterhose aus meinem Schrank und hielt
sie meinem Vater und meinem Bruder unter die
Nase, um mich bloßzustellen, was ich für ein
„Schwein" sei. Übrigens habe ich heute noch mit
meinem Selbstwertgefühl zu kämpfen, um zu be-
weisen, dass ich kein Schwein und keine Schlampe
bin (was ich selbstverständlich auch nicht bin). Mein
Vater hat mich geliebt, konnte es aber auch nicht so
zeigen, er hatte nicht den Mut, sich mit seiner zweiten Frau anzulegen... Ein bitteres Erlebnis mit ihm
war, als ich mit sechzehn Jahren abends nicht nach
Hause gekommen bin. Ich wollte einfach wegblei-
ben, um meinen Eltern einmal einen Schrecken ein-
zujagen, damit sie Angst um mich haben und mir
vielleicht mehr ihre Liebe zeigen. Ich bin bei meinem damaligen Freund geblieben, mit dem sie mir
den Umgang verboten. Ich wurde von der Polizei
nach Hause gebracht, mein Vater (zu der Zeit alkoholkrank) schlug mich windelweich. Ich schloss
mich im Bad ein. Wann immer ich ihm in den
nächsten Wochen über den Weg gelaufen bin, hat er
mich geschlagen. Von der Zeit an war ich für meine
Mutter eine Hure, eine Schlampe, eine Lügne-
rin...*

Inzwischen hat Saskias Stiefmutter zwei Mal
ungewöhnlich reagiert: *Meine Stiefmutter sagte mir
einmal vor ca. zehn Jahren aus heiterem Himmel*

*„Ich liebe dich", und ich guckte wohl total betreten,
wusste nichts darauf zu sagen. Ich habe es ihr auch
nicht geglaubt, denn ihr Verhalten hat sich trotzdem
nie geändert. Vor ca. fünfzehn Jahren sagte sie auch,
dass sie wüsste, dass mir viel Unrecht getan worden
wäre, aber ich habe nicht hinterfragt, von wem. Sie
meinte wohl eher meinen Vater als sich selbst, aber
genau weiß ich das nicht.*

Vielleicht, liebe Saskia, ist genau das der Punkt,
an dem du den Mund aufmachen und sie fragen
musst. Sonst bleibst du ein Opfer deines eigenen
projektiven Feindbildes, d.h. du stülpst deiner Stiefmutter Vermutungen über. Deine Stiefmutter war
die Ex-Sekretärin deines Vaters. Sie ist wohl ihrer
neuen Aufgabe in einer Stieffamilie mit zwei Kindern nicht gerecht geworden. Vergessen wir nicht,
dass es damals praktisch keine Literatur über die
Stieffamilie (Patchwork-Familie) und schon gar
keine Selbsthilfegruppen gab. Ich selbst, liebe Saskia, habe das Drama am eigenen Leib erlebt, als ich
mit der kleinen Tochter aus der ersten Ehe meiner
früheren Frau einfach nicht zurechtkam, obwohl
oder besser, weil ich alles für dieses Kind tat, seinen
Vater ersetzen und ihn damit unbewusst verdrängen
wollte. Heute gibt es allein in der Bundesrepublik
mehrere hundert Stieffamilien-Selbsthilfegruppen!

Aber, liebe Saskia, du weißt etwas von diesen
Zusammenhängen. Du bist deiner Mutter gegenüber inzwischen weicher geworden: *Ja, ich würde
meiner Stiefmutter gerne sagen, dass ich es ein bisschen nachempfinden kann, warum man „fremde*

Kinder" nicht unbedingt wie eigene lieben kann. *Mein Partner hat aus der Ehe zwei Kinder, die lange Zeit jedes zweite Wochenende bei uns verbracht haben (der Elfjährige kommt immer noch). Da habe ich gemerkt, dass ich sie nicht so lieben konnte und bin lange nicht damit fertig geworden.*

Der Psychoanalytiker Erich Fromm formulierte einmal: *Die Mutterliebe muss die Trennung vom Kind nicht nur dulden, sondern sogar wünschen und fördern.* Dann kann sich Dankbarkeit einstellen. Wie können wir diese Dankbarkeit bezeugen? Nancy Friday erzählt in ihrem Buch *Wie meine Mutter* eine kluge Geschichte: *Weil eine Flutkatastrophe droht, bringt eine Adlermutter ihre Jungen in Sicherheit. Als sie den Ältesten krallt und mit ihm entschwebt, verspricht dieser ihr ewige Dankbarkeit. „Lügner!" schimpft die Mutter und lässt ihn fallen. So macht sie es auch mit dem mittleren Kind, das ebenfalls ewige Dankbarkeit versprochen hat. Das Jüngste aber meint zur Adlermutter: „Wenn ich groß bin, werde ich versuchen, meinen Kindern eine ebenso gute Mutter zu sein, wie du es für mich bist." Jetzt ist das Adlerweibchen zufrieden.* Nancy Friday kommentiert die Parabel mit den Worten: *Die Dankbarkeit, die wir unserer Mutter und unserem Vater schulden, richtet sich nach vorne, nicht zurück.*

Eben das praktiziert Anastasia, dreiundvierzig, heute: *Nun habe ich seit drei Jahren selbst eine Tochter. Es fällt mir aber oft gar nicht leicht, meinen Vorsatz in die Tat umzusetzen. Dann denke ich, dass ich es auch nicht besser mache, trotz intensiver Anstrengung und Arbeit an mir, dass ich froh sein kann, wenn ich meinem Kind so viel Positives geben kann wie meine Eltern mir. Jetzt erst sehe ich, was auch meine Mutter mir alles Gutes getan hat. Das war ja damals selbstverständlich. Das Negative wurde viel stärker gesehen. Ich verzeihe meiner Mutter alles, was sie „falsch" gemacht hat.*

Auch Annika, die selbst drei Kinder zwischen drei und neunzehn Jahren hat, betont ihre schöne Kindheit. Der Vater baute einen roten Papierdrachen, sie durfte mit der Märklin-Eisenbahn spielen, und vor dem Schlafengehen erzählte der Papa die Abenteuergeschichten eines Kindes mit dem Namen „Stäubchen". Das Verhältnis zur Mutter war durchweg gut, in der Pubertät kriselte es. Die Mutter gab Geborgenheit und Fürsorge, der Vater Literaturliebe, handwerkliches Geschick und politisches Bewusstsein. Annika kann heute den Eltern sagen: *Ich bin euch beiden dankbar für alles, was ich von euch bekommen habe: Eure Liebe, Fürsorge, Wärme, Geborgenheit und ein ganzes Stück Freiheit zur Selbstentwicklung. Ich bin dankbar, diese meine Eltern „bekommen" zu haben, und möchte mit niemandem auf der Welt tauschen.* Annika gibt den Geschlechtsgenossinnen, die unversöhnt an der Mutter-Wunde leiden, zu bedenken: *Ich würde ihnen vor Augen führen, dass sie es in der Hand haben, ihr Leben mit Ärger, Wut oder gar Hass zu füllen und sich dementsprechend schlecht zu fühlen oder aber dieselbe Zeitspanne mit Verzeihen, Ver-*

ständnis, Zuneigung, Freude zu verbringen und sich wohl zu fühlen. Dies setzt voraus, dass sie bereit sind, ihre Opferrolle und ihr ständig gehätscheltes Selbstmitleid aufzugeben und zu lernen, selbst Verantwortung für ihr Leben zu tragen. Vielleicht, so möchte ich hinzufügen, nehmen sich diese grollenden Töchter Nietzsches Wort aus *Menschliches. Allzumenschliches* zu Herzen: *In keiner Liebe gibt es ein Stillstehen.*

Muss die Mutter-Wunde über das Grab hinaus schmerzen? Ist die „Wunde der Ungeliebten" (Peter Schellenbaum) eine Erlaubnis, in Hass zu verweilen und das Objekt der kindlichen Begierde, die Mutter, und sich selbst damit noch postmortal zu beschädigen? Mareile, selbst kinderlos und vom Balkan stammend, denkt voller Sehnsucht an die Liebe des Vaters, der an Krebs starb, als sie achtzehn war. Jetzt ist Mareile einundfünfzig. Voller fassungsloser Wut findet sie sich ihrer noch lebenden Mutter gegenüber: *Ich bin der Meinung, meine Mutter hat mich nie geliebt. Was heute noch weh tut: Meine Mutter hat 1993, ohne mich zu informieren, bei einer Hinterlassenschaftsprozedur offiziell ausgesagt, sie habe nur eine Tochter. Also hat sie meine Existenz verleugnet, um mir materielles Erbe ihrer Eltern wegzunehmen. Postwendend gab sie es an meine Schwester weiter ... Meiner Mutter habe ich alles gesagt, mit Geduld und Verständnis, mit Liebe und mit Realitätsbezug, mit Wut und bitteren Vorwürfen, alles habe ich gesagt, über Jahre hinweg, beim letzten Mal bis drei Uhr morgens. Sie blieb eiskalt.*

Sie hat mich nur erniedrigt, verletzt, angelogen und bedroht. Ich entschied mich für die Möglichkeit, ohne sie klarzukommen, was immer sie tut. Natürlich habe ich mir in den letzten fünf Jahren zwanzig Kilogramm Kummerspeck „angefressen". Das geht auch mit vitalstoffreicher Vollwertkost. Frustessen bedeutet eben zu viel essen. Meine ersten Erfahrungen auf der Welt waren eben Hunger. Meine Mutter war damals, als ich zur Welt kam, eher mit sich selbst beschäftigt. Noch heute dauert der juristische Prozess um das materielle Erbe der Großeltern an. Ob Frieden mit der Mutter möglich ist? Mareile: *Ich muss einfach warten. Sie ist am Zug. Meine Schwester steht in Versöhnung mit der Mutter. Sie sind ja Komplizinnen.* Dann sagt Mareile etwas Furchtbares: *Die „Wunde der Ungeliebten" brennt tiefer, als mein Bewusstsein reicht. Mit meinem Mann habe ich einmal darüber geredet und festgestellt: „Ich kann jetzt noch nicht sagen, wie ich mich verhalten werde, wenn sie einmal stirbt. Werde ich hinfahren, um mich zu verabschieden?"*

Dabei ist Mareile nicht einfach nur versteinert: *Als meine Mutter letzten Sommer bei einem Unfall den Arm gebrochen hat, fand ich durch latente familiäre Kanäle eine Möglichkeit, ihre Lage zu erleichtern, und zwar dort, wo sie nicht mit mir gerechnet hat. An dieser Stelle war das einfach das Gebot der Stunde. Alles andere wäre sinnlose Sturheit gewesen.*

Versöhnung nicht einmal am Grab? Das kann es doch wohl nicht sein, liebe Mareile. Da ich dich persönlich kenne, weiß ich, dass du eine starke, liebes-

fähige Frau bist. Vielleicht kannst du dich, solange der – wohl notwendige – juristische Prozess
läuft, mit der „inneren Mutter" versöhnen, also all
jenen Persönlichkeitsanteilen von ihr, die du in dein
Herz genommen hast und mit denen du sprechen
kannst.

Oft ist der Tod unser großer Lehrmeister, auch
für muttergeschädigte Töchter. Ariane hat ihren
Vater im zweiten Weltkrieg verloren, als sie gerade
drei Jahre alt war. Sie hat ihn als gute, schützende
Instanz verinnerlicht: *Durch positive Erzählungen
seiner Schwester und meiner Mutter habe ich eine
sehr liebevolle Einstellung zu ihm. Als Kind lebte ich
in ständiger Sehnsucht nach meinem Vater, hoffte
oftmals, ihn nach der Heimkehr von der Schule auf
dem Sofa in der Küche vorzufinden.* Anders gestaltete sich Arianes Verhältnis zur Mutter: *Meine
Kindheit war geprägt durch Ängste meiner Mutter.
Sie bestrafte mich durch Nichtbeachtung, das heißt
durch Liebesentzug.* Die Mutter hat ihr aber auch
die Liebe zur Natur eröffnet und ihr den Besuch des
Gymnasiums ermöglicht, sie sang viel und brachte
der Tochter die Liebe zu Volksliedern bei. Trotzdem: *Bei meiner Mutter habe ich Nachsicht vermisst, Verständnis für kindliches Verhalten. Statt
Härte hätte ich gerne mehr Weichheit und Humor
erlebt, mehr Selbstsicherheit. Ich konnte nicht stolz
auf meine Mutter sein.* Aber auch: *Meine Mutter hat
mich im Rahmen ihrer Möglichkeit sicher geliebt.*
Die Mutter war, alles in allem, doch eine tapfere
Kriegswitwe.

Die tiefste Versöhnung und Nähe erlebte Ariane beim Sterben und nach dem Tod der Mutter: *Ich habe meine Mutter im Sterben begleitet, ca. fünf Wochen war ich bei ihr, als sie starb. Ich habe einen intensiven Verlustschmerz erlebt über eine lange Zeit hinweg. Mir war, als sei ein Teil von mir gestorben. Auf dem Friedhof hatte ich längere Zeit das Bedürfnis, mich auf den Grabhügel zu legen und zu sterben.*

Ariane ist auch nicht selbstgerecht. Sie kennt ihren eigenen Anteil an der schwierigen Mutterbeziehung: *Als ich meinen späteren Mann kennenlernte, löste ich mich aus der Umklammerung meiner Mutter. Ich wurde ungeduldiger ihr gegenüber, hart und uneinfühlsam, aber immer wieder abgelöst durch Mitleid und schlechtes Gewissen. Ich fand kein richtiges Maß zu einer partnerschaftlichen Basis. Sie litt unsäglich unter meinem Fortgang, da ich schon früh ihr Partnerersatz wurde. Ich bitte sie um Verzeihung dafür, dass ich in späteren Jahren zu wenig liebevoll war, dass ich keine Möglichkeit gefunden habe, mit ihr ihre Probleme zu besprechen, mit ihr von Frau zu Frau zu sprechen, ihr Verständnis entgegenzubringen. Ich bitte sie sehr um Verzeihung dafür, dass ich sie mit der Betreuung unserer Tochter, als ich mein Studium beenden wollte, überfordert habe, obwohl sie gesundheitlich sehr angeschlagen war. Heute kann ich nachempfinden, wie schwer es ihr gefallen sein muss. Durch verschiedene Seminare, Supervision und Therapie habe ich viele Erkenntnisse bekommen und sehe inzwischen deut-*

*lich meinen eigenen Anteil an meiner Entwicklung
und meine eigene Verantwortung für mein Leben…
Ich habe erkannt, dass ich nicht nur Opfer war, sondern auch Täterin meinen beiden Kindern gegenüber. Ich war entsetzt über mich.*

Ariane endet: *Die Beantwortung der Fragen
bedeutet für mich eine erneute Aufarbeitung. Ich
erlebe intensive Trauer um meine Mutter. Ich
erkenne mit aller Deutlichkeit ihr Leid, ihren Kummer, ihre Einsamkeit, ihre körperlichen Leiden, ihre
Sehnsucht nach Liebe von mir. Ich habe sie einfach
lieb! Ich bin dankbar, dass ich Frieden mit ihr
geschlossen habe. Wenn ich ihr heute noch einmal
einen Satz sagen könnte, dann lautete er: „Mutti, ich
liebe dich. Ich verstehe dich. Ich verstehe deinen
Druck. Ich verstehe dein Leid. Ich danke dir für all
das, was du mir Gutes getan hast. Ich danke dir für
deine Liebe."*

Mütter sterben nicht. Sie leben in den Töchtern
weiter. Töchter kriegen nur dann Frieden, wenn sie
den Konflikt mit der Mutter lösen. Vielleicht müssen sie, um erwachsen zu werden, über die Mutter
hinauswachsen. Die Töchter müssen lernen, die
Geschichte der Mutter zu erforschen, aber auch ihre
eigene der Mutter zu erzählen. Das ist harte Toch-
terarbeit. Die Arbeit ist dann vollbracht, wenn die
Tochter die Vergangenheit ruhen lassen kann, und
neue Regeln für die Beziehung aufgestellt hat. Jede
erwachsene Tochter muss lernen, sich selbst zu
bemuttern, indem sie die Verantwortung für das
„kleine Mädchen" in sich übernimmt. Das Töchter-

chen war klein und hilflos, während die Eltern unermessliche Macht über sie hatten. Jetzt dürfen sich Tochter und Mutter auf der Erwachsenenebene begegnen. Das bedeutet Individuation. Und jede Individuation ist eine Reise, die ein Leben lang andauert. C. G. Jung erkannte: *Man könnte deshalb sagen, dass jede Mutter ihre Tochter und jede Tochter ihre Mutter in sich enthalte; jede Frau aber nach rückwärts in die Mutter und nach vorwärts in die Tochter sich erweitere.*

Manchmal, so dünkt es mich bei der Vielzahl bitterer Briefe, scheint eine Heilung der Mutter-Wunde fast aussichtslos. Um so ergreifender ist dann die paradoxe Wendung zum Guten. Rosa, einundfünfzig, beginnt zunächst mit Schwerem: *Gewiss, ich habe Schlimmes erlebt. Ich bin missbraucht (nicht sexuell) worden für Angelegenheiten, die meine Eltern miteinander hätten ausmachen müssen. Ohne dass weder Mutter noch ich es erkennen konnten, habe ich meiner Mutter den Partner ersetzt. Eine Position, die mich bald zerrissen hätte ... Ich durfte nicht die Frau in mir entwickeln. Jedes weibliche Bestreben versetzte Mutter in große Ängste. Sie quittierte es mir mit bedrohlich erscheinenden Herzanfällen, die mich erpressbar machten ... Manchmal blitzte Vaters Zuneigung ein wenig auf, was Mutter rasend eifersüchtig machte. Ich war dick und erlebte, dass Mutter und Vater sich ihrer plumpen Tochter, die – Gott sei Dank – wenigstens ein hübsches Gesicht hatte, schämten ... Mein Vater war selbstständig und ein wenig begabter*

Kaufmann. Solange ich zurückdenken kann, lebten wir in höchsten finanziellen Nöten. Der Gerichtsvollzieher war der einzige Mensch, der uns überhaupt und dafür um so regelmäßiger besuchte. Der Vater betäubte sich täglich stundenlang in Wirtshäusern ... Ein eigenes Bett bekam ich mit elf Jahren. Vorher schlief ich zwischen den Eltern. Mutter war suizidal. Ich weiß, dass es unglaubwürdig klingt. Sie nahm, wenn sich abends die Krisenstimmungen zuspitzten, ihre beiden Mädchen mit in die Nacht hinaus, herumirrend, um ihrem und unserem Leben ein Ende zu bereiten. Das oftmals zwei- bis dreimal wöchentlich über viele viele Jahre ... Ja, ich könnte ein Buch schreiben, aber auch über all die Jahre, die ich grollend, aber auch suchend zugebracht habe. Auf der Suche nach Heilwerden und, ohne dass ich es bemerkte, nach Versöhnung.

Wie kam die positive Wende? Rosa: *Die Versöhnung kam durch tiefe Demut. Ich durfte erkennen, auf welch tragische Weise wir, Eltern und Kinder, in Schicksalhaftes verstrickt worden waren ... Ganz dankbar bin ich einer guten Freundin, dass sie mich mit der systemischen Therapie und dem Zwölf-Schritte-Programm der Anonymen in Berührung brachte. Heute kann ich das Geschenk meines Lebens annehmen. Was ich mit diesem Geschenk mache, ist nicht Sache meiner Eltern. Was will ich da einklagen? Was soll ich ihnen vorhalten? Wie groß will ich mich aufblähen, um ihnen zu sagen, was sie besser hätten machen sollen? Nein, ich bin – nur – ihr Kind. Ich habe in meinem inneren Bild endlich* den richtigen Platz eingenommen: Das soundso-vielte Kind von etlichen. Ich würde aber jederzeit wiederholen, was ich vor einigen Monaten, als ich einen großen Kummer hatte, getan habe: Ich habe meine an Morbus Alzheimer und Parkinson er-krankte, fünfundachtzigjährige und meist sprach-lose, im Rollstuhl sitzende Mutter besucht. Ich habe mich vor sie hingehockt, meinen Kopf auf ihren Schoß gelegt und – zum ersten Mal in meinem Leben – gesagt: „Ach, Mama, heute brauche ich ein-mal deinen Trost." Mutter strich mir übers Haar und sagte laut und deutlich: „Ja, mein Kind, das glaube ich." Sie sah dabei sehr würdevoll aus und war voll Zärtlichkeit.

Rosa sagt am Ende ihres Briefes zur ewigen Dra-matik der Geschlechterfolge etwas, das ich wunder-voll finde. Ich möchte damit das Kapitel beschlie-ßen. Rosa: *Ja, ich habe eigene Kinder. Ich liebe sie so sehr, dass ich kaum Worte dafür habe. Ich liebe sie so, dass ich ihnen ihren Lebensweg zutraue und sie voll Zuversicht in eine unbestimmte Zukunft entlas-sen kann. Ich musste mich ihnen mit all meinen Kümmernissen und Ungereimtheiten zumuten (wie meine Eltern?). Sie konnten keine andere Mutter haben als mich. Sie mussten mich so nehmen, wie ich war. War ich besser als meine Mutter, als mein Vater? Ich gebe zu, anfangs hatte ich so eine Idee im Kopf, dass ich alles besser machen könne als sie. Wie naiv, das zu glauben! Nur weil es glücklichere Umstände gab, war ich nicht besser als sie. Nur weil ich die Möglichkeit hatte, weniger Kinder zu gebä-*

ren und so weniger finanzielle Not und Überforderung aufkommen zu lassen. Nur weil das Naturell meines Mannes anders ist als das meines Vaters: arbeitsam und fleißig? Nein. Ich entdecke so viel Ähnlichkeiten in meinem Tun: wie Vater und Mutter. Ich möchte ihnen zu Ehren Mutter und später Großmutter sein, so gut ich es kann.

*

Eigene Mutter Vorbild für die meisten Frauen

Hamburg, 20. Februar 2000 (dpa). Die meisten deutschen Frauen orientieren sich an ihrer eigenen Mutter, keine Frau beeindruckt sie als Vorbild mehr. Das ist das Ergebnis einer repräsentativen Umfrage des Forsa-Instituts im Auftrag der Hamburger Zeitschrift *Marie Claire*.

Auf die Frage, welche Frauen für sie als Vorbild in Frage kämen, nannten zwei Drittel (66 Prozent) ihre Mutter. Danach folgt Mutter Teresa mit 55 Prozent. Schon auf dem dritten Platz ist der Umfrage zufolge die eigene Großmutter (43) zu finden.

Die Mutter-Wunde
Söhne berichten: Symbiose oder Abnabelung?

Ach, wehe, meine Mutter reißt mich ein.
Da hab ich Stein auf Stein zu mir gelegt,
und stand schon wie ein kleines Haus,
um das sich groß der Tag bewegt,
sogar allein.
Nun kommt die Mutter, kommt und reißt mich ein.

Sie reißt mich ein, indem sie kommt und schaut.
Sie sieht es nicht, dass einer baut.
Sie geht mir mitten durch die Wand von Stein.
Ach wehe, meine Mutter reißt mich ein.

Die Vögel fliegen leichter um mich her.
Die fremden Hunde wissen: das ist der.
Nur einzig meine Mutter kennt es nicht,
mein langsam mehr gewordenes Gesicht.

Von ihr zu mir war nie ein warmer Wind.
Sie lebt nicht dorten, wo die Lüfte sind.
Sie liegt in einem hohen Herz-Verschlag
und Christus kommt und wäscht sie jeden Tag.

Rainer Maria Rilke

Warum stelle ich das Rilke-Gedicht an den Anfang des Kapitels? Es ist eine klassische lyrische Darstellung des negativen männlichen Mutter-Komplexes, um eine Formulierung der Jungianer zu verwenden. Rilkes Mutter ließ den Sohn nicht selbstständig werden. Wo immer der kleine Junge Rainer Maria ein Stück Unabhängigkeit eroberte, Stein auf Stein

ein Lebenshäuschen zu errichten versuchte, riss es die Mutter in ihrer symbiotischen Gluckenhaftigkeit wieder ein. Sie kleidete und erzog den Jungen zunächst als Mädchen, negierte also seine Männlichkeit.

Während die Welt draußen, *die fremden Hunde,* Rilkes Eigenart erkannte und respektierte, stemmte sich die Mutter gegen seine Individuation, sein *langsam mehr gewordenes Gesicht.* Rainer Maria wollte sich auf den Höhenflug des Lebens einlassen, die Glucke Mutter duckte ihn ängstlich, *sie lebt nicht dorten, wo die Lüfte sind.* Außerdem war Phia Rilke von einer engstirnigen Frömmigkeit besessen, *und Christus kommt und wäscht sie jeden Tag.* Damit drohte die Mutter, die Lebensfreude des jungen Poeten zu erdrücken. Rilke hat schwer getragen an dieser Mutter, die ihn andererseits hinreißend in die Welt der Märchen, Mythen und Legenden einführte.

In einer Reihe von Briefen berichten mir Männer, dass ihre Mutter von einer zuckrigen Klebrigkeit war und die Ablösung des Sohnes zu verhindern suchte. Allein drei Männer berichten, dass ihre Mütter sie nicht nur als Püppchen missbrauchten, sondern ihnen bis zur Einschulung Mädchenkleider anzogen – gegen den verzweifelten Widerstand des kleinen Jungen, versteht sich.

Greifen wir den schmerzhaftesten Fall heraus. Stefan Maria – der Name, dessen Nennung mir der Schreiber erlaubt hat, ist, wie bei Rilke, in seiner weiblichen Attributierung aufschlussreich – wurde kurz nach dem Krieg als das einzige Kind eines Steuerberaters geboren. Die Mutter war Hausfrau. Sie hatte sich eine Tochter gewünscht. Die Ehe war unerfüllt, der Vater ein großer Schweiger, mit seinen Zahlen beschäftigt und einzig seinem leidenschaftlichen Hobby, der Jagd, hingegeben: *Kinder werden nicht um ihrer Selbst willen gezeugt und geboren. Das ist mir heute, als erwachsenem Menschen, deutlich geworden. Meine Mutter empfing mich offensichtlich mit einem einzigen Wunsch, der sie umtrieb: Ich sollte die Liebesleere ihrer Ehe kompensieren. Ich war ihr Zeitvertreib, ihr „Herzschatz", ihr „Schmuckstück". Eine ihrer Lieblingsbeschäftigungen war, mich drei- bis fünfmal am Tag wie eine Puppe umzuziehen, ständig für mich Kleidchen zu nähen. Ja, lieber Mathias, du liest es richtig. Ich musste so seltsame Dinger tragen, z. B. einen blauen „Russenkittel", der mir jedoch bis zu den Knien reichte, darunter trug ich nur eine Unterhose. Mutter garnierte mich mit Arm- und Halskettchen, sie legte mir „Wangenrot" auf, so nannte man das damals. Sie ließ meine blonden Haare lang wachsen, ondulierte sie mit einer grässlich stinkenden Brennschere, außerdem parfümierte sie mich täglich. Ich roch wie eine Prostituierte auf Kundenfang und schämte mich im Kindergarten fürchterlich.*

Ich musste mit Puppen spielen. Zu Weihnachten wünschte ich mir, als ich sechs war, ein Kinderfahrrad. Was bekam ich? Ein Puppenhaus! Ich wollte eine Märklin-Eisenbahn. Was stand auf dem Geburtstagstisch? Ein Spielkasten „Die kleine Kran-

kenschwester". Mit Mini-Stethoskop, einem Rot-Kreuz-Schürzchen, Spritzen und Mullbinden. Ich wollte mit einem Nachbarjungen Ball spielen. Was musste ich stattdessen tun? Bei meiner Mutter Sticken lernen. Man denke sich, Sticken! Bis zum vierzehnten Lebensjahr schlief ich auf einer Couch im Schlafzimmer meiner Eltern. Immer wenn mein Vater auf Fortbildung auswärts war, holte mich Mutter in das verwaiste Bett, und ich musste mit ihr „Löffelchen" machen, ja, du liest richtig. Heute mache ich das gerne mit meiner Frau und spüre genau, das dies etwas mit heißer Haut und Kuschel-Sex zu tun hat. Es war eine merkwürdige, halb inzestuöse Situation, besonders wenn meine Mutter mir befahl, nackt in ihrem Bett zu schlafen, wofür ich mich in der Pubertät schämte. Tatsächlich bekam ich mit dreizehn, ganz nach Papa Freuds ödipaler Theorie, Fantasien, mit meiner Mutter zu schlafen. Kurz, ich war ein grausiger „Ödipussi", unmännlich, von meinen Schulkameraden abgelehnt. Ich verfügte über wenige männliche Qualitäten, fühlte mich mickrig und war ohne Selbstbewusstsein.

Meine Mutter warnte mich vor den Mädchen: „Die wollen dich nur ausnützen". Ich Schaf gehorchte. Mit einundzwanzig Jahren habe ich die erste Frau meines Lebens geküsst. Ich bekam fast einen Herzinfarkt vor Aufregung. Dann war drei Jahre Sendepause. Mit vierundzwanzig Jahren schaffte ich es dann endlich, mit einer Frau zu schlafen. „Mutti" hat dazu beigetragen, meine erste Ehe zu versauen. Ich war wie ein Stück Gummi, hing ständig an der Strippe, um mit Mama zu telefonieren. Ich hatte keine Konturen, setzte mich nicht durch. Meine erste Frau sagte einmal verzweifelt: „Du bist wie ein Pudding, den kann man auch nicht an die Wand nageln."

Es hat lange gebraucht, bis ich zum Mann geworden bin. Heute ziehe ich gern meine Ledermontur fürs Motorrad an, spiele etwas den Gockel, bin sportlich und betreibe Bodybuilding. Das mögen viele als primitiv ansehen, für mich sind die „Muckies" einfach wichtig, du würdest sagen, als „tertiäre Geschlechtsmerkmale". Ja, so ist es. Als ich ins Studium ging, habe ich jahrelang den Kontakt zu meiner Mutter auf zwei, drei Begegnungen pro Jahr reduziert. Sie ist fast verrückt geworden dadurch. Aber, es geschehen noch Wunder, als ich zum zweiten Mal heiratete, und ich habe jetzt eine gleichberechtigte Partnerschaft, wo auch einmal die Fetzen fliegen dürfen, als ich also zum zweiten Mal heiratete, bat ich meine Mutter um ein Gespräch. Das hat mich viel Mut gekostet. Denn ich hatte immer noch den Bammel des kleinen Stefan Maria vor ihr. Ich habe sie gebeten, mir einfach einmal zuzuhören. Das tat sie. Ich sagte ihr, wie schlimm es war, dass sie immer wieder versuchte, mich zum Mädchen zu machen und so hartnäckig klammerte. Ich sagte ihr aber auch Danke für ihre riesige Liebe, Aufopferung, ihre Fröhlichkeit und Lebensbewältigung an der Seite eines so schwierigen Mannes. Sie brach in Tränen aus. Ich am Ende auch. Sie sagte nur: „Du hast Recht. Das würde ich heute nicht wieder machen. Du bist ein tolles

*Mannsbild, so mag ich dich eigentlich viel lieber."
Übrigens: Wenn mich heute noch einer „Stefan
Maria" nennen sollte, dann trete ich ihm mit meinen
Motorradstiefeln so in den Arsch, dass ihm meine
Schuhspitzen aus dem Hals herauskommen!*

Mütter schädigen ihre kleinen Söhne aber auch
durch die große Inszenierung weiblicher Hilflosigkeit. Max, zweiundvierzig, heute Elektromeister
mit eigenem Geschäft, verheiratet, zwei Kinder,
erlebte sich als Opfer einer solchen mütterlichen
Jammerarie. Im Grunde war die Mutter eine durchaus starke Frau. Denn sie half im Radiogeschäft
ihres Mannes, übernahm die gesamte Buchführung
und Steuerangelegenheiten und führte, mit Hilfe der
im Hause wohnenden Oma väterlicherseits, den
Haushalt mit vier Kindern. Doch was passierte?
Max: *Mutter jammerte ununterbrochen. Heute
weiß ich, sie war eine depressive Persönlichkeit.
Aber darüber wurde nie gesprochen. Das habe ich
erst als Erwachsener erfahren. Mutter weinte viel.
Ich war ihr Jüngster. Ich fühlte mich schuldig.
Machte ich ihr zu viel Sorgen? Tatsächlich war ich in
der Kleinkind- und Schulzeit auch überdurch-
schnittlich viel krank. Dann hatte sie mich auch
noch am Hals. Oft saß meine Mutter auf einem Ses-
sel, zwei Stunden lang und starrte apathisch auf die
Wand. Meine älteren Geschwister flüchteten aus
dieser dumpfen Atmosphäre. Ich versuchte die Rolle
des Trösters zu übernehmen. Ich brachte ihr Blumen, streichelte sie, machte ihr eine Bettflasche,
überraschte sie mit vielen kleinen Geschenken und*

entwickelte mich zum Spaßmacher und Pausenclown, der sie, manchmal mit Erfolg, zum Lachen brachte.

„Wenn ihr nicht da wärt, dann würde ich mich umbringen", so seufzte meine Mutter immer wieder. Als es ihr wieder einmal schlecht ging, schloss sie sich im Badezimmer ein. Es war, ich erinnere mich noch genau, ein Sonntagmittag. Ich war allein mit ihr im Haus. Ich war etwa sieben Jahre. Ich bekam furchtbar Angst, dass sie sich im Badezimmer etwas antäte, denn meine Mutter sprach auch gerne vor uns Kindern über die Formen des Suizids. „Wenn ich es mache", bemerkte sie einmal, „dann lasse ich mir warmes Badewasser ein, öffne mir mit Vaters Rasierklingen die Pulsadern, trinke einen Schampus und sterbe ganz sanft". Ich hämmerte an die Badezimmertür. Meine Mutter gab kein Zeichen. Ob sie schon tot war? Ich schrie wie am Spieß und rannte zur Nachbarsfrau. Diese rüttelte ebenso vergebens an der Badezimmertür. Ihr Mann stieg dann mit einer Leiter ins Badezimmer, zerschlug das Fenster: Meine Mutter saß apathisch auf einem Hocker und ließ sich friedlich zu Bett bringen ...

Über meiner Kindheit liegt ein Grauschleier. Dabei hätte alles so schön sein können. Wir hatten ein gutes Geschäft, keine finanziellen Sorgen, einen großen Garten. Aber ich fühlte mich wie ein kleiner Sanitäter gegenüber meiner Mutter. Immer im Dienst. Ich „leistete ihr Gesellschaft", auch wenn sie völlig lethargisch war. Natürlich hätte sie in eine Klinik gemusst, Anti-Depressiva und Psychothera-

*pie gebraucht. Ich habe meine psychischen Pflege-
dienste mit einem schwachen Selbst bezahlt. Ich
wurde selbst ängstlich und übernahm das generelle
Misstrauen meiner Mutter gegen die Welt. Noch als
Erwachsener vermochte ich nicht, die Fülle und
Schönheit der Welt und mein eigenes reiches Ich zu
akzeptieren. Als ein Eigenbrötler und depressiv
getönter Kauz betrat ich die Welt der Frauen. Ich
konnte mir nicht vorstellen, dass mich eine Frau
schön und begehrenswert fände. „Ich werde eine
Frau nur halten können", sagte ich zu mir, „wenn
ich immer lieb zu ihr bin, auf eigene Wünsche ver-
zichte und nie einen Streit vom Zaun breche".*

*Prompt zog ich mir denn auch eine depressive
Frau an Land. Silvia hatte so einen Hauch von meiner Mutter, allerdings waren ihre depressiven Züge
nicht so dramatisch ausgeprägt. Aber es reichte, dass
wir eine Zweisamkeit der Grautöne führten. Es mag
seltsam klingen, aber die Geburt unseres ersten Kindes, unserer behinderten Tochter, riss uns in die
Wirklichkeit. Plötzlich mussten wir kämpfen um
dieses Kind. Bis heute. Da wurde uns beiden sehr
schnell klar, dass wir die Wahl zwischen zwei Wegen
für uns entscheiden mussten – Depression und
Trauer über unser hartes Schicksal oder Lebensfreude trotz alledem und erst recht. Wir haben den
zweiten Weg eingeschlagen und sind besonders an
unserer körperbehinderten Anja, aber auch den beiden jüngeren Söhnen gereift. Paar- und Einzelthe-
rapien haben unser Vertrauen zur Welt gestärkt und
uns lebendig werden lassen.*

Mit meiner Mutter bin ich heute versöhnt. Ich habe gelernt, dass ich sie nicht aus ihrer depressiven Lebenshaltung herausreißen kann und dass es auch nicht meine Aufgabe ist. Ich habe mich darüber mit meinem Vater verständigt. Sie nimmt jetzt immerhin Medikamente, über ihre Krankheit wird gesprochen. Leider hat sie Angst vor jeder Psychotherapie. Ich liebe sie. Sie ist eine Arme, aber auch eine Widerspenstige. Manchmal möchte ich sie küssen, manchmal sie kräftig durchrütteln.

Von dem überforderten Retter Max zu Thorsten, dessen Mutter-Wunde um Alkoholismus und Co-Abhängigkeit zentriert ist. Sein Vater, Polizist, war nasser Alkoholiker und starb mit zweiundvierzig Jahren an einer Leberzirrhose. Was die Mutter und die drei Kinder durchmachten, war eine Berliner Proletariertragödie aus Zilles Milieu. Thorsten: *Mein Vater war in Hitlers Wehrmacht ans Saufen gekommen. Er war ein sturer Kommisskopp und landete als „Frontstadtkrieger" in der Berliner Polizei. Er war ein Antikommunist reinsten Wassers. Für sein Trinken hatte er eine Methode entwickelt, die ihn vor dem Hinauswurf bei der Polizei schützte. Er trank grundsätzlich nicht während des Dienstes, sondern erst nach der Rückkehr vom Dienst. Dies aber täglich. In einem Vokabelheft habe ich mir als Zwölfjähriger einmal seinen Alkoholkonsum über Wochen notiert – es waren pro Abend eine halbe Flasche Schnaps und sechs Flaschen Bier. Jeden Morgen nahm er Tabletten, um wieder auf die Beine zu kommen, und trank Unmengen von starkem Boh-*

nenkaffee während des Dienstes. Meine Mutter musste ihm immer eine extragroße Thermoskanne Kaffee für den Dienst bereitstellen. Auf seinem Frühstücksteller hatten täglich Pfefferminzbonbons, zehn Stück, zu liegen, mit denen er seinen Fuselgeruch zu überdecken versuchte.

Vater schlug fürchterlich zu. Er war ein Sadist. Sein Lieblingswort war: „Du gehörst vergast, wie die Juden!" Meine Geschwister bestätigen mir heute: Einer von uns Kindern war immer am Abend dran zur „Abstrafung", wie er das nannte. Wer dran war, musste die Hose herunterziehen, auch die Unterhose, und wurde mit einer Reitpeitsche nicht unter zwanzig Hieben gezüchtigt. Wir Kinder konnten anderntags oft nicht in die Schule, weil wir auf unseren Striemen nicht sitzen konnten, sondern das Bett hüten mussten. Meine Mutter, diese Wahnsinnige, hat dies alles geduldet, ja, sie bekam die meisten Schläge ab. Am Wochenende, wenn sich Vater schon am Samstagmorgen völlig zulaufen ließ und nur noch lallte, versuchte er sie notorisch zum Beischlaf zu zwingen und ins Schlafzimmer zu zerren – vor unseren Augen. Sie ekelte sich, stieß ihn weg und wurde von ihm so mit Fäusten und Ohrfeigen traktiert, dass sie immer wieder zum Arzt musste. Leider hat dieser Mediziner meinen Vater nicht angezeigt. Das Schreien meiner Mutter war im ganzen Miethaus zu hören, aber keiner wagte es, sich meinem Vater entgegenzustellen. Er war als Polizist immerhin eine Autoritätsperson.

Im Suff pflegte Vater mit seiner Dienstpistole

herumzufuchteln. Einmal schoss er im Suff sogar an die Zimmerdecke und hatte danach auf der Dienststelle reichlich Ärger, den Verlust der Patrone zu erklären. Wenn meine Mutter nicht sofort parierte („Hol mir die Flasche aus dem Kühlschrank!"), dann schlug er ihr sofort ins Gesicht. Er erniedrigte sie auf jede nur denkbare Weise. Vor uns Kindern, zwei Söhne, eine Tochter, schrie er: „Du bist ja noch zu dumm zu ficken."

Heute wundert es mich nicht, dass meine kleine Schwester bei diesem Vater in der Pubertät magersüchtig wurde und bis zum zwanzigsten Lebensjahr Kontakten mit Jungen auswich. Das Schlimmste war, meine Mutter duldete dies alles. Sie selbst war ein uneheliches Kind, in asozialen Verhältnissen aufgewachsen, ohne Selbstbewusstsein. Sie hatte nur Angst, den Verdiener der Familie zu verlieren. Sie war essgestört, fraß in sich hinein, wurde dick und unansehnlich, flüchtete nach dem Tod meines Vaters in die Sekte der Zeugen Jehovas.

Ich habe meinen Vater gehasst, aber fast noch mehr meine Mama. Sie beschützte uns nicht. Sie war zu schwach. Sie zeige keine Würde. Sie ging einfach aus dem Zimmer, wenn Vater wie wild geworden auf uns einprügelte, uns Haare ausriss, unsere Köpfe an die Wand stieß, mit Füßen nach uns trat, schlug, schlug, schlug. Wir waren noch in der Volksschule, als wir immer wieder bei unserer Mutter baten und bettelten, „Lass dich von Papa scheiden, schmeiß den Dreckskerl heraus". Sie sagte es zu – und sie verriet uns. Einmal zog sie sogar mit uns in einer Nacht-

und Nebelaktion in die Wohnung ihrer Halbschwester. Wir waren selig, obwohl alles räumlich äußerst beengt war. Es waren vier Wochen wie im Himmel. Wir machten jeden Abend Spiele, sangen, Mutter blühte auf, zog sich nett an und lachte mit uns. Aber dann stand plötzlich Vater in der Tür. Er überredete, und er drohte. Wie begossene Pudel zogen wir mit ihm wieder in die alte Wohnung.

Ich habe meine Mutter viele Jahre gehasst. Ich bin mit achtzehn Jahren ausgezogen, habe mich herumgetrieben, tauchte in der Drogenszene ab, war gewalttätig und habe Frauen wie das letzte Stück Dreck behandelt. Das war der Vater in mir. Mit Männern konnte ich nur Verhältnisse der Rivalität aufbauen. Ich hasste die Welt. Es fehlte nicht viel, und ich wäre auf die Dauer kriminell geworden, um mir Geld und Macht zu sichern. Die Begegnung mit meiner ersten Frau hat mich sanfter gemacht. Die Geburt meines Sohnes war ein Wunder. Nie habe ich so geweint, wie in dem Augenblick, als ich Axel zum ersten Mal im Kreissaal in meine Arme nahm. Leider habe ich mich in meiner Ehe nicht genügend „resozialisiert". Meine Frau hat mich, wie ich heute weiß, zu Recht verlassen. Es war so viel Härte in mir. Ich war Kettenraucher und trank zu viel.

Thorsten schließt seinen Bericht mit den tröstlichen Worten: Die Begegnung mit Dr. Brukers Buch „Unsere Nahrung – unser Schicksal" hat mich zur leiblich und seelisch ganzheitlichen Lebensform geführt. Ich habe mehrere Jahre Männergruppe gemacht und bin, glaube ich, ein anderer geworden,

85

inzwischen auch neu verliebt. Jetzt kann ich auch meiner Mutter verzeihen. Sie hat sich, wie ich, inzwischen entwickelt. Dazu musste erst mein Vater sterben, dem sie bis zum letzten Augenblick „treu" geblieben ist. Nach seinem Tod ist sie aufgeblüht. Sie hat einen Rentner geheiratet, Olaf. Das ist ein ganz Lieber. Für ihn hat sie auch abgenommen und braucht die Sucht nicht mehr, auch wenn sie immer noch übergewichtig ist. Vielleicht bringe ich ihr doch noch die Vollwertkost bei. Mit meinem Hass habe ich sie „bestraft" genug. Ich war auch sehr hart. Seit Jahren sind wir versöhnt.

Zu einem solchen kindlichen Alptraum, wie er Thorsten widerfuhr, möchte ich Nietzsche zitieren. Er spricht in *Menschliches. Allzumenschliches* von einer *Tragödie der Kindheit, wenn edle Menschen ihren härtesten Kampf in der Kindheit zu bestehen haben gegen Vater oder Mutter.*

An diesen Diagnosen und Therapien der Mutter-Wunde wird plastisch sichtbar, was den negativen Mutterkomplex des Mannes ausmacht. Verena Kast kommt in ihrem Werk *Vater-Töchter, Mutter-Söhne. Wege zur eigenen Identität aus Vater-Mutterkomplexen* zu folgendem Schluss: *Gemeinsam ist den Menschen mit einem ursprünglich negativen Mutterkomplex, dass sie den Eindruck haben, ein schlechtes Selbst in einer schlechten Welt zu sein. Keine fraglose Daseinsberechtigung zu haben und letztlich selber daran schuld zu sein. Sie bleiben dann oft in der Beziehung zur Mutter oder zu Menschen, auf die sie ihre Mutterkomplexe übertragen können, sehr anhänglich, fast „klebrig", auch wenn sie weiterhin nicht so behandelt werden, wie sie es sich wünschen. Sie harren aus, weil sie unbewusst immer noch auf den „Segen der Mutter" warten ... An Stelle von Urvertrauen und damit verbunden einem guten Lebensgefühl herrschen Urmisstrauen und Angst...* Verena Kast betont: *Unabdingbar wichtig ist es bei dieser Komplexkonstellation, dass die Menschen nicht darauf warten, dass ihnen jemand die Daseinsberechtigung gibt, sondern dass sie sich entschließen, sich selbst, da sie schon einmal existieren, die Daseinsberechtigung zu geben.*

Oft befinden sich Mutter und Sohn in einem Zirkel der Hilflosigkeit. Solchen negativ geprägten Mutter-Söhnen fehlt zudem die starke Komponente des Vater-Bildes und seine Initiation in die Männlichkeit. Söhne mit einem negativen Mutterkomplex sind seelische Kriegskrüppel. Sie sind frühinvalid und bedürfen der Nachreifung.

Wichtig ist, wie wir in den letzten drei Berichten gesehen haben, die Bereitschaft zur Entwicklung. Solange wir Männer uns vom Mutterkomplex nicht abgelöst und seelisch Neuland gewonnen haben, solange haben wir uns selbst nicht gefunden, sondern leben die Botschaften der Mutter, unsere Schuldgefühle und Kompensationsmechanismen. Hier, wie in jeder denkbaren Lebenskonstellation gilt der Satz Friedrich Nietzsches: *Die Schlange, die sich nicht häutet, stirbt.*

Frank, achtunddreißig, unverheiratet, Berufsfachschullehrer fragte in seiner Beantwortung des

Fragebogens, ob er seiner Mutter auch weh tun dürfe, nämlich dadurch, indem er die sehr schöne Einliegerwohnung im Haus der Eltern, die er unentgeltlich bewohnen darf, verlässt: *Ich habe ja, wie du aus meinen Antworten ersiehst, das Verhältnis zu meinen Eltern in der Vergangenheit mit der Note „ungenügend" qualifiziert. Es war einfach zu schlimm, was sie mir mit der neunjährigen Verschickung auf ein Schweizer Internat angetan haben. Ich empfand sie als egoistisch, uneinfühlsam. Sie reagierten auf keinen meiner hunderten Hilferufe. Ich fühlte mich im Internat so einsam wie Jesus während seiner vierzig Tage in der Wüste, nur dass es bei mir neun Jahre dauerte. Inzwischen hat sich alles geändert. Meine Eltern haben sich dafür entschuldigt. Sie sagten, sie hätten das damals nicht begriffen, wohl auch nicht begreifen wollen, weil sie um die Existenz ihrer großen, mittelständischen Firma gekämpft hätten. Ich war auch ein schwieriger Schüler gewesen, im Gegensatz zu meiner Schwester.*

Seitdem ich mein Studium absolviert habe und im Schuldienst gelandet bin, liest mir vor allem meine Mutter jeden Wunsch von den Augen ab. Sie hat mir sogar oft nach heißen Liebesnächten mit meinen – wechselnden – Freundinnen Kaffee, Brötchen und Marmelade ans warme Lotterbett gebracht. Sie putzt meine Wohnung, sie bügelt meine Wäsche, sie übernimmt meine Steuererklärung, sie kauft mir Möbel, aber auch Klamotten aus italienischen Boutiquen, sie kocht für mich, wenn ich um vierzehn Uhr nach Hause komme, sie bestückt mei-

nen Eisschrank, ja, sie hat sogar noch Verständnis für mich, wenn ich sie anschreie und mir das alles verbitte. Dann kommt sie am andern Morgen ganz klein, klopft bei mir und entschuldigt sich. Sie ist, seit dem Tod ihres Mannes, völlig fixiert auf mich und hadert mit meiner Schwester, weil diese sich in die USA verheiratet hat und nicht greifbar ist. Ich finde meine Paschaallüren selbst grässlich und möchte mich dem entziehen. Ich spüre auch, keine normale Frau will in diesem Honigfass mit mir und meiner Mutter leben. Aber ich getraue mich nicht, meiner Mutter den Schmerz des Auszugs zuzufügen. Sie sagt: „Du bist doch mein ein und alles".

Ja, lieber Frank, diese Mutter-Wunde hat die Qualität eines Zweikomponenten-Klebers. Vielleicht erzählst du deiner Mutter einmal die bekannte jüdische Anekdote: Da ist ein junger Mann, der sich in eine schöne Prinzessin verliebte. Sie stellte ihm eine Bedingung für die Heirat: „Du musst deiner Mutter das Herz herausschneiden. Dann musst du es mir bringen." Der junge Mann geht nach Hause. Als seine Mutter schläft, schneidet er ihr das Herz heraus. Fröhlich(!) eilt er zurück zur Prinzessin. Doch er stürzt bei seinen beflügelten Schritten. Das Mutterherz fällt ihm aus der Tasche. Es beginnt zu sprechen und fragt ihn: „Hast du dir weh getan, mein allerliebster Sohn?"

Was für eine schreckliche Geschichte des verborgenen Sohn-Mutter-Hasses und der mütterlichen Liebe als Selbstaufgabe. Es erinnert an den sarkastischen Witz zum Mythos der sich ewig aufopfernden

Mutter: „*Was ist der Unterschied zwischen einem Piranha und einer Mutter? Der Piranha lässt irgendwann los.*" Mütterliche Klebrigkeit ist kein Kavaliersdelikt. Sie droht, die Entwicklung des Sohnes zum Mann stagnieren zu lassen. Denn es ist die gewaltigste seelische Leistung im Leben eines Jungen, dass er es wagt, die Ketten zu sprengen, die ihn an seine Mutter fesseln. Er muss, koste es, was es wolle, auch mit Aggression und unbequemer Energie, die Verschmelzung mit dem ersten Liebesobjekt seines Lebens lösen. Sonst wird er ein Muttersöhnchen und kein Mann. Er bleibt sonst im weiblichen Wertekosmos und erreicht auf der Kolumbusfahrt des Lebens nicht die Ufer der Männlichkeit mit den dahinter liegenden aufregenden maskulinen Landschaften. „*Ich müsste mir eigentlich nur noch einen Büstenhalter umschnallen, dann wäre ich eine perfekte Frau*", so klagte in meiner Sprechstunde einmal der weiblich dressierte, überaus feminine Sohn einer alleinerziehenden Mutter.

Mutter-Wunden wie Vater-Wunden sind meist chronifizierte Verletzungen aus vielen Jahren. Manchmal entsteht eine Eltern-Wunde auch blitzartig durch einen einzigen Akt, der alles bisher Gute auslöscht. Wolfgang, siebzig, hat seine Mutter geliebt. Vermutlich hat die Mutter ihn von einem Juwelier empfangen, den sie ursprünglich heiraten wollte: *Die Eltern des Juweliers behandelten mich in meiner Jugend wie ein Enkelkind, da sie vielleicht eine Ahnung oder Wissen hatten. Aus diesen Gründen war ein Dauerkonflikt bei meinen Eltern die nötige Folge. Hatte ich die Mutter alleine, ging es gut, hatte ich meinen Vater alleine, ging es auch gut. Waren beide beisammen, war ein dauerndes Theater und Gerangele... Zu meiner Mutter war die Beziehung bis zu meinem achtzehnten Lebensjahr sehr gut (Note Eins). An meinem achtzehnten Geburtstag wollte ich mit meiner Mutter und mit meiner Freundin gemeinsam feiern. Als ich dies meiner Mutter sagte, lief sie rot an und schrie: „Dieses Flüchtlingsweib kommt nicht über meine Schwelle." Dies war am 7. Juli 1948. Fünfzehn Tage nach der Währungsreform. Die Torte, den Alkohol aß und trank ich dann mit meiner Freundin und mit meinem Bruder im Wald auf einem Baumstumpf. Seit dieser Zeit hatte ich keine Beziehung mehr zu meiner Mutter. Ich schäme mich heute über meine Hartherzigkeit. Ich wusste ja die ganzen Umstände und Zusammenhänge noch nicht, welche ich erst 1980 von meiner Tochter erfuhr.*

Wolfgangs Mutter hatte der Enkelin, die inzwischen suizidal aus dem Leben geschieden ist, den Seitensprung und ihre Motive der Ablehnung des Mädchens offenbart. Wolfgang: *Weh tut mir heute nur, dass ich zu meiner Mutter wegen ihrer vermeintlichen Eifersucht bis zu ihrem Tod schofel war. Denn heute weiß ich, dass sie für mich eine reiche Frau wollte und nicht ein armes Flüchtlingsmädel.* Wolfgang hat längstens Frieden mit der Mutter geschlossen. Er verdankt ihr seine Fröhlichkeit, seinen Mut und seine Bedenkenlosigkeit: *Sie liebte alle schönen Männer, ich alle schönen, charmanten*

Frauen … Ich habe beiden Eltern verziehen und rede auf dem Friedhof mit ihnen. Das Grab gehört meinem Bruder, der es auflassen will. Dann werde ich es weiter übernehmen. Denn hier ruhen auch meine Großeltern (die richtigen?). Eigentlich, fällt mir ein, müsste ich das Grab der Eltern des Juweliers mal suchen. Denn dies könnten meine wirklichen Großeltern sein.

Wer nachträgt, sagt der Volksmund, *hat lange zu schleppen.* Wolfgang hat, wie die meisten von uns, der Mutter die Verwundung viele Jahre nachgetragen. Es bedeutet Seelenarbeit, das Nachtragen endlich zu lassen, vom Alten Abschied zu nehmen und die Türen und Säle der Seele für das Neue zu öffnen. Hast du, liebe Leserin, lieber Leser, den Eltern, die dich verletzten, verziehen? Hast du den Schmerz losgelassen? Hat der Schmerz dich losgelassen? Trägst du immer noch an Altlasten, anstatt sie abzuwerfen als überflüssigen Ballast?

Zu diesem Herumschleppen von Altlasten gibt es eine schöne erzählerische Vignette aus der Buddhistischen Geisteswelt, auf die ich immer wieder stoße: *Zwei buddhistische Mönche, die sich auf dem Weg zum Kloster befanden, begegnen am Flussufer einer wunderschönen Frau. Wie die beiden Mönche will auch sie über den Fluss. Aber das Wasser ist zu tief. Da nimmt einer der Mönche sie auf seinen Rücken und trägt sie hinüber. Sein Gefährte ist entsetzt. Zwei Stunden lang überhäuft er ihn mit Vorwürfen, weil er die Regeln nicht eingehalten habe. Ob er vergessen habe, dass er Mönch sei? Wie er es wagen könne, eine Frau zu berühren? Ja, schlimmer noch, sie auf seinem Rücken durch den Fluss zu tragen! Was würden die Leute dazu sagen? Er habe ihren heiligen Glauben in Verruf gebracht. Der scheinbar pflichtvergessene Mönch hört sich die Vorwürfe geduldig an. Schließlich sagt er: „Bruder, ich habe die Frau am anderen Ufer abgesetzt. Trägst du sie immer noch?"*

Dass eine Mutter ihr eigenes Kind nicht versorgt, kommt immer wieder vor. Es hat meistens seine Gründe und ist doch für das Kind ein brunnentiefer, nicht zu vergessender Schmerz. Konrad hat mir aus zwei Gründen seine schwere Kindheit offenbart, einmal weil ich *ein nicht geklärtes Verhältnis zu meinen Eltern habe, und zum anderen, weil ich bis jetzt jedes Ihrer Bücher beim Lesen geradezu aufgesogen habe und darauf vertraue, dass Sie auch dieses Thema sehr ernsthaft bearbeiten werden und somit vielen Menschen helfen können.*

Konrads Leben liest sich wie ein Krimi. Seine Mutter heiratete 1950 und gebar Konrads älteste Halbschwester. Die Ehe wurde 1953 geschieden. Die Schwester kam zu den Großeltern väterlicherseits. Später lernte die Mutter Konrads Vater kennen, Konrad wurde 1956 geboren. Die ersten zwei Lebensjahre wächst Konrad im Heim auf, die folgenden zwei Jahre bei seinen Großeltern. Bereits vor Konrads Geburt haben sich die Eltern getrennt. 1958 lernt die Mutter Konrads jetzigen Stiefvater kennen, ab 1960 wächst er bei diesem und der Mutter auf. Dass sein Stiefvater nicht sein leiblicher

Vater ist, erfährt er rein zufällig mit vierzehn Jahren, als ein Brief vom Jugendamt wegen der Unterhaltszahlungen eintrifft: *1992 erhielt ich Post vom DRK-Suchdienst. Meine ältere Halbschwester suchte meine Mutter, zu der sie seit ihrem Kleinkindalter keinen Kontakt mehr hatte. Die Nachricht, dass ich eine ältere Schwester habe und diese von meiner Mutter bis zu diesem Zeitpunkt verleugnet wurde, traf mich sehr. Meine Beziehung zu meiner Mutter war bis dahin nicht sehr stabil. Wir bewegten uns auf dünnem Eis. Ich verlor jegliches Vertrauen zu ihr. Ich hasste sie regelrecht. Ich bekam damals, mit siebenunddreißig Jahren, eine regelrechte Lebenskrise. Ich begab mich auf Grund gesundheitlicher Probleme, Asthma und innerer Unruhe, in therapeutische Behandlung ... Meinen leiblichen Vater habe ich vor drei Jahren ein einziges Mal in meinem ganzen Leben gesehen, nicht einmal ein Bild habe ich von ihm. Er wünscht aus diversen Gründen keinerlei Kontakt zu mir. Für mich war es aber einer meiner wichtigsten Augenblicke, ihn endlich einmal getroffen zu haben. Mir tut es bis heute sehr weh, keinen Kontakt zu ihm haben zu dürfen.*

Wen wundert es, dass sich Konrad in der Ehe seiner Mutter *überflüssig und nicht geliebt* vorkam. Der Beziehung zur Mutter gibt er die Note „ungenügend": *Als Kind habe ich nie das Gefühl gehabt, so wie ich war, angenommen worden zu sein. Vielmehr sind mir indirekt die Fehler meines leiblichen Vaters angelastet worden. Ich wäre von meiner Mutter gerne einmal in den Arm genommen wor-*

94

den… Es war immer die Angst vor Bestrafung vorhanden. Vielleicht hat meine Mutter mich geliebt, zeigen konnte sie es kaum… Meiner Mutter möchte ich gerne verzeihen, in meinem Innern habe ich es auch schon vollzogen.

Konrad ist reifer geworden und begreift, auch auf der Basis therapeutischer Erfahrungen, das, was der Familientherapeut Bert Hellinger die Ordnung der Liebe nennt. Konrad formuliert es so: Ich fühlte mit zunehmendem Alter immer mehr, dass ich meine Kinder und mich nur dann voll annehmen kann, wenn ich auch mit meiner Mutter Frieden schließen kann. Wie soll ich meiner Tochter, die sehr viel von meiner Mutter hat, lieben, wenn ich meine Mutter ablehne? Diesen Widerspruch scheine ich zu begreifen, ich habe vor zwei Jahren mein Ursprungssystem (nach Bert Hellinger) aufgestellt. Die Lösung lag damals in dem Friedenschließen mit meiner Mutter.

Konrad versteht sich nicht nur als Opfer, sondern auch als Täter. Das ist, so scheint mir, ein wahrhaftiges, weil komplexes Persönlichkeitsverständnis des eigenen Selbst: Ich möchte meine Mutter gerne um Verzeihung bitten für den Hass, den ich ihr gegenüber zum Ausdruck gebracht habe. Ich habe sie verurteilt. Ich wollte ihr keine Chance mehr geben, weil ich mich selbst so verletzt gefühlt habe. Ich habe sie „unten" sehen wollen. Dies tut mir noch heute weh. Es geht um Verstehen, nicht um Verurteilen. Der Schriftsteller Thomas Mann schrieb 1940 in einem Essay On myself: Verurteilen zeugt *immer von Verständnislosigkeit und psychologischem Nichtvermögen.*

Das Leben heilt in seiner unvergleichlich schöpferischen Erneuerungsfähigkeit viele Wunden. Konrad: *Ich bin verheiratet. Ich habe drei Kinder und bin sehr stolz auf alle drei. Manchmal habe ich das Gefühl, dass ich das, was ich selber vermisst habe, heute bei meinen Kindern noch einmal nachleben darf. Meine Frau kommt aus einer „heilen" Kindheit, und ich habe viel von ihr lernen können.* Am Ende seines tiefen Briefes bekennt Konrad: *Ich fühle mich gerührt und fühle in mir den Wunsch, ziemlich bald auf meine Mutter zuzugehen. Ich möchte Worte finden, die nicht wieder Grenzen aufbauen, aber auch keine falschen Erwartungen wecken ... Ich habe den festen Glauben, dass ich mich noch in einem Prozess befinde, den ich versuche, erfolgreich für meine Mutter und mich zu beenden.*

Die emotionale Nabelschnur mit der Mutter bleibt für uns Männer oft nicht nur unzertrennt, sondern sie verheddert sich im Gegenteil zu einem Geflecht, das uns wie Marionetten an unsere Mütter bindet. Es spielt dabei keine Rolle, ob die Mutter um die Ecke wohnt oder in fünfhundert Kilometer Entfernung, ob sie noch lebt oder längst gestorben ist. Das ist nicht nur eine private Tragödie. Die Mutter-Wunde hat vielmehr, wie wir im Folgenden auch bei der Betrachtung der männlichen Vater-Wunde noch sehen werden, gesellschaftliche Hintergründe. Der Frankfurter Arzt und Psychoanalytiker Michael Lukas Moeller spricht in seinem Nachwort zu Barbara Francks Report *Mütter und Söhne. Gesprächsprotokolle mit Männern* von einem *Männermatriarchat*. Was heißt das? Das will sagen, dass der heutige Vater vielfach psychisch abwesend ist und übertags im Beruf und abendlich hinter dem Computer verschwindet. Darüber hinaus wächst die Zahl der Söhne, die bei einer alleinerziehenden Mutter aufwachsen und den leiblichen Vater nurmehr als einen Wochenendbesucher kennen, in geometrischer Proportion. Es ist das Drama der Vaterentbehrung, das den Alltag von Millionen Jungen heute prägt.

Moeller spricht von einem Teufelskreis: *Die Männergesellschaft hinterlässt zu Hause in Form einer Mutter-Kind-Union ein Miniaturmatriarchat. Da dieses Matriarchat jedoch das genetische Milieu der Kinder darstellt, prägt die Mutter fast ausschließlich ihre Söhne und damit die später herrschenden Männer. Mit anderen Worten: In der vaterlosen Gesellschaft, wider Willen isoliert, bestimmt nur noch die Mutter die Entwicklung zum Mann ... Die zwangsläufige Mutter-Kind-Isolation ist unser modernes genetisches Armutsmilieu. Sie ist das folgenreichste Ergebnis des beschleunigten sozialen Wandels. Der Sohn kommt nicht aus dem mütterlichen Bannkreis heraus, die Mutter heftet sich, mangels eines Partners, an die Ferse ihres „kleinen Mannes".*

Moeller warnt *Die hochverdichtete Zweisamkeit von Mutter und Sohn ist für beide verhängnisvoll. Wenn einer vom anderen nicht loskommt, ist jede seelische Entwicklung behindert. Umgekehrt bedroht jeder Reifeschritt die Verklammerung. Weder Mutter noch Sohn, geschweige denn ihre Beziehung kann sich entfalten. Erst ein Dritter böte beiden die Gelegenheit, sich voneinander loszulösen, zu distanzieren, zu emanzipieren und schließlich in einer neuen, einfühlsameren und ebenbürtigeren Beziehung zu finden. Am besten wäre ein gemeinsamer Dritter. In der heilen, klassischen Familie ist das der Vater.*

Die Zahl der schlechten oder gar nicht vorhandenden Vater-Sohn-Beziehungen wächst im gesellschaftlichen Maßstab lawinenhaft. Es gibt keine Triangulierung, kein vitales Mutter-Vater-Sohn-Dreieck. Der alleinerziehenden Frau fällt eine überstarke Muttermacht zu. Sie wird zur gefährlich exklusiven Beziehungsperson des Sohnes. Dieser hat nur ein wesentliches Lebensmodell: Das Mutterbild. Söhne werden durch die Mutterherrschaft stärker belastet als Töchter, weil sie um ihr Mannsein betrogen werden. Von dort stammt ihre regressive Hassliebe gegen die Mutter. Es fehlt der väterliche Entwicklungshelfer.

Diese Männer sind im Wortsinn „Muttersöhne". Moeller meint: *Individuation und Loslösung des Sohnes wie auch die entsprechenden Ablösungsschritte der Mutter sind weit blockiert. Beide bleiben in der symbiotischen Frühform menschlicher Beziehung stecken ... Darüber hinaus braucht die Mutter ihren Sohn, um ihre eigenen narzisstischen Schäden zu beheben. Söhne werden zu Versatzstücken der defekten Mutter. Sie braucht den Sohn dringend als Objekt, kann ihn aber als Subjekt mit eigenen Bedürfnissen gar nicht annehmen. An der Mutter krankt der Sohn, weil der Vater mangelt. Es ist ein Zwangsmatriarchat.*

Matthias, mit vierundzwanzig Jahren der jüngste aller männlichen Schreiber, Student, Einzelkind einer alleinerziehenden Mutter, der Vater lebt in Australien, steckt voller Ambivalenzen: *Ich weiß nicht, was mit mir los ist. Meine Mutter hat alles für mich getan und ist eine wundervolle Frau. Ich bewundere sie, wie sie es ohne Mann geschafft hat, mich großzuziehen und gleichzeitig ihrem Beruf als Krankenschwester auf der Intensivstation nachzugehen. Früher habe ich sie angehimmelt. Ich wollte sie heiraten. Wir haben fast alles miteinander geteilt. Sie war meine beste Freundin. Aber irgendwann kriegte ich keine Luft mehr, und ein Jahr vor dem Abitur bin ich ausgezogen zu einem Freund. Jetzt studiere ich am anderen Ende der Republik. Ich schreibe nicht, ich telefoniere nicht, obwohl ich ein Handy habe. Ich kann mit Frauen buchstäblich nichts anfangen. Mich fasziniert alles Männliche. Ich bin bisexuell, schlafe aber seit zwei Jahren nur mit Männern. Ich bin richtig arrogant gegen Frauen, kann den „Weiberkram" nicht mehr hören. Was soll ich tun?*

Lassen wir die Frage offen.

*

*Der Zweck der Kindererzeugung ist,
freiere Menschen als wir in die Welt zu setzen.*

Friedrich Nietzsche,
Die Unschuld des Werdens

Georges Simenon
Brief an meine Mutter

Wir sind zwei, die einander ansehen, Mutter.
Du hast mich zur Welt gebracht. Ich bin deinem
Schoß entsprungen, du hast mir meine erste Nahrung
gegeben, und dennoch kenne ich dich nicht besser,
als du mich kennst.

Georges Simenon,
Brief an meine Mutter

Die kritische Auseinandersetzung mit der Mutter hat immer noch etwas von Tempelschändung und Tabubruch an sich. Der Schriftsteller Adalbert Stifter behauptete pauschal: *Das Mutterherz ist der schönste und unverlierbare Platz des Sohnes, selbst wenn er schon graue Haare trägt. Jeder hat im ganzen Weltall nur ein einziges solches Herz.* Fast alle Zitate, die man in der schönen Literatur findet, sind von dieser, fast schon furchteinflößenden, Idealisierung geprägt. Die Mutterrolle wird glorifiziert. Schiller reimt in *Die Braut von Messina:*

Mit der Mutter und ihren Söhnen
krönt sich die herrlich vollendete Welt.
Selber die Kirche, die göttliche, stellt nichts
Schöneres dar auf dem himmlischen Thron;
Höheres bildet selber die Kunst nicht
die göttlich Geborne,
als die Mutter mit ihrem Sohn.

Nietzsche sieht mit männlichem Blick die Mutter kritischer: *Jedermann trägt ein Bild des Weibes von der Mutter her in sich. Davon wird er bestimmt, die Weiber überhaupt zu verehren, oder sie gering zu schätzen oder gegen sie im Allgemeinen gleichgültig zu sein.*

Die Problematik einer Sohn-Mutter-Beziehung rückt der große belgische Schriftsteller Georges Simenon in seinem Buch *Brief an meine Mutter* ins Bild. Es ist ein Meisterwerk der modernen Weltliteratur geworden. Simenon schrieb diese schonungslose und gleichzeitig respektvolle Auseinandersetzung, als er selbst einundsiebzig Jahre alt war. Man muss hierbei wissen, dass Simenon nicht nur berühmt wurde durch die glänzenden Kriminalromane um seinen Kommissar Maigret, sondern durch seine sogenannten Psychoromane. Sie gehören zum erzählerisch und psychologisch Besten, was die Literatur des 20. Jahrhunderts hervorgebracht hat. Der Züricher Diogenes-Verlag hat das Gesamtwerk Simenons, zweihundertachtzehn Bände umfassend, veröffentlicht.

Simenon wurde am 13. Februar 1903 in Liège (Lüttich) in Belgien geboren und starb am 4. September 1989 in Lausanne. Er war ein ebenso manischer wie genialer Schreiber, psychologisch an C. G. Jung und S. Freud geschult. Sein reiches Leben krönte Simenon mit der Niederschrift der monumentalen *Intimen Memoiren*. Simenons Bücher erreichten mehr als eine halbe Milliarde Gesamtauflage, seine Stoffe wurden über fünfzigmal verfilmt.

101

Lettre à ma mère erschien 1974. In wenigen Tagen mit seltener Intensität geschrieben, ist diese Mutter-Sohn-Reflexion dem Kritiker Pierre Assouline zufolge, *eine Chronik des Unverständnisses im Wandel der Geschichte zweier Menschen, denen es nie gelang, einander zu lieben, weil sie nie gelernt haben, miteinander zu reden. Simenon enthüllt darin den Kern seines Leidens eines großen Schriftstellers, der von allen und überall anerkannt wird, nur nicht von seiner Mutter.*

Liebe ist zuallererst Kommunikation. Wo die Kommunikation versteppt oder sich erst gar nicht einstellt, hat Liebe einen steinigen Grund. So kommt es denn auch, dass Simenon seine Aufzeichnung am Donnerstag, dem 18. April 1974, mit dem Geständnis beginnt: *Meine liebe Mama. Es ist ungefähr dreieinhalb Jahre her, als du im Alter von einundneunzig Jahren gestorben bist, und vielleicht beginne ich, dich jetzt erst kennenzulernen. Ich habe meine Kindheit und meine Jugendzeit mit dir im gleichen Haus verlebt, aber als ich dich mit neunzehn Jahren verließ, um nach Paris zu gehen, warst du für mich noch immer eine Fremde.*

Simenon erinnert sich, wie er zum letzten Mal die Mutter besuchte. Es war im Hôpital de Bavière, wo er vor Jahrzehnten bei der Messe zu ministrieren pflegte. Eine Woche lang sah der inzwischen selbst alt gewordene Erfolgsschriftsteller, Vater einer Tochter und zweier Söhne und unglücklich verheiratet, *Tag um Tag deinem Todeskampf zu: Man hätte meinen können, du wärest schon in einer ande-*

ren Welt oder vielmehr in deiner eigenen Welt, in deiner inneren Welt, die dir vertraut war. Denn dieses Lächeln, in dem auch Melancholie und Resignation lagen, habe ich seit meiner Kindheit gekannt. Du hast das Leben über dich ergehen lassen. Du hast es nicht gelebt. Und: Solange du lebtest, haben wir einander nie geliebt, das weißt du ja. Wir haben beide nur so getan. Heute glaube ich, dass jeder sich ein ungenaues Bild vom anderen machte.

Hat Henriette Simenon, geborene Brüll, ihr Leben wirklich nicht gelebt? Auf seiner Spurensuche gewinnt der Sohn langsam ein differenzierteres Bild. Dazu muss er jedoch durch viel Reflexion und ein Meer der Bitternisse hindurch. Simenon macht das, was uns allen bei der Wiederannäherung an die Eltern gut ansteht, nämlich sich die Mutter als Kind vorzustellen und ihre schwierige äußere und innere Biografie verstehend und nicht verurteilend zu rekonstruieren. Simenon spürt die Tragödien im Leben seiner Mutter nach, die Katastrophe der sozialen Deklassierung und ein fast übermenschlich starrer Charakter als psychologische Reaktionsbildung: *Du warst das Dreizehnte von dreizehn Kindern. Als du zur Welt kamst, machte dein Vater bankrott. Du warst fünf Jahre alt, als er starb. So fing dein Leben an. Du bliebst mit deiner Mutter allein zurück. Deine Geschwister hatten sich zerstreut, einige lagen schon auf dem Friedhof. Ihr hattet eine bescheidene, mehr als bescheidene Wohnung in einer armseligen Straße von Liège, und ich habe nie erfahren, wovon ihr gelebt habt, deine Mutter und du, bis du mit neun-*

*zehn Jahren Verkäuferin in einem Warenhaus wur-
dest. Ich besitze eine schlechte Fotografie von dir, die
aus dieser Zeit stammt. Du warst hübsch, dein Gesicht zeigte noch die weichen Rundungen der Jugend,
doch deine Augen drückten gleichzeitig eiserne Willenskraft und Misstrauen gegen die ganze Welt aus.
Wenn deine Lippen auch ein Lächeln andeuten, so ist
es doch ein unjunges Lächeln, in dem schon alle Bitterkeit der Welt liegt, und deine Augen starren voller
Härte in den Fotoapparat.*

Mit diesem Urmisstrauen ist die spätere Mutter
von Georges und Christian Simenon in ein Leben
gegangen, das ohne Glanz und voller materieller
Ängste war: *Denn du hast dir nie Illusionen gemacht. Du hast niemals einem Menschen geglaubt.
Soweit ich zurückdenken kann, hast du immer und
überall nur Lüge und Eigennutz gewittert... Dieser
Argwohn richtete sich nicht nur gegen mich. Er war
dir angeboren. Das fünfjährige kleine Waisenmäd-
chen, das mit seiner Mutter allein lebte, konnte einfach nicht an Wunder glauben. Aber im Grunde war
ich der Hauptgegenstand dieses Argwohns. Aus
Liebe? Aus Besorgnis, dass ich mir eine falsche Stelle
anmaßte? Weil du Angst hattest, ich könnte Gott
weiß was für einen Betrug begehen? Nur du, Mutter, könntest diese Fragen beantworten. Ich für meinen Teil kann bloß Vermutungen anstellen. Die
Tage, die ich an deinem Sterbebett verbrachte,
haben mir vielleicht dabei geholfen.*

Henriette Simenon war eine gefühlskarge Mutter
und der Vater Désiré ein emotional verschlossener

Versicherungsangestellter. Simenon krankt am Defizit seiner Mutter: *Ich weiß nicht, ob du mich jemals auf den Schoß genommen hast. Jedenfalls hat es keine Spuren in meiner Erinnerung hinterlassen, was bedeutet, dass es nicht oft passiert ist. Das „Vater" und Mutter", das man mir beibrachte, kam wahrscheinlich nicht von dir, ich kann dir deswegen nicht böse sein. Mein Vater hatte ein sehr weiches Herz, aber wie alle Simenons, die ich kannte, ging er nie aus sich heraus.* Der kleine Georges durfte nie das intime *Mama* benutzen. Selbst auf dem Sterbebett kommt es zu keinem Austausch zwischen Mutter und Sohn: *Heute frage ich mich, was du in deinem ständigen Argwohn dachtest, während ich stundenlang an deinem Bett saß und dich eindringlicher betrachtete als ich wollte. Vielleicht hast du dir gesagt: „Er wartet ungeduldig, bis es mit mir zu Ende ist, damit er aus dem Spital wegkommt und wieder heimfahren kann".*

Wie wir es später bei Kafkas Vater Heinrich sehen werden, legte Henriette Simenon eisernen Wert auf ihre soziale Position. Nur ist der Unterschied gravierend: Während der reiche Prager Geschäftsmann und Emporkömmling Kafka auf seinen Wohlstand stolz war und seinen Schriftstellersohn zu einer profitablen Heiratspartie zu nötigen suchte, verteidigte Henriette Simenon, die die ersten fünf Jahre ihres Lebens, vor dem Bankrott des Vaters, auf einem kleinen Schlösschen verbracht hatte, den verheerenden Status ihrer Armut: *Du warst gleichfalls stolz, aber du warst sozusagen stolz*

*auf deine Niedrigkeit. Du warst stolz darauf, arm
zu sein und niemanden um etwas zu bitten. Du stell-
test dich sogar ärmer, als du warst, als wäre Armut
eine Tugend, und heute... beginne ich mich zu fragen, ob es nicht wirklich so ist. Ich habe dich oft
sagen gehört: „Siehst du, wir kommen mit dem
Allernotwendigsten aus.“ Schon als ich ganz klein
war, haben mich die Worte „Das Allernotwendig-
ste“ verfolgt. Ich betrachtete sie als eine Beleidigung
meines Vaters, denn wenn er dich geheiratet und
eine Familie gegründet hatte, war er doch offenbar
fähig, für sich einzustehen.*

Nie vermochte sich die Mutter Simenons an dem
erschriebenen Reichtum ihres großen Schriftsteller-
sohnes und Auflagenmillionärs zu freuen. Sie
demütigte ihn, wenn sie bei ihm zu Besuch war,
geradezu mit knausriger Sparsamkeit und ließ sich
kaum beschenken. Als Simenons Frau ein altes
löchriges Korsett seiner Mutter in den Dreckkübel
warf und ihr ein neues besorgte, fischte die alt
gewordene Frau mehrfach und am Ende erfolgreich
gegen den erbitterten Widerstand der Schwieger-
tochter das Korsett wieder aus dem Kübel heraus...
Henriette Simenon, die nie fließend Französisch zu
sprechen vermochte, war eine Außenseiterin: *Wo
bist du zur Schule gegangen? Wo immer es gewesen
sein mag, du warst dort eine kleine Fremde, über die
die anderen Kinder sich sicher lustig machten. Man
musste dir jedes französische Wort erklären. Und
wenn du in die bescheidene Wohnung deiner Mutter
heimkehrtest, sprachst du wieder das Gemisch aus*

Deutsch und Flämisch, in dem ich dich ein Leben lang mit deinen Geschwistern reden hörte.

Trotzdem oder, besser gesagt, eben deshalb, war die Mutter noch in den letzten Jahren zäh wie eine Bergziege: *Deine Geschwister waren nicht mehr am Leben, da sie ja viel älter waren als du, und du warst einundneunzig Jahre alt. Die kleine Letzte hatte bis zum Schluss durchgehalten. Und sonderbar – als die Familien all deiner Geschwister sich allmählich aufgelöst hatten, wie es das Los jeder Familie ist, suchte man bei dir Zuflucht... Ich möchte mich nicht zu der Behauptung versteifen, dass es eine Vergeltung des Schicksals war. Aber du musstest es dir heimlich gedacht haben, denn die gleichen Geschwister nannten dich als ganz junges Mädchen, als du stark abgenommen hattest und du an überreizten Nerven und unvermittelten Weinkrämpfen littest, „einen Spatzen für die Katze". Der Spatz für die Katze hat sie alle begraben.*

So vieles weiß der Sohn, wie die meisten Söhne, von der Mutter nicht: *Ich bin um die siebzig herum. Wir sind um die zwanzig Jahre getrennt. Ich weiß so gut wie nichts davon, was sie für dich bedeuteten, und noch weniger von den Jahren davor.* Ob Simenon, der Sohn, nicht selbst etwas von der ungeheuerlichen Willenskraft seiner Mutter geerbt hat? Immerhin pflegte er zu seiner Glanzzeit die meisten seiner gestochen scharfen Romane im Verlauf einer einzigen Woche zu schreiben, eingeschlossen in sein Arbeitszimmer und ohne jegliche Kontaktaufnahme. Er nahm in dieser schöpferischen Geburts-

und Leidenswoche regelmäßig bis zu fünf Kilogramm ab. Simenon erweist seiner Mutter die Ehre: *Willenskraft hast du dein Leben lang besessen, jetzt, wo du hier auf einem Spitalbett liegst, das dein Totenbett sein wird, bin ich nicht sicher, ob du dir nicht selbst deine Todesstunde gewählt hast. Du wärest dazu durchaus imstande!*

Wieviel wissen wir eigentlich über die materiellen Ängste unserer Eltern, die Hintergründe ihres Geizes oder umgekehrt, ihre Verschwendungssucht nach harten Jahren des Aufbaus? Simenon wird das Drama der Mutter am Totenbett klar. Er begreift, dass sie *nach Sicherheit um jeden Preis* ein Leben lang gesucht hat: *Damals gab es weder Altersrenten noch soziale Fürsorge. Eine einzige Krankheit konnte die Existenz einer Familie gefährden. Der arme Désiré übte einen Beruf aus, der mit keiner Pension verbunden war und keine Gewähr für eine sichere Zukunft bot. „Wenn ich denke, dass du nicht einmal eine Lebensversicherung hast!" Wie oft habe ich diesen Satz von dir gehört, wenn du übler Laune warst! Désiré sagte nichts und wandte den Kopf ab, mehr konnte er nicht tun. Das erfuhr ich später, als er mit vierundvierzig Jahren einem Herzanfall erlag, von seinem Arzt.*

Eltern haben Hoffnung für ihre Kinder. Wer sollte es ihnen verdenken! Wenn sie selbst eine unsichere Existenz führten, so wünschen sie dem Sohn, der Tochter vor allem nur eines: Sicherheit. Damit bedrängen sie die Kinder, oft in die falsche Richtung. Simenon: *Du siehst, Mutter, dass Kinder be-*

108

obachten und zuhören. Wegen Vaters Krankheit oder vielmehr, weil er keine Versicherung besaß, wolltest du unbedingt einen Beamten aus mir machen, einen Mann, der hinter einem Schalter oder hinter einem Büro der Belgischen Eisenbahnen oder einer ähnlichen Gesellschaft sitzt. Kann ich dir das verdenken?

Henriette Simenon wollte ein Leben lang nicht begreifen, dass ihr weltberühmter Sohn einem ehrlichen Gewerbe nachging und das Geld für die über dreißig luxuriösen Villen, die er im Laufe seines Lebens erwarb und wieder abstieß, mit Schreiben verdiente. Sie pflegte seine Hausangestellten zu fragen: *Ist der Besitz verschuldet?* Was sie leider nicht mehr erlebte, war, dass ihr Sohn, alt geworden, in ein winziges rosa Häuschen in einem Neubaugebiet von Lausanne zog, zusammen mit seiner letzten großen Liebe, der früheren Hausangestellten Teresa, und als Multimillionär das einfache Leben und eine wundersam einfache Beziehung mit herzerfüllender Dankbarkeit lebte. Jetzt konnte er in seinem *Brief an die Mutter* über deren und seine Welt schreiben: *Es war eine Kleineleutewohnung, und man könnte sagen, dass du dein Leben lang Wert darauf gelegt hast, der Welt der kleinen Leute anzugehören. Du wärst sehr erstaunt zu hören, dass ich mich jetzt im Alter mehr und mehr dieser Welt nähere, weil ich spüre, dass sie auch meine Welt ist und weil sie die Welt der Wahrheit ist.*

Sie war, wie die meisten Mütter, eine fleißige Frau, diese Henriette Simenon: *Dein ganzes Leben lang bist du wie ein Mäuschen herumgehuscht. Ich habe dich selten sitzen sehen. Und jetzt sehe ich dich eigentlich zum ersten Mal im Bett liegen. Ich betrachte dein Gesicht, das sich so wenig verändert hat, deine hellen, blaugrauen Augen, die sehr lebendig geblieben sind und frage mich, ob dein letzter Seufzer nicht ein Seufzer der Erleichterung sein wird.*

Selbst im Sterben, als eine mürrische Nonne mit fleischigen Händen und düsterem schwarzen Habit unbewegt wie eine Statue auf dem Stuhl in dem kleinen Spitalzimmer sitzt und die Bekannten und Nachbarn Henriette Simenons sich gegenseitig die Klinke reichen, übt die winzige Witwe noch eine magische Kraft aus: *Denn du beherrschst uns alle, die Fremden, die kommen und gehen und zu denen ich mich vielleicht zählen muss, denn ich war ein Fremder für dich.* Und doch war sie eine freudlose Frau, wie sich der Sohn erinnert. Er hatte, wie Kinder es nicht selten haben, Vernichtungswünsche gegen sie: *Als ich acht oder neun Jahre alt war, brachte man eine deiner Schwestern ins Irrenhaus. Das war ein Schock für mich. Ich war dabei. Ich sehe noch die Droschke vor der Tür, ihren Mann, der, die Hände vors Gesicht geschlagen, schluchzend an der Hausmauer lehnte. Ich dachte bei mir – heute gestehe ich es dir: „Wenn einmal eine Droschke käme und meine Mutter holte!"*

Die Mutter Henriette ist eine Neurotikerin der Zwanghaftigkeit und Neurasthenie: *Man nannte dich ein Nervenbündel, das heißt, dass der leiseste*

Widerspruch, die kleinsten Widerwärtigkeiten, dich übermäßig reizten. Unter anderem erinnere ich mich an einen gewissen Sonntagnachmittag. Frühmorgens hatte man beschlossen, eine Landpartie zu machen... Nach dem Mittagessen mühtest du dich im Schlafzimmer, deinen Haarknoten aufzustecken. Es gelang dir nicht, und jedes Mal, wenn er wieder aufging, wurdest du fiebriger und nervöser, die Tränen stiegen dir in die Augen, und schließlich warfst du dich schluchzend aufs Bett.

Mein Bruder und ich standen in unseren Sonntagskleidern bereit. Wir warteten, ohne etwas zu begreifen, ungeduldig vor der Haustür. Der Vater ging, auch schon zum Ausgehen gekleidet, zwischen uns und dir und dir und uns hin und her. „Nur noch ein paar Minuten, Kinder – Mutter fühlt sich nicht wohl." Das ist hundert Mal, zweihundert Mal, passiert. Christian und ich trauten uns nicht hinauf und manchmal hörten wir Schreie und dann lange, atemlose Monologe, die Vorwürfe waren. Vorwürfe gegen den Vater, der ruhig und geduldig dabeistand.

Das Leben der Mutter ist beherrscht von der Frage der sozialen Sicherung ihrer Existenz: *Es galt, deine alten Tage zu sichern. Vielleicht lag etwas Krankhaftes in dieser fixen Idee. Deine Schwester war im Irrsinn gestorben. Dein Vater hatte ein frühes und nicht ganz reguläres Ende genommen. Er hatte im Alkohol eine Art von Gleichgewicht oder Ungleichgewicht gefunden und damit seine Familie ins Elend gestürzt. Ein Bruder von dir war so etwas wie ein Landstreicher; man sah ihn manchmal im*

Zickzack durch die Straßen torkeln... Du hattest
deinen Vater verloren, als du fünf Jahre alt warst
und deine Mutter, soweit ich die Ereignisse zu
rekonstruieren vermag, in deinem vierzehnten oder
fünfzehnten Lebensjahr.

Der Verlust des Ehemannes Désiré bildete eine
weitere, verhängnisvolle Katastrophe ihres Lebens.
Für Simenon war die vierzigjährige Mutter, auch
das ist typisch für den Blickwinkel vieler Söhne,
längst eine graue Witwe und geschlechtslose alte
Frau geworden: *Du hattest das Leben gelebt, das dir*
vom Schicksal bestimmt war, und es waren keine
Veränderungen mehr zu erwarten. Der Sohn
täuschte sich gewaltig. Denn über Nacht gingen
Henriettes alte *Mädchen- und Frauenträume* endlich in Erfüllung: *Ich weiß nicht mehr, wo ich gerade*
war, als ich es erfuhr. In Frankreich, in Afrika, in
den Vereinigten Staaten? Jedenfalls erhielt ich einen
Brief von dir, in dem du mir in deiner spitzen, ner-
vösen Handschrift mitteiltest, dass du dich wieder
verheiratet hättest. Wie das? Simenon war schockiert: *Ich hatte mir eine solche Verehrung für mei-*
nen Vater bewahrt, dass ich gar nicht an die Mög-
lichkeit dachte, du könntest einen Ersatz für ihn
suchen. Doch als ich die Einzelheiten las, verstand
ich alles. Du hattest dich mit einem pensionierten
Zugführer der Belgischen Eisenbahnen vermählt...
Jetzt würdest du endlich eine Pension beziehen!
Jetzt waren deine „alten Tage" endlich gesichert,
was immer geschehen mochte!... Du warst jetzt
Madame André, die Frau eines Beamten, der An-

112

recht auf eine Pension für sich und später für seine Witwe hatte. Trotzdem legtest du Wert darauf, Madame Simenon zu bleiben.

Die zweite Ehe der Henriette Simenon wurde ein Horrorfilm. Simenon hat diese schauerliche „Einsamkeit zu zweit" in seinem berühmten – mit Simone Signoret und Jean Gabin verfilmten – Roman *Die Katze* porträtiert: *In dem Haus ... standet ihr einander allein gegenüber, zwei Fremde, wenn nicht gar zwei Feinde. Niemand hat die Worte, die ihr miteinander gewechselt habt, aufgezeichnet. Sie müssen furchtbar gewesen sein und den tiefsten Hass ausgedrückt haben, denn eines Tages habt ihr beschlossen, nicht mehr miteinander zu sprechen, sondern euch flüchtig hingekritzelter Zettel zu bedienen, wenn ihr einander etwas mitzuteilen hattet.*

Ich übertreibe nicht, wenn ich von Hass spreche. Gewiss, ich war nicht dabei. Aber wenn es mit einem Mann und einer Frau, die durch das Band der Ehe vereint zusammenleben, so weit kommt, dass jeder sich allein sein Essen kocht, seine eigene, streng verschlossene Speisekammer besitzt und wartet, bis der andere die Küche verlassen hat, um seine Mahlzeit zu sich zu nehmen – wie soll man das nennen? Jeder hatte Angst, dass der andere ihn vergiften könnte. Das war zu einer fixen Idee geworden. Vielleicht war es krankhaft?

Der Sohn hat das Elend seiner Mutter nur aus weiter Ferne wahrgenommen: *Und so habt ihr tatsächlich einige Jahre gelebt. Du gingest für dich einkaufen, er für sich. Du kochtest dir dein Essen. Er wartete, bis du es verspeist hattest, um seinerseits zu kochen und zu essen. Aber die übrige Zeit? Ihr konntet euch doch nicht schweigend in der Küche oder im Salon gegenübersitzen? Er ging in sein Gärtchen auf dem Hügel und du wahrscheinlich zu irgendeiner Nachbarin, auf eine Tasse Kaffee. Immerhin hattest du gesiegt. Du hattest dir die Pension errungen, von der du dein Lebtag geträumt hattest. Dieses Geldes hast du dich nicht geschämt, sonst hättest du mir nicht eines schönes Tages voller Stolz zurückgezahlt, was ich dir lange Jahre hindurch geschickt hatte. Der Père André starb. Er brach eines Tages plötzlich zusammen, wie seinerzeit mein Vater.*

Die Mutter sparte jeden Groschen, vor allem für Simenons drei Kinder. Als sie ihn am Genfer See besuchte, überreichte sie ihm ihren Schatz: *ein paar kleine Säckchen mit Goldmünzen und auf jedem Säckchen stand der Name eines meiner Kinder. Du hattest dein Leben lang gearbeitet, um, wie du es nanntest, deine alten Tage zu sichern, und jetzt brachtest du uns die Frucht deiner Sparsamkeit in purem Gold. Ich habe die Säckchen noch nicht unter meine Kinder verteilt. Ich warte, bis alle volljährig sind und fest im Leben stehen, damit sie nicht leichtsinnig vergeuden, was du mit so viel Mühsal erworben hast. Am gleichen Tag hast du übrigens noch etwas getan, was mich einerseits sehr geschmerzt, mir aber andererseits Bewunderung abgezwungen hat. Du hast mir einen Briefumschlag überreicht mit dem ganzen Geld, das ich dir fast fünfzig Jahre lang*

114

Monat für Monat geschickt hatte. Du wolltest arm sein, du wolltest dir ein würdiges Ende sichern, aber du wolltest niemandem etwas zu verdanken haben, nicht einmal und vielleicht vor allem nicht deinem eigenen Sohn.

Den Schriftsteller Simenon hat ein Leben lang die Frage bewegt und er hat sie in seinem gewaltigen Oeuvre hinreißend zu beantworten versucht: *Was ist der Mensch? Wer ist mein Nächster?* Er musste gestehen, dass er den Menschen, dem er sein Leben verdankte, am wenigsten kannte: *Wir sind zwei, die einander ansehen, Mutter. Du hast mich zur Welt gebracht. Ich bin deinem Schoß entsprungen, du hast mir meine erste Nahrung gegeben, und dennoch kenne ich dich nicht besser, als du mich kennst. Hier in deinem Spitalzimmer sind wir wie zwei Fremde, die nicht die gleiche Sprache sprechen – im übrigen sprechen wir sehr wenig – und einander nicht trauen.*

Mutter und Sohn, Sohn und Mutter konnten die Abgründe zwischen sich nicht überbrücken: *Wenn das Wort „starrsinnig" auf irgendeinen Menschen passt, dann auf dich. Jahrelang versuchte ich, dir ein Badezimmer einrichten zu lassen, du ließest die Installateure nicht ins Haus. Ich wollte dir auch einen Fernsehapparat schenken; ich musste dich zwei Jahre lang bestürmen, bis es mir gelang. Dann hast du ihn allerdings sehr genossen. Die meisten von deinen Nachbarn und Nachbarinnen hatten noch keinen, und so kam fast jeden Abend die halbe Straße bei dir zusammen.*

Natürlich wollte der gut situierte Sohn der krank gewordenen alten Mutter, die öfter stürzte, ein exzellentes Seniorenheim finanzieren: *Mein Wunsch war, dich in einem privaten Altersheim zwischen Genf und Montreux, also in meiner nächsten Nähe unterzubringen. Diese „Maisons de retraite" ähnelten in keiner Weise den gewöhnlichen Greisenasylen, die haben nichts Trauriges oder Düsteres an sich, sondern erinnern viel eher an Luxushotels. Aber du wolltest keinen Luxus, du wolltest kein Altersheim. Was du wolltest, und zwar sehr hartnäckig wolltest, das war dein Haus, das du dir nach all der vielen Arbeit hattest erwerben können, und das endlich dir allein gehörte... Dein Haus war kein gewöhnliches Haus, es war ein Symbol. Das Symbol für den endgültigen Erfolg des kleinen Mädchens... das Symbol für den Sieg deines eisernen Willens.*

Simenon hat wohl den Kampf um die Liebe dieser Mutter gekämpft und früh verloren. Es sieht so aus, als ob sie seinen Bruder Christian, der wie der Vater Désiré mit knapp über vierzig Jahren starb, vorzog. Das fuhr Georges schneidend ins Herz: *Bei einem meiner seltenen Besuche in Liège sahst du mich einmal lange und eindringlich an und sagtest etwas, was ich nie mehr vergessen konnte: „Wie traurig, George, dass gerade Christian sterben musste." Hieß das nicht, dass nach deinem Sinn, deinem Gefühl, lieber ich als Erster dahingehen sollte? Du fügtest noch hinzu: „Er war so zärtlich, so liebevoll...". Offenbar war ich das nicht oder zeigte es nicht.*

Dann erhält Simenon in seinem Hotel in Liège die Nachricht, dass die Mutter gestorben war. Er eilt in das Hospital: *Du lagst mit heiterem Gesicht da. Es war von einer heiteren Gelassenheit, die es im Leben nicht gibt. Ich küsste dich auf die Stirn, wie ich auch den Vater geküsst hatte und setzte mich an dein Bett. Die Nonne war noch immer da, so unbeweglich, als wäre nichts geschehen. Ich fragte sie, ob du gelitten hättest und sie sagte Nein.*

Der Sohn erlebt das Mysterium des Todes, seiner besonderen Würde und Endgültigkeit: *Man hatte dich zurechtgemacht. Du warst schön, du warst königlich, kaiserlich, wie du dort auf deinem schmalen Bett lagst, und wir waren vor dir nur Menschen mit all ihrem Zaudern und Zögern, mit ihren kleinen Problemen und Ängsten. Du warst über all das hinaus. In deiner reglosen Starrheit hast du uns beherrscht. Ich fuhr fort, zu denken. Ich bemühte mich weiter, dich zu verstehen. Und ich begriff, dass du dein ganzes Leben lang gut warst.*

Diese Wendung überrascht. Das hätte man als Leser nicht erwartet. Simenon ist bei dieser Mutter nie warm geworden. Doch er meint mit dem Gutsein der Mutter etwas anderes: *Nicht unbedingt gut gegen die anderen, aber gut gegen dich selber, gut in deinem tiefsten Inneren. Du hast gekämpft, um das Ziel zu erreichen, welches das fünfjährige kleine Mädchen sich gesetzt hatte. Du hast die Zähne zusammengebissen. Aber du hattest das Bedürfnis, du hattest von je her das Bedürfnis gehabt, dich als gut zu empfinden. Und darum, Mutter, hast du dein*

117

Leben damit verbracht, dich aufzuopfern. Du hast dich für den erstbesten Menschen, der dir gerade begegnete, aufgeopfert, für die Ehen, die zu wanken begannen, für die Einsamen, für alles, hätte ich fast gesagt, was draußen auf der Straße passierte. Und: Ist es da erstaunlich, dass du dich nicht mit denen in deinem Umkreis abgabst, die du als die Glücklichen dieser Welt ansahst? Das waren wir. Du sahst uns entweder nicht oder du reihtest ins in die Kategorie jener ein, die alles erreicht und erhalten hatten. Du kamst von ganz unten, du gehörtest zu denen, die nichts mitbekommen hatten, für die jede kleine Freude eine Eroberung bedeutete, die man mit Gewalt an sich reißen musste.

Wir alle sind von Familiendramen geprägt, auch unsere Mütter und Väter. Es liegt Heroismus darin, wie sich unsere Eltern oft gegen das Verhängnis der sozialen Situation oder der emotionalen Katastrophen in der Sippe stemmten. Simenon: *Du hattest, wie dein Vater, wie die meisten deiner Geschwister, von Geburt an die Veranlagung zu einer gewissen Schwäche, heute würde man sagen zur Neurose. Ihr wart alle von krankhafter Empfindlichkeit. Manche versuchten sich vergebens mit Hilfe von Alkohol davor zu schützen. Die kleine Letzte, die diesen Kampf einer ganzen Familie, diesen fortschreitenden Verfall der einen und der anderen mit angesehen hatte, beschloss in ihrer frühesten Jugend, sich mit eigener Kraft zu retten... Du hast ein Haus gemietet und Mieter aufgenommen, du hast dich zu einem wahren Sklavenleben verdammt. Bis zum*

*Tode Désirés. Wie viele Jahre später hast du wieder
geheiratet? Ich weiß es nicht. Du rücktest deinem
Ziel näher, der Sicherheit, der famosen Pension. Wie
könnte ich es dir verdenken?*

Im Krieg versteckte Henriette Simenon ihre Goldmünzen unter der Kohle. Es sah aus wie der reine
Geiz. In Wahrheit häkelte sie zur gleichen Zeit eben
jene Goldsäckchen für die Kinder ihres Sohnes, für
jedes eines. In Wahrheit sparte sie jede monatliche
Überweisung ihres Sohnes auf, um sie ihm auf den
Centime genau zurückzuzahlen.

Simenon endet seine kritische, aber von achtsa-
mer Liebe getragene Würdigung seiner Mutter mit
Worten erschütternder Würde: *Siehst du, Mutter,
du bist eines der kompliziertesten Wesen, denen ich
je begegnet bin… Zwischen uns beiden war nur ein
dünner Faden. Dieser Faden war dein leidenschaft-
licher Wille, gut zu sein: Gegen die anderen, aber
vielleicht vor allem gegen dich selber.*

*

*Man kann nicht genug Achtung vor dem
Menschen haben,
sobald man sieht, wie er sich durchzuschlagen
versteht.*

Friedrich Nietzsche,
Nachlass

Die Vater-Wunde

Töchter berichten: Der leere Blick

*Ich gehörte von der ersten Stunde an meiner Mutter.
Sie war das Zentrum meines Lebens. Mein Vater
gehörte nicht in diese Welt. Er war zwar da. Und
war doch nicht da. Unsere Gespräche verstummten,
sobald er auftauchte, und wurden wieder fortgeführt,
wenn er verschwand, und wir sparten unser Wohlbefinden auf, bis er das Zimmer wieder verlassen
hatte (...)*

*Ich habe die Begegnung mit meinem Vater nicht
gesucht. Sie ergab sich ... Ich begann zu begreifen,
dass ich nicht nur das Kind einer Mutter war, sondern
auch eines Vaters. Er, der erste Mann, dem ich in
meinem Leben begegnet war. Keinen hatte ich
glühender geliebt als ihn. Von keinem wollte ich
beantwortet werden, wollte Resonanz spüren wie
von ihm.*

*Und je mehr ich meine eigene Geschichte als Tochter
meines Vaters verstehen konnte, umso aufmerksamer
hörte ich anderen Frauen zu und studierte die
Lebens- und Leidensgeschichten der vielen einst
von ihren Vätern vernachlässigten und vergessenen
Töchter.*

Julia Onken,
Vatermänner
Ein Bericht über die Vater-Tochter-Beziehung
und ihren Einfluss auf die Partnerschaft

In ihrem glänzenden Buch, das wie alle ihre Bücher aufregend plastisch, mit Slapstick-Humor, Konfessionen und zitterndem Schmerz geschrieben ist, umkreist die bekannte Schweizer Psychotherapeutin und Autorin Julia Onken das weibliche Drama der Vaterentbehrung und die verheerenden Konsequenzen für die späteren Männerbeziehungen der erwachsen gewordenen Tochter. Als Julia Onkens Beziehung mit ihrem Lebensgefährten, den sie hier Fabian nennt, kriselte, regredierte sie über Nacht zum kleinen Mädchen. Sie ließ zum ersten Mal ihre brennende Vater-Wunde zu: *Das große Leiden des kleinen Mädchens kreiste um ihn und immer nur um ihn. Es durchlebte Szene um Szene des väterlichen Desinteresses, seiner unbeschreiblichen Gleichgültigkeit. Es spürte nochmals, wie sein leerer Blick an ihm vorüberglitt.*

Sigmund Freud sagt einmal, wenn wir etwas nicht bekommen können, dann werten wir es ab: *Hinter der Verachtung steckt das Begehren* (Freud). Die kleine Julia machte es genauso: *Wohin soll ein Kind mit seiner glühenden Liebe, die es für den Vater in sich spürt, gehen? Was soll es tun mit all diesen Gefühlen? Der einzige Weg, um garantiert aus dieser Hölle herauszukommen, ist die Entwertung des Liebesobjektes. Es wird so lange entwertet, bis sich die Richtung der Liebesenergie verändert und einen anderen Kurs einschlägt. Deshalb hörte ich der Mutter gut zu. Lauschte zwischen die Zeilen hinein, spähte hinter die Worte, sog die Melodie ein, die das Liebesobjekt heruntermachte, vermieste.*

Und irgendwann scheint man am Ziel angekommen zu sein, dass es sich nämlich nicht mehr lohnt, von ihm geliebt zu werden oder ihn zu lieben. „Die Trauben sind mir viel zu sauer, ich mag sie nicht", „Die Männer sind im Grunde genommen schlecht, sie taugen zu nichts, und schlaffe Säcke sind sie obendrein." Dies alles half mir, den Schmerz und die Vatersehnsucht zu bannen... Ich wurde das vergessene Mädchen eines Vaters, so wie all die vielen anderen Mädchen, die von ihren Vätern vergessen worden sind.

Jahrzehnte später kommt die erwachsene Julia in der Beziehungskrise auf das Wesen ihrer Vaterprojektion. Sie schreibt Fabian: *Als du dich in dieser Nacht verabschiedetest, kam mir zum ersten Mal der Gedanke, dass du wahrscheinlich gar nichts mit dem Mann zu tun hast, den ich in dir sah: Ich hatte dir mein entwertetes Vaterbild übergestülpt. Dich ließ ich das Vaterkonto mit dem gesamten Fehlbetrag weiterführen.*

Über zweihundert Seiten schlägt sich Julia Onken mit dem „Phantomschmerz Vater" herum. *Aber, stell dir vor,* eröffnet sie Fabian, *es ist nicht etwas Außergewöhnliches geschehen, keine Schläge, keine Gewaltszenen, keine inzestuöse Vergewaltigung – nichts. Und doch so viel. Das Ungeheuerliche war das Vergessenwerden, das Übersehenwerden, das Einfach-nicht-zur-Kenntnis-genommen-Werden, das Übergangenwerden, das Desinteresse, das Unbeantwortet-Sein und ihn nicht lieben dürfen!... Vom Vater nicht beantwortet worden zu sein, ist eine tödliche Wunde, an der eine Frau verbluten kann. Was Frauen alles mit sich machen lassen, kann nur vor diesem Hintergrund erklärt werden. Alle Frauen, die durch ihr Äußeres irgendwie auffallen oder durch speziell zudienende Gefälligkeiten gefallen, wählen unbewusst überlebensstrategisch dieses Programm, um nicht in das dunkle Loch des Nichtgesehen-Werdens, des Vergessenwerdens hinunterzufallen ... Fabian, ich sage dir, es ist ein elendes, armseliges Lumpensammlerdasein: Wir erbetteln Anerkennungsfetzen, um das dunkle gähnende Vaterloch auszustopfen.*

Ich empfehle jeder Frau mit einer Vater-Wunde, dieses erschütternde Buch zu lesen – aber auch Julia Onkens *Feuerzeichenfrau* über die Wechsel-Jahre der Frau oder ihr lebensprühendes Buch über Außenbeziehungen *Kirschen in Nachbars Garten*.

Manche Frauen haben mir in wenigen Zeilen ihre Vater-Wunde angedeutet. Sigrid, vierunddreißig, verheiratet, Mutter von zwei kleinen Kindern, trägt *insbesondere dem Vater nach, mit autoritärem Erziehungsstil meine seelische und geistige Entwicklung belastet zu haben. Meine eigenen Erfahrungen wurden nie anerkannt, akzeptiert, immer nur negativ dargestellt und niedergemacht. An Stelle Ermutigung erntete ich Beschimpfungen, sobald ich meinen Standpunkt schilderte, der von dem meiner Eltern abwich. Das hat sich bis heute nicht geändert. Mit jahrelangem Nahrungsrückzug ca. vom zwölften bis zum zwanzigsten Lebensjahr hielt ich unbewusst meinen Rückzug ... Ich erinnere mich an meine*

Kindheit und Jugend nur an Streitigkeiten. Wir haben es nie geschafft, uns offen zu äußern und uns gegenseitig Achtung und Verständnis zu zeigen.

Sigrid wuchs in der DDR auf. 1984 kamen die Eltern in den Westen. Heute sind beide Eltern Rentner, wohnen zwanzig Gehminuten von ihr entfernt. Sigrids Erinnerungen wollen nicht weichen: *Es gab Streit. Ich wurde mit der Zigarette verbrannt. Das Schlimmste aber war, dass damals mein neues Nachthemdchen, das ich so liebte, kaputt war.* Oder: *Beim Mittagessen gab es oft Kotelett. Ich mochte den Fettrand nicht und wollte ihn abschneiden. Vater war dadurch so provoziert, dass er mich ohrfeigte, sobald ich damit anfing. Er meinte, es wird alles gegessen ... Bei meinem Vater habe ich mich vergeblich nach Offenheit gesehnt. Meine Mutter hat mich bestimmt geliebt. Bei meinem Vater weiß ich es nicht, vielleicht in ganz früher Kindheit.* Was tun? *Ich dachte schon daran, die Beziehung offen zur Aussprache zu bringen, aber wie? Ich traue mich nicht. Ich habe Angst, den Kindern die Großeltern zu vergraulen. Die lieben sie, glaube ich. Gern hätte ich Frieden mit meinen Eltern, aber bisher habe ich den Weg dahin nicht gefunden.*

Oder Friederike. Sie bezeichnet das Verhältnis zu ihrem Vater als *ungenügend.* Lapidar konstatiert sie: *Von meinem Vater habe ich, außer der Arbeitskraft, nichts mitbekommen. Vielleicht habe ich Hochachtung vor dem Fleiß meines Vaters. Mein Vater liebt mich nicht. Vielleicht hat er Liebe auch nicht erfahren. Bei dem Tod meiner Mutter ging ein großes Stück Heimat verloren. Ich vermisse sie noch heute nach fünfzehn Jahren. Ich bin jetzt fünfundsechzig Jahre. Mein Vater lebt noch mit dreiundneunzig Jahren. Mit ihm habe ich ein gespanntes Verhältnis. Er mag mich nicht, einfach, weil ich so bin wie ich bin. Bei unserer letzten Begegnung sagte er wegen einer wirklich nichtigen Begebenheit: „Wenn ich dich nur nicht mehr sehen würde." Seither ist etwas verlöscht in mir. Ich kann ihn nicht mehr anrufen. Ich bin so traurig, ich kann nicht mehr leiden.*

Felicitas Eltern sind seit ihrem zwölften Lebensjahr geschieden. Die Mutter lebt bei der Tochter. Ihrer Mutter würde Felicitas alles anvertrauen, sie bezeichnet sie als ihre *Intimfreundin.* Zwar denkt sie größtenteils mit Freude an ihre Kindheit, aber sie empfindet *Groll und Trauer in Bezug auf meinen Vater.* Das Verhältnis zu ihm sei *ungenügend: Bei meinem Vater habe ich mich nach warmer Liebe gesehnt. Zum Beispiel, dass er mal meinen Teller leer isst und ich es nicht muss. Dass er mich tröstet, wenn ich eine schlechte Note geschrieben habe und nicht nur ärgerlich oder verständnislos ist. Ich habe mich danach gesehnt, dass er nicht immer so streng ist und mich liebt, weil ich da bin und nicht nur für die Leistung, die ich bringe. Heute noch tut mir weh, wenn ich daran denke, dass er mich nie ernst genommen hat. Er hat mir keine Geborgenheit gegeben. Ich weiß nicht, ob mein Vater überhaupt weiß, was Liebe ist. Ich glaube nicht, dass mein Vater mich wirklich jemals geliebt hat. Er hat uns nie gelobt. Ich* fing an, meiner Mutter den Ehemann unbewusst zu ersetzen. Ich sorge heute noch für sie, und so wird es wohl bleiben.

Am liebsten würde Felicitas ihrem Vater heute sagen: *Du bist leider ein Monster, eine menschenunwürdige, intelligente Bestie, vor der sich deine eigene Familie schützen muss. Ich hoffe, vor deinem Tod siehst du wenigsten ein bisschen von allem ein, was du uns angetan hast.* Felicitas hofft, *vielleicht geben sich mein Vater und ich einmal doch noch eines Tages die Hand.* Ihre innere Versöhnung sucht sie auf eigenem spirituellen Weg: *Meinem Vater versuche ich über den Weg der Anthroposophie zu verzeihen. Er hat dieses Karma für sein Leben gewählt. An seiner Bösartigkeit sind wir auch ein Stück weit gewachsen, haben ihn als Aufgabe in unserem Leben zugewiesen bekommen. Vielleicht schaffe ich es ja noch ein wenig, mich von diesem schlimmen Problem zu lösen. Wir leben ja alle noch eine Zeit.*

Viel Gewalt hat Rosemarie, achtunddreißig, Hausfrau, mit ihrem Vater erlebt. Sie erlaubt mir, ihren wahren Namen zu nennen: *Ich denke nicht gerne an meine Kindheit zurück. Die Ehe meiner Eltern war ziemlich schlecht. Ich habe wirklich schreckliche Szenen miterlebt. Gegenseitige Ohrfeigen und Anspucken. Ich wurde bei den Streitereien zwischen beiden hin- und hergezogen. Meinen Vater liebte ich abgöttisch. Er war mein ein und alles. Meine Eltern standen, glaube ich, kurz vor der Scheidung. Die Ehe wurde 1967 durch den Unfalltod meines Vaters beendet. Für mich brach eine Welt*

zusammen. *Das war mein schlimmstes Kindheitser-*
lebnis. Ich wurde verzweifelt, ich fühlte mich für
seinen Tod verantwortlich. Ich bildete mir ein, Gott
habe meinen Vater genommen, weil ich unartig war.
Diese Vorstellung hat mich als Kind jahrelang ver-
folgt. Unsere Mutter hatte wenig Zeit für uns. 1977
verstarb auch sie. Der – für sie – schuldbeladene
frühe Tod des Vaters hat in Rosemaries Herz ein
bislang nicht zu stopfendes Loch gerissen. Das ist
typisch für vaterlose Töchter. Rosemarie schildert
dieses Seelenloch mit den Worten: *Ich bin ledig. Der*
Gedanke an eine Heirat ist für mich ein Horror. Ich
verbinde damit ein Gefühl des „Ausgeliefertseins".
Ich habe keine Kinder und wollte auch keine. Mein
Bruder hat meines Wissens noch nie eine Freundin
gehabt. Er wird mehr und mehr zum Sonderling.
Mit meinem Bruder habe ich nie über unsere Kind-
heit gesprochen. Eigentlich schade.

In der Paarpsychologie ist es ein offenes Geheimnis, wie viele Frauen sich unbewusst einen älteren Mann als Vaterersatz auswählen. Es ist die
unsichtbare Dramaturgie der verletzten Tochter-
seele, die entweder die Fortsetzung einer nie abge-
lösten Vater-Tochter-Beziehung bedeutet – oder
aber, im Gegenteil, die endliche Erfüllung einer
nie erlebten symbiotischen Verschmelzung mit
dem Vater. Tina, zweiundvierzig, ledig, technische
Zeichnerin, ist das Letztere widerfahren. Sie berichtet: *Meine ganze Kindheit sehnte ich mich nach mei-*
nem Vater. Aber er war ein „Söhne-Mann", das
heißt, er war ausschließlich auf meine beiden älteren

Brüder fixiert. Er förderte sie auf jede nur denkbare Weise, spielte mit ihnen in der Freizeit, brachte ihnen viel bei. Sie wurden denn auch im Leben besonders erfolgreich, urologischer Chefarzt der eine, Justiziar eines milliardenschweren Konzerns der andere. Mich nahm mein Vater einfach nicht wahr. Heute ist er tot. Er starb am Herzinfarkt an seinem Schreibtisch in der Rechtsanwaltskanzlei mit fünfundfünfzig Jahren. Für ihn zählte nur Leistung, Stärke und Härte. Meiner Mutter gestand er einmal, er habe sich immer nur Söhne gewünscht. Dabei liebte ich ihn unermesslich. Ich bewunderte ihn, denn er konnte so viel, auch handwerklich und sportlich. Er war ein schöner und schlanker Mann. Ich sehe ihn immer noch braun gebrannt wie ein männliches Model beim Skifahren. Seine Haare waren kastanienbraun. Noch in der Pubertät war ich richtig verliebt in ihn. Ich wollte es jahrelang nicht zur Kenntnis nehmen, dass er mich abwehrte. Er hat nie etwas mit mir unternommen, seine Aufmerksamkeit galt ausschließlich den Brüdern. Er nannte mich „Pummel" und schüttelte mich ab, wenn ich, noch mit zehn Jahren, auf seinen Schoß klettern wollte.

Ich glaube, ich habe ihn mit meinem Übergewicht angeekelt. Ich fühlte mich mickrig und nicht liebenswert und fraß in meiner Not viele Süßigkeiten in mich hinein. Ich brauchte zwei Erlebnisse, um den Schock zuzulassen, dass mein Vater mir nicht zugetan war. Das Erste war der Abschlussball des Tanzkurses. Wie hatte ich bei ihm gebettelt, dass er *hinzukäme und den ersten Tanz mit mir drehte. Er kam nicht. Es läge so viel Arbeit in der Kanzlei an, meinte er entschuldigend. Das zweite Mal war es die Abiturfeier. Ich hatte als Beste meiner Klasse bestanden. Mittlerweile war ich übrigens durch eiserne Diäten (ein Unfug, wie ich heute als „Bruker-Frau" weiß) schlank und hübsch geworden. Wieder bat ich meinen Vater zu kommen und sich einen schönen Anzug dabei anzuziehen. Ich durfte nämlich auch die Abiturientenrede halten und hatte einen witzigen Text geschrieben. Die Abiturfeier begann. Der Rektor sprach. Der Deutschlehrer sprach. Mein Vater war immer noch nicht da. Ich ging ans Rednerpult. Mein Vater war immer noch nicht da. Während der ganzen Rede spähte ich, ob er noch durch die Saaltüre käme. Zwei Minuten vor Schluss meiner Rede hetzte er herein, im Pullover, ganz alltäglich. Nach der Rede bei dem kleinen Sektempfang in der Schule, schüttelte er mir kurz die Hand und verschwand wieder. Ich stürzte auf die Toilette und weinte.*

Das ist jedoch noch nicht das Ende der Geschichte. Tina kommt seitdem nicht aus der „Vater-Falle" heraus. Sie hat sich ständig ältere Männer mit *Vaterfigur* ausgesucht und bis heute nicht geheiratet. Augenblicklich ist sie in der Beziehung mit einem achtzehn Jahre älteren verheirateten Mann, der, Pikanterie am Rande, ebenfalls Rechtsanwalt mit einer großen Kanzlei ist: *Ich weiß, dass ich mich von Bert lösen muss. Er wird immer bei seiner Frau und seinen Kindern bleiben. Das gibt er mir auch ziemlich klar zu verstehen. Ich kann ihm nicht einmal Vorwürfe machen. Aber mein Verstand schmilzt, wenn er mich umarmt. Ich empfinde so viel Schutz durch ihn. Es ist, als ob die „kleine Tina" endlich den väterlichen Hafen der Geborgenheit gefunden hätte. Ich will auch, wenn ich ehrlich bin, weniger Sex von ihm – er klagt manchmal darüber –, sondern ich ertappe mich dabei, dass ich ihm auf den Schoß klettere, ihm die Haare zause, eine Kleinmädchenstimme annehme und ihm um seinen hübschen Schnurrbart streichele – genauso wie ich es gerne bei meinem Vater gehabt hätte. Dabei bin ich beruflich selbstständig, verdiene gut und kann mein Leben allein führen. Aber wenn ich denke, dass mich Bert verlässt, sterbe ich bei dem Gedanken fast vor kindlicher Angst. Meine Freundin sagt immer: „Schau dir doch einmal die gleichaltrigen Männer an!" Das ist richtig. Ich weiß es. Aber ich schaffe es nicht. Es ist so, als ob gleichaltrige Männer meine innerste Sehnsucht nicht stillen könnten. Meinem Vater habe ich übrigens nicht verziehen. Ich könnte ihm eine Bombe aufs Grab schmeißen. Ich glaube, ich brauche therapeutische Hilfe für diesen Schlamassel.*

Verletzte oder ungelebte Beziehungen zum Vater sind offene Wunden, unter denen Töchter lebenslang leiden. *Plötzlich beugte sich ein Hüne über mich ... Ich habe ihn vom ersten Augenblick geliebt. Ich habe nicht aufgehört, ihn zu lieben ... Es war eine platonische Liebe ... Wie viele seiner Freunde, ihn „Papa" zu nennen, schien mir lächerlich. Ich glaube, ich nannte ihn „du". – „Sag mir du", rief ich, denn das war der einzige Ausdruck, den ich hatte finden können – „… sag mir, sag mir du", wie ein kleines verlorenes Mädchen, das ich in seinen und meinen eigenen Augen war.* Mit diesem holprigen Satz gestand Marlene Dietrich, von der wir schon gehört haben, dem Schriftsteller Ernest Hemingway ihre aussichtslose Liebe. In ihren Memoiren gesteht die vaterlose Tochter, wie wichtig Hemingway für ihr Leben war: *Er lehrte mich alles über das Leben. Ich kannte nur die Mutterliebe.* Marlenes Vater Louis Dietrich, ein blendend aussehender Charmeur an der Seite einer früh verblühten Frau, fiel als Offizier im Ersten Weltkrieg.

Jahrzehnte später war Hemingway eine entscheidende Vaterfigur für den weltberühmten Filmstar: *Er war … das Oberhaupt meiner persönlichen Kirche.* „Papa Hemingway" blieb für Marlene Dietrich ein Mann der entrückten Sehnsucht, wie der eigene Vater. Sie liebte Hemingway platonisch und konnte ihn somit vergöttern. Auf ihn konnte die „Tochter" alle unerfüllten Vaterwünsche projizieren.

Wenn man die Fülle der Männer- und Frauenbeziehungen im Leben dieser glanzvollen Frau, die so elend starb, studiert, spürt man, welche seelische Instabilität ihr das Fehlen einer tragenden Vaterfigur bescherte. Ihre Verhältnisse zu Männern waren ambivalent. Nach ihrer Liebe zu Jean Gabin unterhielt sie, Anfang der fünfziger Jahre, vier Jahre lang eine heimliche Affäre voller Glut mit Yul Brynner. Es war ein qualvolles Auf und Ab. Brynner machte dann Schluss mit der erotischen Achterbahnfahrt. Er dachte stets mit Zärtlichkeit an sie zurück. Marlene Dietrich hasste ihn dagegen mit der gleichen Leidenschaft, mit der sie ihn einst geliebt hatte. Auch ihren schönen Offiziersvater hatte sie abgöttisch geliebt. Dreißig Jahre nach ihrer glühenden Affäre mit Yul Brynner schrieb sie auf ein Zeitungsfoto, das den todkranken Schauspieler nach einer erfolglosen Krebsbehandlung ausgezehrt und mitleiderregend darstellte, mit ihrem großen silbernen Stift: *Gut, er hat Krebs! Geschieht ihm recht!* Das klingt, tiefenpsychologisch gesehen, wie eine späte Rache an dem enthusiastisch geliebten Vater, der sich auf den französischen Schlachtfeldern „davonmachte".

Der grausame Sachverhalt taucht immer wieder stereotyp auf, dass Töchter einfach nicht wissen, ob der Vater sie geliebt hat. Heidrun, Kriminalbeamtin, verheiratet, Kinder, erinnert sich mit Entsetzen an die Zeit, als sie mit vierzehn Jahren im elterlichen Betrieb täglich mehr als zwölf Stunden arbeiten musste: *In dieser Zeit habe ich mitbekommen, wie mein Vater meine Mutter behandelt (was sich bis heute prinzipiell nicht geändert hat). Mein Vater ist patriarchalisch und sehr egoistisch. Wir vier Kinder waren darauf getrimmt, vieles vor unserem Vater zu verheimlichen, damit es keine Auseinandersetzungen gab. Mit knapp neunzehn Jahren habe ich zu Hause gekündigt und habe später meinen Beruf als Kriminalbeamtin gefunden. Das Verhältnis zu meinem Vater würde ich mit der Note „genügend" be-*

zeichnen. Zwar lebt Heidrun mit den heute sechs-
undachtzig Jahre alten Eltern im gleichen Haus,
*aber ein herzliches Verhältnis ist es nicht: Vor mei-
nem Vater habe ich keine Achtung, weil er meine
Mutter, eine liebe und aufopferungsvolle Person,
schlecht behandelt. Nein, ich glaube nicht, dass ich
meinen Eltern zwischenzeitlich verziehen habe.
Meine Mutter tut mir leid. Dies habe ich ihr auch
schon oft gesagt. Ich muss es aber hinnehmen und
akzeptieren, wie es ist.*

Schlimm ist natürlich, wenn eine Tochter ihre
Beziehung zur Mutter als *ungenügend* und jene zum
Vater als *keinerlei Verhältnis* qualifiziert. Johanna
erlebte ihre Mutter als furchteinflößend: *Wenn ich
zum Beispiel beim Abtrocknen von Geschirr etwas
zerbrach, wurde meine Mutter ungeheuer böse und
sperrte mich in unseren Keller. Das war so schrecklich,
ich hatte solche Ängste. Ich war überzeugt, dass im
Keller böse Geister hausen, die mir meine Seele rau-
ben wollten. Und ich habe so sehr gebetet und gebettelt, damit ich wieder raus darf, aber meine Mutter
war unnachgiebig und ließ mich oft mehrere Stunden
und die Nacht eingesperrt.*

Johanna musste ihren geliebten Stallhasen, der
plötzlich in der Pfanne als Sonntagsbraten brutzelte,
essen: *Das war so schrecklich wie nichts davor. Ich
konnte ab diesem Tag kein Fleisch mehr essen, obwohl mich meine Mutter noch oft gewaltsam dazu
zwang: Nase zugehalten, bis ich Luft holen musste und den Mund öffnete, dann Fleisch hinein-
geschoben, und wenn ich es ausspuckte, musste ich in*

den Keller. Sie hat mich mit Fleisch-essen-Müssen über viele Jahre hinweg gequält. Nachts habe ich von den Tieren geträumt, sie lebten, aber ihnen fehlten hie und da ein paar Stücke, wie weggebissen, die ich aufgegessen hatte. Wenn ich weinte (auch ganz leise für mich allein), zerrte mich meine Mutter regelmäßig ins Bad und hielt meinen Kopf so lange unter kaltes Wasser, bis ich aufhörte zu weinen. Schlimm war auch, dass meine Mutter sich oft ins Schlafzimmer einsperrte. Dann saß ich stundenlang weinend und bettelnd vor der Tür, aber sie öffnete nicht. Und sie konnte tagelang, wochenlang schweigen.

Schlimmer noch: *Mein Vater hatte in allem, was er sagte und tat, nach Anweisung meiner Mutter gehandelt. Er war wie der verlängerte Arm meiner Mutter; er hatte sich nie getraut, eine eigene Meinung zu haben. Meine Eltern haben mich mit Sicherheit geliebt, aber es war ihnen nicht möglich, es zu zeigen. Meine Eltern ließen sich nicht wirklich scheiden, und sie sind nicht wirklich gestorben. Aber ich hatte von klein auf das Gefühl, meine Mutter wäre meine Stiefmutter und meine wirkliche Mutter sei vor langer Zeit gestorben (und auf einer ganz bestimmten Ebene war das wahr). Ich fühlte mich wie das Aschenputtel. Und mein Vater, wenngleich zu Hause, kam mir vor, als sei er vor langer Zeit auf Reisen gegangen und nicht mehr wiedergekehrt. Ich fühlte mich unendlich allein auf dieser Welt.*

Wie so viele andere vergessene Töchter wartet Johanna darauf, dass die Eltern *mir sagen, dass sie* stolz auf mich sind und ich für sie wertvoll bin und dass ich etwas richtig und gut gemacht habe. Der andere Teil von mir sagt mir, dass es unwahrscheinlich ist, dass das nach vierunddreißig Jahren noch passiert und dass ich jetzt diese Rolle selbst übernehmen muss. Ich muss und darf mich selbst lieben. Ich darf stolz auf mich sein, wenn mir etwas gelungen ist. Ich darf sein wie ich bin. Niemand zwingt mich, in einer Maske zu leben. Ich bin endlich frei.

Als Kind hat Johanna gegenüber „Gott-Vater" Verwünschungen gegen die Eltern ausgestoßen: „Vater, ich bitte dich, bestrafe meine Eltern für all das Leid, das sie mir antun". In einem symbolischen Ritual hat Johanna inzwischen diese Verwünschungen umgewandelt und sich ein Stück weit erlöst: Mein Hausarzt hat mir dabei geholfen, mit einem Bild-Erleben. Die Verwünschung war dabei an einen Ring gebunden. Ich habe ihn ins Feuer geworfen, bis er schmolz und die Verwünschung sich auflöste. Dabei habe ich mir vorgestellt, meine Eltern und mich mit sehr viel heilendem rosafarbenem Licht anzufüllen. Ich habe ihnen gesagt, dass es mir leid tut. Die Verzeihung habe ich meinen Eltern gegenüber noch nie offen ausgesprochen. Das möchte ich auch nicht, um mich selbst zu schützen. Ich habe den Eindruck, dass sie das nicht verstehen. Ich denke, ich habe noch keinen Frieden mit meinen Eltern geschlossen, da ich immer noch unter den alten Geschichten, die ja schon so lange her sind, leide. Aber ich möchte auf jeden Fall Frieden finden. Viele Muster tauchen im Zusammenleben mit mei-

nem Freund immer wieder auf. Ich versuche sie auf-
zulösen. Ich versuche, erwachsen zu werden, Verantwortung für mich selbst zu tragen.

Auch in Johannas Fall greift das Elternmuster
tief in ihr gegenwärtiges Leben ein: *Ich habe bisher
keine eigenen Kinder. Mein Freund weicht diesem
Thema schon seit über zehn Jahren aus. Ich hatte
immer Angst, durch mein Nicht-normal-Sein meinen Kindern keine gute Mutter zu sein. Ich hatte das
Gefühl, erst meine eigenen Probleme lösen zu müssen, bevor ich Mutter wäre. Jetzt wäre ich sehr gerne
Mutter, es ist mein Herzenswunsch. Sollte er doch
noch in Erfüllung gehen, müsste ich mich wohl von
meinem Partner als Erstes trennen. Mein Freund
wirft mir ständig vor, ich sei seelisch zu krank, um
mich um eigene Kinder zu kümmern. Ich erlebe das
als tiefe Kränkung, dass er mit mir keine eigenen
Kinder haben möchte. Während ich hier schreibe,
kommen wieder die Tränen.*

Vielleicht, liebe Johanna, solltest du dir vor den
Kindern erst einmal therapeutische Hilfe gönnen.
Mit deinem Hausarzt hast du doch schon bereits so
gute Erfahrungen in Seelenarbeit gemacht.

Eine übermächtige Mutter entsteht meist dort,
wo der Vater schwach ist oder durch die Lebensumstände ausfällt. Wir haben schon gehört, wie wichtig
die Triangulierung für Mädchen und Jungen ist,
das Mutter-Vater-Kind-Dreieck. Natürlich muss
sich auch ein Mädchen, allerdings weniger stark,
vom ersten Liebesobjekt, der Mutter, lösen. Dazu braucht es dringlich die polare Vaterfigur. Es

braucht darüber hinaus von ganz früh an die Widerspiegelung als weibliches Geschöpf durch den Vater, denn er ist der erste und wichtigste Mann in ihrem Leben. In der Spiegelung durch den Vater erfährt sich schon das kleine Mädchen als feminin, als ein dem Vater geschlechtlich entgegengesetztes Geschöpf, als liebenswert, kokett, verführerisch und unwiderstehlich.

Mit Hilfe des Vaters kann das Mädchen aber auch, um mit C. G. Jung zu sprechen, den *animus* in sich entwickeln, die kraftvollen männlichen Anteile. *Der Vater ist,* sagt Horst Petri, *wie die Mutter auch ein Archetyp, ein in den untersten Seelenschichten verankertes Prinzip. (Das Drama der Vaterentbehrung).* Er ist die Alternative, die oppositionelle Option zur Mutter. Der Vater hat andere und ergänzende Eigenschaften, manchmal auch großzügigere, lebensoffenere. Wenn sich kleine Mädchen, oft aber auch noch pubertierende, in ihren Vater „verlieben", mit ihm flirten und ihre Reize, in natürlichen Grenzen selbstverständlich, an ihm ausprobieren, so ist das Probehandeln für die Begegnung mit der Welt der Männer. Das Mädchen erfährt durch einen guten Vater die positive Widerspiegelung ihrer Weiblichkeit und entwickelt dadurch ein stabiles feminines Ego.

Mädchen erhalten darüber hinaus ein positives Männerbild durch den Vater. Männer sind rauh, aber herzlich, spüren sie. Männer sind vielleicht nicht so einfühlsam und akkurat wie die Mutter, aber dafür sind sie unternehmungslustig, witzig und voller Überraschungen. Manchmal sind sie auch Kotzbrocken, sind verbockt und kriegen das Maul nicht auf. Das wiederum zählt zu einem realistischen Männerbild, das der Vater der Tochter ganz früh vermittelt. Das bewahrt die Tochter vor Idealisierung und Romantisierung der Männer.

Auch das ist ein sehr wichtiger Punkt. Erika, zweiunddreißig, zwei Kinder, hat das am eigenen Leib erfahren. Der Vater war bei einem Autounfall tödlich verunglückt, als Erika vier Jahre alt war. Zusammen mit ihren zwei älteren Schwestern und der im Hause lebenden Großmutter bildeten sie ein *Fünf-Mäderl-Haus*: *Meine Eltern hatten sich tief geliebt. Da sie nur wenige Jahre zusammen waren, konnte es vermutlich zu gar keinen großen Streitigkeiten kommen. Mutter verklärte meinen verstorbenen Vater. Er war fehlerlos. Er war der Beste aller Männer. Er tat nie etwas Schlechtes. Er war immer nur liebevoll. Er war ausnahmslos schön, gut riechend, charmant gewesen. Fotos meines Vaters, die sie nicht attraktiv fand, verbrannte sie. Systematisch verschönte sie sein Bild. So schwärmte sie uns auch von der Liebe vor. Die Liebe zu einem Mann war nur edel, nur harmonisch, ohne einen Hauch von Streit. Der Mann übernahm die Stabführung draußen, die Frau diente ihm und den Kindern hingebend als Hausfrau. Mit dieser rosaroten Idylle ging ich auf die Männer zu. Als mein erster Freund mich, als ich neunzehn war, schlicht wegen eines anderen Mädchens verließ – sie habe mehr „Holz vor der Hütte", sagte der Depp –, geriet ich in eine Lebens-*

krise. Ich dachte an Selbstmord und konnte mich bis ans Studienende auf keinen neuen Freund mehr einlassen. Was mein Freund getan hatte, ließ sich überhaupt nicht mit meinem Männerideal verbinden. Heute muss ich darüber lachen. Mir selbst hätte es viel besser getan, diesen Freund einmal in die Wüste zu schicken und andere Jungens auszuprobieren. Warum sollten Männer keine Fehler haben dürfen?

Wo der Vater schwach ist oder fehlt, gewinnt die Mutter oft überdimensionierte Züge, haben wir beobachtet. Das wird auch aus Beates Bericht deutlich. Die zweiundfünfzigjährige Mutter von vier Kindern ist gelernte Musiklehrerin, mit einem Musiklehrer verheiratet und hat mit hoher Präzision über ihr Leben nachgedacht. Trotz ihrer starken ideologischen Neigung zum Dritten Reich war ihre Mutter eine gescheite, lebenstüchtige Frau und stadtbekannte Journalistin. Sie gab der Tochter ihre Liebe zum Lesen und zum Singen mit, hatte eine große Weite des geistigen Horizontes und der Naturliebe, ermöglichte der Tochter Abitur und Studium, aber es mangelte ihr an Warmherzigkeit. Vor allem aber: *Ich habe mich als Besitz meiner Mutter gefühlt, „die was aus mir gemacht hat“.* Das hat Beate Jahre voller *Groll, Wut und tiefster Trauer* beschert und sie zur Therapie motiviert: *Ozeane voller Tränen.*

Die Übermacht der Mutter stützte sich auf die Ohnmacht des Vaters. Er musste mit neunzehn Jahren in den Krieg und kam mit einem Kniedurchschuss 1945 zurück. Er hatte nichts gelernt und bekam von seiner Ehefrau Schreibmaschineschreiben und Bürotätigkeiten beigebracht. Während sie zur anerkannten Journalistin avancierte, schlug er sich als einfacher Vertreter durch und wurde nach der Trennung von der Mutter abserviert: *Mutter hat ihn kalt auflaufen lassen und ihn gesiezt (schrecklich für mich). Ich wäre als Mann nie mehr in ihre Wohnung gegangen – bei dem Männerhass! Er hat immer wieder gefragt, wie es „Mutter" gehe (sie umgekehrt nie). Er hat eine Lebensversicherung für mich abgeschlossen. Als ich ihn an seiner Haustüre abpasste (ich war sechzehn und suchte ihn!) und fragte „Sind Sie Herr Sch.? – ich bin Brigitte!", da nahm er mich spontan in den Arm. Mein Vater? Ich denke, geliebt hat er mich, so gut und unbeholfen er das konnte. Was heute noch weh tut? Sein Fehlen – und das Abgeschnittensein von seinem ganzen Clan, die sind nämlich nett.* Die Vater-Wunde ist Beates folgenreiches Defizit: *Gefehlt hat mir alles, was mit der Aufmerksamkeit von Mann zu Frau zusammenhängt. Und umgekehrt: Den Mann zu verstehen, fällt mir oft schwer, weil keiner da war.*

Heute geht es Beate mit ihrem vor elf Jahren gestorbenen Vater so wie vielen von uns mit toten Eltern: *Bedauern, dass wir nie eng und intensiv gemeinschaftliche Gespräche hatten. Heute würde ich noch manches wissen wollen, auch wohl Liebe zeigen.* Sie empfindet Mitleid mit der *Überforderung* ihres Erzeugers, der als Kriegsheimkehrer mit vierundzwanzig Jahren Vater spielen musste: *Dafür möchte ich ihn heute in den Arm nehmen, aber er ist*

1989 schon gestorben. Ich habe meinen Vater aufgebahrt gesehen. Ich bin extra eine weite Strecke gefahren, um ihn noch zu sehen. Er sah im Tod lächelnd aus. Ich hatte zwei Gedanken: Du hast mir das (das Leben) angetan (ich lebe nicht unbedingt gerne). Aber auch: Durch dich bin ich und dadurch meine vier Kinder.

Beate hat um Klärung mit sich gerungen und ist ein großes Stück weitergekommen: *Ich habe Verzeihung nicht als solche ausgesprochen, habe aber Verständnis gezeigt für beider Lebenswege. Es ist notwendig, das Böse, das Spannungsgeladene, das Kranke, Absurde und Lebensfeindliche zu begraben, damit gute Erde – Humus – daraus werden kann. Wenn ich nicht verzeihe, schlägt auf mich zurück, was ich bekämpfe. Oft denke ich: Das Liebesgebot ist nicht umsonst das am schwersten zu erfüllende und deshalb das Zentralste des ganzen Neuen Testaments. Und die Pilatus-Frage „Was ist Wahrheit"? Hat nicht jeder seine eigene? Das macht doch auch alles so dicht und so spannend und so wertvoll! Ich selbst bin weder nur gut noch nur böse. Die Eltern sind weder nur ideal noch nur schlimm. Es ist wie mit den Gezeiten: Ein Kommen und Gehen. Was geschehen ist, ist geschehen. Keine Beschönigung ändert das! Aber: Das Licht kann sich ändern, indem das Leben der Eltern gesehen werden kann. Nennt man das nicht Liebe? Trotz allem?!*

Natalie, neunundzwanzig, Single, deren Vater sich auf immer(!) entfernte, als sein Töchterchen sieben Jahre alt war, schickte mir zum Thema Vater-wunde ohne weitere Erklärungen den Text der Schriftstellerin Diane Wakoski *Der Vater meines Landes*, der für sich spricht:

*Mein Vater stand nicht im Telefonbuch
meiner Heimatstadt;
mein Vater schlief nicht mit meiner Mutter
in unserem Haus;
mein Vater kümmerte sich nicht darum,
ob ich Klavier spielen lernte;
mein Vater kümmerte sich nicht darum,
was ich tat;
und ich dachte, mein Vater sei schön.
Ich liebte ihn und
fragte mich,
warum
er mich so viel allein ließ,
so viele Jahre,
und dennoch machte
mein Vater
mich zu dem, was ich bin,
zu einer einsamen Frau
ohne Sinn und Ziel, so wie ich
ein einsames Kind war
ohne Vater.
Ich ging mit Worten und Namen,
umher. Vater war nicht
eines meiner Worte.
Vater war nicht
einer meiner Namen.*

Mit einem abwesenden Vater kann man nicht sprechen. Kann man mit einem kommunikationsunfähigen Vater sprechen? Starke soziale und Bildungsunterschiede können einen Vater hoffnungslos ins Ausseits katapultieren.

Suleika, eine aus der Türkei stammende Sozialpädagogin, klagt: *Mit meinem Vater ist auf Grund des Bildungsniveaus kaum ein inhaltreiches Gespräch möglich. Bei meinem Vater zweifele ich, ob er überhaupt noch die Fähigkeit zum Lieben besitzt. Bei meinem Vater wünschte ich mir, er würde überhaupt einmal äußern, was er für mich empfindet. Ich denke, er ist selber so hilflos, weil er keine gute Erziehung genossen hat und von seiner Kindheit auch kaum etwas hatte ...* Wäre das, liebe Suleika, nicht Anlass genug, um auf ihn zuzugehen?

Was ist mit Alkoholikern als Vätern? Sie sind nicht nur Totengräber der Ehe, sondern auch Horrorfiguren ihrer Töchter. Regina, geschieden, ein Kind, erinnert sich: *Es gab viele Schläge, keine Zärtlichkeiten, viel Geld. Es wurde viel unternommen, Touren mit dem Auto oder Wandern bis zur nächsten Kneipe. Ich habe sehr an meinem Vater, der seit dreizehn Jahren tot ist, gehangen und mich doch vor ihm gefürchtet. Er war Alkoholiker und konnte mitunter gewalttätig werden. Es ist viel Trauer in mir, wenn ich an ihn denke. Es war alles so sinnlos. Ein sehr bitteres Erlebnis: Er hielt mir in einem Wutanfall den Hals zu. Ich war fast ohnmächtig. Meine Mutter ging dazwischen. – Als ich in die Pubertät kam, wollte er nichts mehr von mir wissen.* Gleich-

144

zeitig imponierte ihr seine Intelligenz und hohe Position im Beamtenverhältnis. Sinnlos war auch der Tod des Vaters mit fünfunddreißig Jahren: *Er hatte starkes Übergewicht, Bluthochdruck, war jähzornig, trank und hatte Angst vor einer Operation.* Trotzdem ist Regina heute versöhnt: *Mit dem heutigen Verständnis kann ich ganz klar sagen, dass ich meine Eltern liebe und akzeptiere, wie sie eben waren und sind. Ich habe meinem Vater nach seinem Tod einen langen Brief geschrieben.*

Einen Alkoholikervater hat auch Nanette, achtundzwanzig. Ständig droht die Pleite bis heute, fünfmal bekam er den Führerschein abgenommen. Es herrscht *Tretminenatmosphäre* zu Hause: *Mein Vater wird verbal aggressiv, schreit herum, pöbelt, wird beleidigend, ordinär, vulgär. Er randaliert, zerstört, ich will nicht wissen, wie viele Nächte meines Lebens ich damit verbracht habe, mit Übelkeit und Bauchschmerzen und kaltem Angstschweiß in meinem Bett zu liegen, mir die Finger bis zur Schmerzgrenze in die Ohren zu stecken, damit ich nichts höre. Aber die Erschütterung von knallenden Türen hört man trotzdem. Zu warten, dass sein Anfall vorbeigeht.*

Nanette war immer übergewichtig. Auch nach siebzig Stunden Therapie und Wissen um eine vitalstoffreiche Vollwertkost wiegt sie immer noch neunzig Kilo bei 174 Zentimetern Größe. *Ich bin alles andere als zufrieden, obwohl ich inzwischen meine Diplomarbeit geschrieben, mein Examen gemacht und eine Arbeit gefunden habe. Ich weiß, dass es albern ist, eine Leidenshitparade aufzustel-*

len, *aber ich bin mir ziemlich sicher, dass ich die-jenige bin, die am meisten unter unserer familiären Situation gelitten hat und dass ich die stärksten Blessuren davongetragen habe.* Der Vater hat im Rausch die Wohnung verwüstet (*am nächsten Morgen sah unser Haus aus, als wäre eine Bombe eingeschlagen*). Er drohte mit Selbstmord und drehte demonstrativ, vor den Kindern, eine Schlinge aus dem Bademantelgürtel, um sich zu erhängen. Er war nie zärtlich und brachte niemals einen Satz wie „ich habe dich lieb" heraus: *Was außerdem schmerzhaft ist, ist die Angewohnheit meines Vaters, uns in seinen Wutanfällen vorzurechnen, was wir kosten und zu behaupten, wir wollten nur sein Geld.*

Nanette hat ihren Vater, wie sie schreibt, zum *Feindbild* gemacht: *Ich weiß, dass ich irgendwann meinen Frieden mit meinen Eltern, eher gesagt mit meinem Vater, machen muss, um selber zur Ruhe zu kommen, obwohl es mir schleierhaft ist, wie das funktionieren soll. Ich denke, dass es nicht gehen wird, bevor ich nicht ein einziges Mal meine ganze Wut und Angst bei ihm losgeworden bin. Ich glaube, er ahnt nicht im entferntesten, was in mir vorgeht. Danach kann dieser Verzeihungsprozess vielleicht einsetzen.*

Bevor du, liebe Nanette, weiterhin deine Wut und deine Sehnsucht in dich hineinfrisst, brüll ihn lieber einmal an, den Alten, dass die Wände wackeln. Da hast du Recht. Zuerst muss die Wut heraus, dass man es von Hamburg bis zum Bodensee hört. Dann erst hast du Luft zum Verzeihen.

Töchter brauchen die Wiederannäherung an ihren Vater, damit sie ein positives Männerbild in ihrem Innern entwickeln können. Meist ist es ihnen ergangen wie Gisela, fünfzig, verheiratet, zwei Kinder. *Warum verschwende ich so viel Energie?*, fragt sie, *negative Energie gegen meinen Vater, der ja schon drei Jahre tot ist? Unser Vater verließ uns, das heißt unsere Mutter mit drei Kindern in der DDR, mit einer anderen Frau, als ich vier Jahre alt war. Er wurde „republikflüchtig", ließ uns und auch die Wirtschaft einfach im Stich. Die Wirtschaft übernahm die LPG und auch das halbe Bauernhaus. Meine Mutter wurde einfach enteignet. Vorher war er sechs Jahre lang ein sehr fleißiger Bauer, er kannte nur die Arbeit und liebte seine Kinder, wie uns unsere Mutter erzählte.*

Der Vater heiratete noch drei weitere Frauen: *Mein Vater kam mit Bauchspeicheldrüsenkrebs, nachdem die Ärzte ihn aufgaben, zu Dr. Bruker ins Krankenhaus. Vater bezwang diese und andere Krankheiten durch konsequente Ernährungsumstellung und auch durch Lebensumstellung. Unseren Vater haben wir alle, auch meine Mutter, als einen Egoisten eingeschätzt. Meinem Vater würde ich heute sagen, dass ich ihm auch verziehen habe, dass er wohl nicht anders handeln konnte. Es gibt da ein passendes Sprichwort: „Verurteile niemand, bevor du nicht in seiner Lage warst."*

Einen wichtigen Teil ihrer Lebensaufgabe hat Gisela gelöst, die Versöhnung mit dem Vater: *Ich suche Bilder von meinem Vater heraus und werde ein Bild aufhängen. Dies soll eine Möglichkeit der Versöhnung sein. Ich freue mich schon darauf, auch Nachforschungen bei meinen alten Tanten über seine Heimat, seine Kindheit, zu erfahren. Ja, schon beim Schreiben kommt Freude auf, endlich die Vergangenheit bewältigen und abschließen zu können, um nicht immer noch negative Energien daran zu verschwenden. An meine Mutter denke ich immer noch mit tiefer Dankbarkeit zurück, da sie mir das höchste Glück auf Erden zuteil werden ließ, die bedingungslose Liebe.*

Aber noch lebt Gisela an der Seite eines schizoiden, d.h. gefühlsabwehrenden Mannes. Sie schreibt: *Ich verhungere emotional schon lange in seiner Gegenwart.* Ist es nicht, liebe Gisela, die vaterlose Tochter in dir, die sich mit dem Elend dieser ehelichen Tiefkühltruhe zufrieden gibt und eine schlechte Gefühlsbeziehung immer noch dem Alleinsein vorzieht? Vielleicht gehst du einmal in eine der fantastischen Lahnsteiner Selbsterfahrungsgruppen meiner Schwester Dr. Maria Theresia Jung *Frau flieg dich frei*: Um Flügel zu bekommen, deinem Manne gehörig einzuheizen oder in ein neues Leben zu fliegen. Männer, das sage ich dir als männlicher Therapeut, reagieren meist nur auf scharfen Leidensdruck. Dann bequemen sie sich, vielleicht, zur Paartherapie.

Wie man einen abwesenden Vater internalisieren, das heißt als guten Schutzengel ins Innere der Seele hineinnehmen kann, das zeigt Editha, eine Frau Mitte fünfzig. Der Vater starb knapp nach der Heimkehr aus der russischen Kriegsgefangenschaft, als Editha drei Jahre alt war. Sie erinnert sich: *Als ich zwölf Jahre alt war, hatte ich ein tiefgreifendes Erlebnis. Es war ein strahlender Spätsommertag. Ich hatte keine Lust für Hausaufgaben. Ich bin mit dem Fahrrad zum Friedhof gefahren, habe von meinem Taschengeld Blumen gekauft, das kleine Urnengrab gesäubert und mit den Blumen geschmückt. Abends gab es Ärger mit meiner Mutter, weil ich irgendeine Besorgung vergessen hatte. In ihrer Enttäuschung und Wut schleuderte sie mir entgegen: „An den Geburtstag deines Vaters hast du sicher auch nicht gedacht!". Innerlich aufgewühlt, äußerlich ruhig, konnte ich sagen: „Doch, ich war auf dem Friedhof. Ich habe frische Blumen auf das Grab gelegt." Seitdem fühle ich mich meinem Vater sehr nahe und verbunden, und den 19. September, seinen Geburtstag, vergesse ich nie mehr.*

Heute ist Editha tief mit ihrem Sohn verbunden. Dem toten Vater möchte sie sagen: *Wie sehr ich ihn vermisst habe, wie sehr er mir gefehlt hat, wie froh ich bin, dass ich an meiner positiven Lebenshaltung, die ich sicher von ihm geerbt habe, wieder und immer wieder konsequent weiterarbeiten werde. Wie dankbar ich bin über meine Liebesfähigkeit, weil ich auch die von ihm geerbt haben kann.*

Ähnlich hält es auch die Schauspielerin Mariele Millowitsch, 44, mit ihrem verstorbenen Vater Willy Millowitsch. Sie sagt: *Ich rede viel mit meinem toten Vater. Dann spüre ich eine unglaubliche Wärme. Er ist immer in meiner Nähe.*

*

Erika Mann zum Tod ihres Vaters Thomas Mann,
des „Zauberers":

Lieber, geliebter Zauberer, du warst gnädig geführt
bis zum Ende, und still bist du fortgegangen, von
„dieser grünen Erde", um deren Schicksal du so lange
liebend gebangt. Drei Tage noch lag deine Hülle, –
der leichte Körper mit dem strengen, kühnen, wäch-
sern verfremdeten Haupt in der Abschiedskammer
der Klinik. Dein Ring, der „schöne", war an deiner
Hand. Der Stein leuchtete dunkel. Wir haben ihn mit
dir begraben.

Erika Mann,
Das letzte Jahr.
Bericht über meinen Vater

Die Vater-Wunde

Söhne berichten: Das Drama der Vaterentbehrung

... sondern ich bin dein Vater, um den du so schmerz-
lich dich grämest. Also sprach der und küsste den
Sohn; und über die Wange stürzten die Tränen zur
Erde, die lange verhaltenen Tränen ... Da umarmte
der Jüngling seinen herrlichen Vater mit Inbrunst,
bitterlich weinend. Und in beiden erhob sich ein
süßes Verlangen zu trauern. Ach, sie weineten laut
und klagender noch als Vögel, als scharfklauige Geier
und Habichte, welchen der Landmann ihrer Jungen
geraubt, bevor sie flügge geworden.

Homer,
Die Odyssee

Es ist Odysseus, der hier so aufgelöst und voller Tränen die Wiederbegegnung mit seinem Sohn Telemach nach vielen Jahren des Trojanischen Krieges und der labyrinthischen Heimfahrt erlebt. Was muss es den listenreichen griechischen Helden geschmerzt haben, das kleine Söhnlein in der alleinigen Obhut der Mutter Penelope zurückzulassen, sein Aufwachsen nicht verfolgen zu dürfen, ihn nicht genießen, ihn nicht prägen zu können. Vater und Sohn umarmen sich in wildem Schmerz ob der versäumten Möglichkeiten. Beide brauchen sich. Beide waren wie amputiert ohne einander.

Was hier als ein Liebesmangel von archetypischer Dramatik geschildert wird, das ist heute ba-

nale Alltagsrealität. Der Berliner Psychoanalytiker Horst Petri registriert in seinem Buch *Das Drama der Vaterentbehrung*, das wohl die beste Untersuchung zu diesem Thema ist: *Statistiken gehen von rund einer Million Scheidungsvätern aus, von denen knapp sechzig Prozent nach der Trennung ihre Kinder nach mehr oder weniger kurzer Zeit nicht mehr wiedersehen. Die Statistik sagt nichts darüber aus, wieviele von den rund sechshunderttausend Vätern aus Verantwortungslosigkeit den Kontakt mit den Kindern abbrechen, wieviele ihre Ausstoßung durch Verweigerung ihrer Unterhaltszahlungen, aus Desinteresse oder aus Gefühlsrohheit selbst verschulden, wieviele durch Ortswechsel die Beziehung zu den Kindern nicht aufrechterhalten können, wieviele aufgeben, um die Kinder im Scheidungskampf zu schonen, oder schließlich, wie groß der Anteil der Väter ist, der vor den Besuchsschikanen der Mütter oder vor menschlich ungerechten Gerichtsentscheidungen resigniert.* Hier erfüllt sich mit trauriger Konsequenz das heitere Wort aus Wilhelm Buschs *Julchen: Vater werden ist nicht schwer, Vater sein dagegen sehr.*

Wie tief die Sehnsucht jedes Sohnes nach seinem Vater ist, das enthüllte mir Christoph, sechsundvierzig, Verwaltungsfachmann, verheiratet, zwei Kinder. Wütend hat Christoph mit einunddreißig Jahren jeglichen Kontakt mit dem Vater abgebrochen, als dieser sich bei der Scheidung von Christophs Mutter finanziell schäbig verhielt, sich ins Ausland absetzte und sich um wichtige Übergangszahlungen drückte. Die Mutter tat sich nämlich schwierig, wieder in den alten Beruf der medizinisch-technischen Assistentin zurückzufinden: der Arbeitsmarkt war zu. Seitdem hatte Christoph nur mit der Mutter kommuniziert und dem Vater selbst die Existenz der Enkelkinder unterschlagen.

Christoph sprach in der Therapie bei mir „mit der geliehenen Stimme der Mutter" über den Vater. Das kannte ich als Therapeut sehr gut aus der eigenen Geschichte, als Scheidungskind, das sich als treuer Schildknappe bedingungslos auf die Seite der Mutter geschlagen und dem Vater keine Chance zur Artikulation *seiner Wahrheit* gegeben hatte. Christophs Therapie zentrierte sich um Komplexe wie Männlichkeit, vertrauensvolles Verhältnis zur Welt, Gewinn von Lebensmut und Frechheit. Er war latent depressiv. An einem Punkt hakte die Therapie hartnäckig – an seiner selbst gewählten Apartheid gegenüber seinem Vater. Christophs Seele kam mir vor wie ein Lebensstrom, dessen Fluss durch mächtige mitgeschleppte Gesteinsbrocken blockiert wird. Ich sagte Christoph: *Wenn du die Tragödie mit deinem Vater nicht bereinigst, dann wirst du zeitlebens wie amputiert herumlaufen und innerlich nicht gesund werden.*

Christoph wehrte sich bis aufs Blut, manchmal hatte ich den Eindruck, als ob allein der Hass auf den Vater ihn physisch und psychisch konstelliere. Einmal sagte er: *Wenn ich diesem Schwein nachgebe, dann verrate ich meine Mutter und mich.* Das Gegenteil geschah. Nach über einem Jahr, als ich nahe daran war, die therapeutische Hoffnung aufzugeben, setzte sich Christoph überraschend in den Osterferien in sein Auto, ließ Frau und Kinder zurück und fuhr in den untersten Winkel der Provence, wo sein Vater mit seiner neuen Lebensgefährtin wohnte. Er hatte ihn nicht von seinem Kommen verständigt.

Christoph erzählte: *Als ich in das südfranzösische Städtchen einfuhr, klopfte mein Herz so, dass es mir richtig schlecht wurde. Ich konnte nicht mehr weiterfahren. Ich steuerte das nächste Café an. Ich saß aufgeregt wie ein kleiner Junge an meinem Tischchen und brachte das Kunststück fertig, rund eine Stunde für einen winzigen Mokka zu brauchen. Er beschleunigte meinen Herzschlag noch mehr. Am liebsten wäre ich wieder nach Hause gefahren. Voller Elend dachte ich, „Wenn Mami dich hier sähe!". Dann hielt es mich nicht länger auf dem Stuhl. Ich fragte die Bedienung nach der Straße meines Vaters. Ich ließ das Auto stehen. Ich ging auf das Haus zu. Ich stand wie betäubt vor der Haustür. Was sollte ich nur zu Vater sagen? Ob er mich hochkant rausschmeißen würde? Ich klingelte. Zaghaft. Nichts rührte sich. Da klingelte ich Sturm. Die Türe ging auf. Mein Vater stand unter der Tür. Grau geworden und zarter, als ich ihn in Erinnerung hatte. Er riss die Augen auf. Er umarmte mich. Wir weinten beide wie die Schlosshunde. Minutenlang.*

Dann kam seine Lebensgefährtin. Sie verstand nichts, sie sah nur an einem sonnigen Werktagnachmittag zwei Männer, die sich weinend umarmt hiel-

ten. Dann begriff sie – und weinte auch. Mann, war das eine Heulerei! Ich habe sieben Tage bei den beiden verbracht. Es war die aufregendste Woche meines Lebens. Ich habe alles mit meinem Vater besprochen, was mir auf dem Herzen lag. Wir haben uns beide verziehen. Ich habe so viel von ihm verstanden, trotzdem auch einiges missbilligt, er wohl auch an mir. Aber das ist wohl normal. Jetzt haben meine Kinder erstmals einen Großvater väterlicherseits. Sie besuchen ihn leidenschaftlich gerne und dürfen auf seinem Pferd reiten. Er unternimmt viel mit ihnen. Vielleicht kriege ich auch meine Mutter dazu, sich mit Vater auszusöhnen. Ich werde ihr dein Buch „Trennung als Aufbruch" schenken. Meine Eltern brauchen die „Trennungskultur", von der du da sprichst. Christophs Augen strahlten. Er wirkte männlich und erstmals wie ein Erwachsener auf mich.

Söhne brauchen Väter. Die Vater-Wunde bringt einen schier um den Verstand. Nils, achtundvierzig, ein Theatertechniker, der vier ältere Geschwister besitzt, verlor seinen Vater, als er drei Jahre alt war: *Da packte mein Vater den Koffer und zog zu der anderen Frau. Er verließ weinend das Haus mit den Worten: „Vielleicht komme ich wieder." Hier verspüre ich die Ursachen meiner verdrängten Gefühle und den Mangel an Urvertrauen ... Kuscheln, Drücken und Streicheln habe ich nicht erfahren, und die damit lebenswichtigen Gefühle versuchte ich zu erhalten, indem ich meiner Mutter nicht von der Seite wich und immer bei ihr Schutz suchte. Sie war* nicht in der Lage, meine Gefühle zu erwidern. Ich weinte viel und schrie so laut, dass es im ganzen Haus zu hören war. Um mich ruhigzustellen, drohte mir meine Mutter mit meinem Onkel, der unter uns wohnte. Er würde sagen: „Wenn das meiner wäre, den hätte ich schon lange totgeschlagen". Später übernahm die vier Jahre jüngere Schwester von Nils die seelische Betreuung des älteren Bruders: Wenn ich weinte, war sie besorgt, mir Trost zu spenden. Ich entwickelte eine Art Ersatzvertrauen, welches mir das Überleben sicherte.

An einem Herbsttag steht plötzlich der Vater mit zwei Koffern in der kleinen Küche. Er fragt, ob er wieder aufgenommen wird. Nach Jahren der Trennung ist er wieder da, und niemand redet darüber. Schon nach wenigen Wochen verbringt er wieder die Nächte bei der anderen Frau: Schweigend sitzt mein Vater in der Küche und isst allein, eingeweichtes Brot in Malzkaffee mit viel Zucker. Ich stehe neben dem Tisch und verstehe nichts und fühle nichts. Dann zieht der Vater definitiv aus, seine Unterhaltszahlungen sind katastrophal. Das Geld reichte nie bis zum Monatsende. Oft muss beim Lebensmittelhändler „angeschrieben" werden. Um den Hunger zu stillen, gibt es trockenes Brot und Senf.

Der kleine vaterlose Nils ist voller verborgener Todeswünsche. Eine Erinnerung steht dafür: In meiner Einsamkeit verborgen sitze ich alleine in der Küche am Fenster und zünde eine Kerze unter der Gardine an. Nach kurzer Zeit fing diese an zu brennen. Ich schaue zu, wie es brennt und fühle nichts.

Meine Mutter bügelte im Nebenzimmer Wäsche und stand plötzlich hinter mir. Sie riss die Gardine vom Fenster und warf sie zum Hof hinunter, einem Mieter auf den Kopf. Er hatte eine Glatze, was dem Ganzen einen makabren Rahmen gab. Bei vielen Gelegenheiten wurde über diese Geschichte geredet und immer an der Stelle der „Glatze" am meisten gelacht. Ich habe meinem inneren Kind versprochen, dass ich nie mehr mitlachen werde, wenn über diese Geschichte gelacht wird. Es kniet noch immer auf dem Stuhl und schaut den Flammen zu, ohne das geringste Gefühl zu verspüren. Es ist nicht glücklich darüber, dass der Brand entdeckt wurde. Wenn es verbrannt wäre, hätte man vielleicht nicht gelacht über das Trauma.

Nils wird sprachlos. Einmal toben die Kinder an einem warmen Sommertag auf dem Hof in einer Holzbadewanne: *Ich saß in der Wanne, und die anderen Kinder sprangen ständig raus und rein. In meiner Einsamkeit fühlte ich nicht die Kälte des Wassers. Ich fühlte überhaupt nichts. Mit meinen Gefühlen sitze ich heute noch sehr oft in der Wanne und warte, dass mich irgendjemand herausholt. Als Kind habe ich es nicht geschafft, allein aus der Wanne zu steigen.* Nils bekommt eine doppelseitige Lungenentzündung. Er wird in die Klinik transportiert. Innerhalb von sechs Wochen erhält er 252(!) Spritzen. Seine Beine sind total zerstochen, als die Mutter ihn aus der Klinik heimholt. Vom Vater natürlich keine Spur: *Ich spüre in mir das fehlende Vertrauen zum Männlichen, da sich zu meinem Va-*

ter keine Beziehung entwickeln konnte. Er war nie da, wenn ich ihn brauchte und hat mich immer allein gelassen. Ständig bin ich auf der Suche nach einem Ersatzvater und merke es nur selten.

Das Drama der Vaterentbehrung, *das fehlende Vertrauen zum Männlichen,* erlebe ich fast in jeder Therapie eines Mannes, vor allem aber in den von mir geleiteten, viel gefragten Wochenendgruppen der Selbsterfahrung für Männer. Wie oft habe ich Stichproben gemacht und die Männer um eine kurze Einschätzung der Beziehung zu ihrem Vater gebeten. Das Ergebnis war und ist immer gleich. Unter vierzehn Männern sagt einer: *Es war gut. Mein Vater war liebevoll, sonnig, er hat sich viel mit mir beschäftigt.* Zwei Männer etwa sprechen von *gemischten Gefühlen.* Elf Männer geben ihrer Vaterbeziehung die Noten *genügend* oder *ungenügend.* Ich habe darüber in meinem Buch *Reine Männersache* ausführlich berichtet. Das Gros der Männer sagt etwa: *Mein Vater schlug mich oft. Mein Vater hatte kein eigentliches Interesse an mir. Mein Vater wollte nur Leistungen von mir sehen. Mein Vater erzog mich dazu, keine Gefühle zu zeigen. Wenn ich weinte, schimpfte Vater. Mein Vater war grob und immer darauf aus, eine Schwäche von mir zu entdecken. Vater war zwar da, aber er verzog sich immer hinter die Zeitung oder vor die Glotze. Nach der Scheidung verpisste sich mein Alter, zahlte wenig und kümmerte sich nicht um uns.*

Väter waren gegen uns Söhne oft in der Tat unsichere Kantonisten. Sie brachten uns nicht ins

Bett. Sie schmusten nicht mit uns. Sie erzählten uns nichts von sich. Sie trockneten nicht unsere Kleine-Jungen-Tränen. Sie klärten uns in der Pubertät nicht auf. Der „Erste Mann in unserem Leben" lebte uns häufig Maulfaulheit, Verschlossenheit, bräsigen Groll, Abhärtung und Härte vor. Und doch war unsere Sehnsucht nach diesem Mann unermesslich groß. So groß, dass wir die Abweisung durch den Vater mit der *Frauensucht* (Wilfried Wieck) zu kompensieren suchten und heute jede Nähe zu einem anderen Mann tabuisieren. Es ist eine Reaktionsbildung aus Enttäuschung: Kein Mann soll uns wieder so tief verletzen dürfen wie dieser erste, diese *emotionale Null*, diese *Gefühlsniete* ...

Wofür braucht der Sohn den Vater? Horst Petri hat dazu glänzendes analytisches Material zusammengetragen. Schon das männliche Baby nimmt im Mutterleib die Stimme des Vaters in seiner besonderen Tiefe und Modulation wahr. Bereits im sechsten Schwangerschaftsmonat vermag der Fötus zu hören. Ist der Säugling erst geboren, so stellt er mittels seines Geruchssinns rasch einen chemischen Personalausweis seines Vaters zusammen, denn dieser hat einen spezifischen Geruch. Der Körper des Vater fühlt sich erregend anders an als der der stillenden Mutter. Petri: *Die Haut des Vaters, die nicht dieselbe ist wie die einer Frau, seine flaumigen, behaarten Arme, sein rasiertes Gesicht, das ein bisschen kratzt, seine tiefe Stimme – all dies ist anders als bei der Mutter. So kann ein Vater im Leben und Tagesab-*

lauf des Kindes präsent sein, ins Unbewusste aufgenommen werden wie die Mutter.

Petri gebraucht das Bild eines Zuggleises: *Vater und Mutter bilden die beiden Schienen, auf denen das Kind nach vorne fährt. Kein Gleis kann das andere ersetzen. Der Vater ist nicht ein „Ersatz" der Mutter, sondern ein gleichwertiges Gegenüber in der Dreiecksbeziehung Mutter-Vater-Kind.*

Er schenkt dem Kind eine Liebe, die einfach anders ist als die der Mutter. Weder besser noch schlechter. Väter neigen zu aufregendem, kraftvollem Spiel, im Unterschied zu den Müttern. Väter bieten ganz andere Identifikationsmuster als die Mutter. Sie repräsentieren stärker den erobernden, männlich-zupackenden Part, die Welterkundung, das Handwerkliche und Sportive. Vor allem aber braucht bereits das Kleinkind den Vater, um sich aus der Exklusivität der Mutter-Symbiose zu lösen, wie wir bereits früher gesehen haben.

Das Kind ist der Mutter ausgeliefert, wenn es keinen väterlichen Gegenpol gibt. Es muss selbstständig werden, sich von der Mutter ablösen. Wenn es zum Vater gehen kann, mit ihm Koalitionen und Komplizenschaften zu bilden vermag, erfährt es sich lustvoll als eigenständiges Individuum. Das ist genauso wichtig für den Jungen (auch für das Mädchen) in der Trotzphase, in der sogenannten ersten ödipalen Phase vom vierten bis zum Ende des sechsten Jahres, wie in der Pubertät zwischen dem zwölften und sechzehnten Jahr, welche die freudianischen Psychoanalytiker als die „zweite ödipale

Phase" bezeichnen. Der Junge braucht eine Serie von Abnabelungen von der Mutter. Diese sind angstbesetzt und schmerzhaft. Der Sohn schwankt zwischen dem Wunsch nach Wiederherstellung der paradiesischen Einheit mit der Mutter und dem notwendigen Willen zur Abgrenzung und Autonomie. Da kann eine Mutter ihm schwer helfen. Der Vater bietet den notwendigen Halt. Kann sich der Junge an den Vater anlehnen, braucht er keine Verlassenheitsängste zu haben. Er darf auch die Aggression gegen die Mutter (und gegen den Vater) lernen. Sie ist nicht existenzbedrohend. Es bleibt immer der andere Liebespol erhalten.

Mir selbst ist, wie vielen Söhnen alleinerziehender Mütter, genau dies geschehen, dass ich keine Aggressionen lernen durfte als wichtige Instrumente der Abgrenzung und Ich-Werdung. Wie hätte ich denn gegen „Mutter Teresa", die meine aufopferungsvolle, alleinstehende Mutter für mich darstellte, rebellieren dürfen. Sie war doch das Liebste und Einzigste, was ich hatte! Es fehlte die „Pufferfunktion" des Vaters, die Möglichkeit zweier voneinander getrennter Liebesobjekte, von Mutter und Vater. Wie sagte mir einmal ein Mann in der Therapie, auch er Sohn einer alleinerziehenden Mutter: *Ich habe von Kindheit bis zum Erwachsenenalter meiner Mutter ein Marienaltärchen der Verehrung aufgebaut. Begehrt habe ich jedoch die „Hurenweiber". Mit meinem Mannsein kam ich nicht zurecht.*

Der Vater ist der erste Mann im Leben eines Jungen. Er ist, im Idealfall, ein Vorbild. Er gibt dem

Sohn eine Ahnung davon, wie schön es ist, ein Mann zu sein. Hat der Vater zudem eine zarte Seele mit gesunden weiblichen Anteilen, so vermittelt er dem Sohn Urvertrauen, Körperlichkeit, sanfte Geborgenheit. Er zeigt dem Sohn, dass Männer brüderlich miteinander umgehen können und nicht nur raufen, schreien und sich behaupten. Er zeigt ihm, dass es schön ist, einen Mann zu umarmen, sein Gesicht zu streicheln und zu küssen. Er besetzt das Männliche positiv. Außerdem lebt der Vater dem Sohn ganz konkret die Männlichkeit vor: Die männliche Freude am Beruf, Fußball, Sport, Ringen, Schwimmen, Lust am Basteln, Fotografieren, Klettern, männliche Spiele, Rasieren, einen Schlips binden, um Frauen werben, soziales Verhalten unter Männern, männlichen Witz und Schabernack, vitale Sexualität, aber auch männliche Romantik, Umgang mit Liebeskummer und Sehnsucht, Gestaltung des Zimmers, Organisation des Urlaubs und unzählig vieles mehr.

Bei fast allen „vaterlosen" Männern entdecke ich als Therapeut starke männliche Lebensdefizite. Meist sind die „Mütter-Söhne" (nicht „Müttersöhnchen"!) weiblich überidentifiziert. In der Pubertät ist der Vater noch einmal ein wichtiger Begleiter ins Leben; er ist meist der Hauptverdiener und vertritt die Welt „draußen". Hier findet der Sohn auf seiner unsicheren Identitätssuche und im Sturm pubertärer Konfusionen im Vater ein Vorbild, aber auch einen Wetzstein, an welchem er sich abarbeiten kann. Ein guter Vater hält dieses Wechselbad der

Gefühle aus. Er stellt sich dem Kampf und hilft dem Sohn, die Weichen seines Lebens zu stellen. *Mein Vater war zwar kantig und etwas polternd,* schreibt Roberto, Anästhesist, vierundfünfzig, *aber in der kritischen Zeit meiner Jugendkrisen war er immer da. Wir haben beide viel getobt und uns angeschrien, wir hätten uns an die Gurgel gehen können, aber er nahm mich außerordentlich ernst und konnte sich sogar bei mir entschuldigen, wenn er mir Unrecht getan hatte. Einmal kam er nach einem Streit, ich war sechzehn, zu mir aufs Zimmer und sagte mit Tränen in den Augen: „Ich habe manchmal einen Affenzorn auf dich und könnte dich ungerammt in den Boden stoßen, aber du bist mir wahnsinnig wichtig". Diesen Satz werde ich nie vergessen.*

Es sieht so aus, als ob die Vater-Wunden der Söhne mit den steigenden Scheidungszahlen eher noch zunehmen werden. Das ist eine der ernstesten sozialpsychologischen Herausforderungen, vor denen wir stehen. Horst Petri kritisiert: *Die zur Ideologie geratene Auffassung, die Mutter könne allein den Ausfall des Vaters kompensieren, entstammt einem illusionären Wunschdenken im Rahmen einer missverstandenen Emanzipation. In diesem Zusammenhang ist auch der Begriff der „alleinerziehenden Mutter" ein Euphemismus* (eine sprachliche Beschönigung – M.J.). Letztlich bedeutet die Masse vaterloser Trennungs- und Scheidungswaisen auch für die Eltern eine Krise. Petri: *Die Macht der Frauen nimmt zu, die der Männer ab. Ohnmächtig sind beide, Mütter und Väter, und damit in ihrer Identität tief verunsichert.*

Sozialarbeiterinnen und Psychologen, die mit Jugendlichen zu tun haben, sind sich einig, dass die Jungen durch die Vaterentbehrung schwerer stigmatisiert werden als Mädchen. Sie sind stärker angewiesen auf männliche Identifikation und setzen ihr geheimes Leiden vor allem in „kriminelle Energie" um. Aus Amerika kommen, wie Petri registriert, folgende Zahlen: *Aus vaterlosen Familien stammen dreiundsechzig Prozent der jugendlichen Selbstmörder, einundsiebzig Prozent der schwangeren Teenager, neunzig Prozent aller Ausreißer und obdachlosen Kinder, siebzig Prozent der Jugendlichen in staatlichen Einrichtungen, achtzig Prozent aller Heimkinder, fünfundachtzig Prozent aller jugendlichen Häftlinge, einundsiebzig Prozent aller Schulabbrecher und fünfundsiebzig Prozent aller Heranwachsenden in Drogenentzugszentren. Oder anders ausgedrückt: Kinder, die ohne Vater aufwachsen, sind fünfmal mehr gefährdet, Selbstmord zu begehen und zweiunddreißigmal mehr gefährdet, von zu Hause wegzulaufen, vierzehnmal mehr gefährdet, Vergewaltigung zu begehen.*

Die Vaterentbehrung ist nicht nur ein privates Problem, sondern auch ein gesellschaftlich mitproduziertes Schicksal, an dem einiges zu ändern ist. So betont das „Neue Kindschaftsrecht" in der Bundesrepublik das gemeinsame Sorgerecht des getrennten Paares. Jedes Kind hat ein Recht auf beide Eltern. Auch unverheiratete Paare können das „gemeinsame Sorgerecht" beantragen. Juristisch und wirtschaftlich wäre noch viel gegen das Drama der Vaterentbehrung zu tun: Vaterschaftsurlaub, Teilzeitarbeit für Männer, Vaterurlaub bei Krankheit eines Kindes, Anerkennung der Kindererziehungszeiten auch für den Mann, soziale Rollenakzeptanz der männlichen Kinderfürsorge.

Gerade beim Letzteren hapert es noch beträchtlich. Als ich im Juli 2000 als psychologischer Experte zu einer Talk-Show-Sendung bei Jürgen Fliege mit dem Thema „Alleinerziehende Väter" eingeladen war, immerhin gibt es inzwischen ungefähr zweihunderttausend alleinerziehende Väter, erlebte ich bei einem der Teilnehmer ein soziales Drama: Jürgen, ein gelernter Chemiker, hatte sich, um seiner zehn Jahre jüngeren Frau eine Karriere als Medizinerin zu ermöglichen, siebeneinhalb Jahre als Hausmann zur Verfügung gestellt und das gemeinsame Söhnchen Christoph liebevoll aufgezogen. Danach trennte sich die Frau von ihm. Sie bekam Christoph zugesprochen. Jürgen steht nun ohne sein Kind, das ihm Lebensinhalt geworden ist, und ohne Beruf da. Wer nimmt schon gern einen fünfzigjährigen Chemiker, der so lange keine Berufspraxis mehr hat! Jürgen tut sich schwer, diese Lebenskatastrophe zu bewältigen und einen neuen Lebenssinn für sich auszumachen. Weil Jürgen offensichtlich rabiat agierte, hat die Ex-Frau einstweilen ein totales Besuchsverbot gegen ihn juristisch durchgesetzt. Er sieht seinen über alles geliebten Sohn Christoph einstweilen nicht wieder ...

Es ist eines der großen Geheimnisse des Lebens, dass wir trotz großer Schädigung immer wieder wie ein Phönix aus der Asche zu steigen vermögen und zu Wachstum fähig sind. Wer Literatur liebt, wird das im folgenden Kapitel an Franz Kafkas berühmt gewordenem *Brief an den Vater* studieren, eine der schärfsten Abrechnungen der Weltliteratur mit einem gnadenlosen Vater. Oder an Hermann Hesses Auseinandersetzung mit seinem strengen Pietistenvater, der den Sohn sogar vorübergehend in eine „Heilanstalt für Schwachsinnige und Epileptische" steckte und den hoch Begabten zu einem psychisch Kranken erklärte.

Verweilen wir einen Augenblick bei Hermann Hesse und seiner Vater-Wunde. In einem Brief vom 11. September 1892 setzte Hermann sich schneidend mit der patriarchalen Ideologie der Eltern auseinander: *Überhaupt besteht die ganze Streiterei einfach darin, dass total verschiedene Meinungen da zusammentreffen, wo man Sympathie erwartet. Ihr seht nach diesem elenden Leben ein besseres, während ich mir's ganz anders denke und darum dies Leben entweder wegwerfen oder etwas davon haben möchte ... Ihr seid echte, wahre Pietisten ... Ihr habt andre Wünsche, Anschauungen, Hoffnungen, andre Ideale, findet in Andrem eure Befriedigung, macht andere Ansprüche an dieses oder jenes Leben; Ihr seid Christen und ich – nur ein Mensch.*

Der junge Hermann Hesse wehrt sich wie viele Söhne gegen die pädagogische Vergewaltigung seines Selbst: *Meine letzte Kraft will ich aufwenden, zu zeigen, dass ich nicht die Maschine bin, die man nur aufzuziehen braucht.* Noch in der „Heilanstalt für Schwachsinnige und Epileptische", in die man ihn *mit Gewalt herausgebracht nach Stetten,* erhebt er *heilig Anspruch auf das allgemeine Menschenrecht.* Er droht: *Im übrigen bin ich zwischen den vier Mauern mein Herr, ich gehorche nicht und werde nicht gehorchen ...*

Auch der Sohn Hermann kennt, wie viele Söhne früherer Generationen, den Missbrauch der christlichen Frohbotschaft zur erzieherischen Drohbotschaft. Hesse erklärt dem Vater und der Mutter: *Wenn ihr mir schreiben wollt, bitte nicht wieder euren Christus. Er wird hier genug an die große Glocke gehängt. „Christus und Liebe, Gott und Seligkeit" etc. etc., steht an jedem Ort, in jedem Winkel geschrieben und dazwischen – alles voll Hass und Feindschaft. Ich glaube, wenn der Geist des verstorbenen „Christus", des Juden Jesus, sehen könnte, was er angerichtet hat, er würde weinen.*

Drei Tage später, am 14. September 1892, schickt Hermann Hesse seinem Vater einen Brief, der eine geistige Kampfansage ist und doch im Namen der Freiheit und Humanität argumentiert – und im letzten Satz eine Verständigung offenlässt.

Sehr geehrter Herr!
Da Sie sich so auffällig opferwillig zeigen, darf ich Sie vielleicht um 7 M oder gleich um den Revolver bitten. Nachdem Sie mich zur Verzweiflung gebracht, sind Sie doch wohl bereit, mich dieser und

*sich meiner rasch zu entledigen. Eigentlich hätte ich
ja schon im Juni krepieren sollen.*

*Sie schreiben: Wir machen dir gar keine „schreck-
lichen Vorwürfe", weil ich über Stetten schimpfe.
Dies wäre auch mir durchaus unverständlich, denn
das Recht zu schimpfen darf man einem Pessimisten
nicht nehmen, weil es sein einziges und letztes ist.
„Vater" ist doch ein seltsames Wort, ich scheine es
nicht zu verstehen. Es muss jemand bezeichnen, den
man lieben kann und liebt, so recht von Herzen. Wie
gern hätte ich eine solche Person! Könnten Sie mir
nicht einen Rat geben. In alter Zeit war das Fort-
kommen leicht: jetzt ist's schwer, ohne Scheine, Aus-
weise etc. durchzukommen. Ich bin fünfzehnjährig
und kräftig, vielleicht könnte ich an der Bühne
unterkommen? (...)*

*Ihre Verhältnisse zu mir scheinen sich immer
gespannter zu gestalten, ich glaube, wenn ich Pietist
und nicht Mensch wäre, wenn ich jede Eigenschaft
und Neigung an mir ins Gegenteil verkehrte, könnte
ich mit Ihnen harmonieren. Aber so kann und will ich
nimmer leben und wenn ich ein Verbrechen begehe,
sind nächst mir Sie schuld, Herr Hesse, der Sie mir die
Freude am Leben nahmen. Aus dem „lieben Hermann" ist ein andrer geworden, ein Welthasser, eine
Waise, deren „Eltern" leben. Schreiben Sie nimmer
„Lieber H." etc; es ist eine gemeine Lüge.*

*Der Inspektor traf mich heute zweimal, während
ich seinen Befehlen nicht nachkam. Ich hoffe, dass
die Katastrophe nimmer lang auf sich warten lässt.
Wären nur Anarchisten da!*

Hermann Hesse, Gefangener im Zuchthaus zu Stetten,

wo er „nicht zur Strafe" ist. Ich beginne mir Gedanken zu machen, w e r in dieser Affäre schwachsinnig ist.

Übrigens wäre es mir erwünscht, wenn Sie gelegentlich mal herkämen.

Soweit Hermann Hesse. John schreibt mir aus dem Fränkischen seine bittere Geschichte. Ich nenne ihn John, weil ich ihn, als er mit seiner lieben Freundin ein Paarseminar bei meiner Schwester Maria-Theresia und mir besuchte, mit dem Westernhelden John Wayne verglich, mit seinen breiten Schultern, seinem Cowboy-Lächeln und seiner Stattlichkeit. John, der jetzt fünfundsechzig Jahre ist, hat hart an sich gearbeitet: *Ich denke, erst vor gut zehn Jahren lernte ich nach und nach durch die Gespräche, Seminare und Tagungen in Lahnstein, meinen Eltern, hier hauptsächlich meinem Vater, Verständnis und Verzeihen entgegenzubringen.*

Die Eltern hatten einen Pachtbetrieb mit Gastwirtschaft übernommen und lebten unter großen Geldsorgen. Mit viel Arbeit und Verzicht auf persönliche Bedürfnisse schafften sie es hochzukommen: *In dieses Umfeld wurde ich als drittes Kind nach einer Fehlgeburt hineingeboren. Das riesengroße Bauernhaus war rein physisch ein Eiskeller. Ein Familienleben war, bedingt auch durch die Gastwirtschaft, nur schwer möglich. Nur an Weihnachten wurde für einen Abend die gute Stube geheizt. Die Schulzeit war eine Katastrophe: Mein Vater war nicht „kleinlich" im Drohen und Prügeln, egal ob in meiner Bettnässerzeit, sieben Jahre, oder mit sechzehn wegen meiner schlechten Noten. Ich hatte das gnadenlose Gefühl, ein unerwünschtes Kind zu sein. Meine Mutter war meist in ihrer Hilflosigkeit am Jammern. Mich wundert, dass ich es zu einem erfolgreichen Ingenieur gebracht habe.*

Psychologen sprechen in diesem Zusammenhang von einer *optimalen Frustrationstoleranz.* Das stimmt natürlich. Härte härtet uns. Unterforderung und grenzenlose Verwöhnung des Kindes führen meist zur späteren Lebensuntüchtigkeit des Erwachsenen. Aber was John erlebte, hat nichts mehr mit einer gesunden und lebensnotwendigen Frustrationstoleranz zu tun. Er konstatiert: *Das Kind in mir war dauerverletzt. Ja, ich denke zunächst mit Groll und Trauer an diese nimmer endende Zeit ... Vater war unnahbar oder schlagbereit. Die ersatzweise Liebe fand ich in der Onanie. Beim Sterben meiner Eltern war ich nicht zu Tränen gerührt. Eigentlich ist das schlimm. Oder bin ich das Produkt ihrer Erziehung und der Kriegszeit? Meinen Vater sah ich erstmals weinen, als ich ihm auf dem Sterbebett aus seinem Soldbuch vorgelesen habe.*

Die Not mit den Eltern blieb nicht das einzige Leid in Johns Leben. Er verlor seine Frau, die ihm drei Kinder geboren hat, im siebenjährigen Kampf gegen den Darmkrebs. Dafür haben alle drei Kinder eine *respektable* berufliche Entwicklung genommen, aber sie schweigen sich gegenseitig an. (Das ist wohl eher ein Stoff für mein nächstes Buch, das von Hass, Liebe und Versöhnung unter Geschwistern handeln wird). John kommt zum Schluss: *Mit dieser Niederschrift meiner Gedanken an mein Elternhaus finde ich die Gelassenheit, mit dieser Vergangenheit umzugehen. Nun ist es so wie es ist. Mir geht es materiell gut. Meine Lebensführung wird von körperlicher und geistiger Beweglichkeit und Sozialarbeit bestimmt. Seit einem Jahr lerne ich Akkordeon spielen bei einem Musiklehrer.*

Die meisten der Briefe, die ich von männlichen Schreibern erhielt, handeln von der Vater-Wunde. Wie viele andere Notate aus der warmen Briefflut kann ich auch sie in der Fülle längst nicht zitieren. Viele Männer schreiben, dass sie dem Vater nicht vertrauen konnten. Bodo, Bundeswehroffizier, dreiundvierzig, der heute selbst zwei *sehr liebe* Söhne hat, schickte mir aus Zeitmangel, wie er schrieb, zum Thema seines Vaters einfach ein Zitat aus Susan Forwards Buch *Vergiftete Kindheit. Elterliche Macht und ihre Folgen.* Bodo sieht seine schwere Mann-Werdung, die offensichtlich durch Verletzungen und Minderwertigkeitsgefühle geprägt ist, in den folgenden Worten der amerikanischen Psychotherapeutin ausgedrückt: *Ob die Schläge der Eltern ihre Kinder vergiftet haben, ob sie zu oft allein gelassen wurden, sexuell missbraucht oder wie ein Dummkopf behandelt worden sind, ständig beschützt oder mit Schuldgefühlen überfrachtet – fast alle Opfer leiden am gleichen Symp-*

172

tom: an beeinträchtigter Selbstachtung, die zu selbstzerstörerischem Verhalten führt. Auf die eine oder andere Weise fühlen sich alle wertlos und halten sich nicht für liebenswert. Das hängt damit zusammen, dass die Kinder giftiger Eltern sich selbst die Schuld für die Misshandlungen geben, die sie erdulden mussten. Es ist für ein wehrloses, abhängiges Kind leichter, sich an der Wut des Vaters schuldig zu fühlen, statt die schreckliche Tatsache zu akzeptieren, dass man ihm nicht vertrauen konnte. Wenn diese Kinder heranwachsen, tragen sie weiterhin an der Bürde aus Schuld- und Minderwertigkeitsgefühlen, so dass es extrem schwierig wird, ein positives Selbstbild herauszubilden.

Scheidungskinder sind fast immer geschädigt. Das ist eine Tatsache. Das spricht jedoch nicht gegen die Notwendigkeit von Scheidung. Denn wenn ein Paar an einer Ehe festhält, die längst nicht mehr lebbar ist, dann kann auch diese eine, vielleicht noch schlimmere, vergiftete Kindheit für Söhne und Töchter bedeuten. Jakob, fünfunddreißig, gelernter Schlosser, erlebte so eine Krisenehe: *Aus meiner heutigen Sicht haben meine Eltern durch den schlichtweg falschen Partner es versäumt, etwas für die ureigene Entwicklung und Reife zu tun. Mein Vater hielt die achtunddreißigjährige Ehe – 1977 gab es eine Trennung ohne Scheidung – mit meiner Mutter unter teilweise großem Leidensdruck und Stress aus, bis ich ihm zu Weihnachten dein Buch, Mathias, „Zweite Lebenshälfte" schickte. Für ihn war es wohl der Auslöser für den Trennungsent-*

schluss. Mein Vater sagte mir vor einiger Zeit, als ich ihn besuchte: „Ich fühle mich erst jetzt so richtig sauwohl!". Für ihn muss die Trennung wie eine Erlösung gewesen sein.

Jakob erlebte seinen Erzeuger als den „abwesenden" Vater, von dem die moderne Soziologie spricht. Es sind die Väter, die sich im Beruf und anschließend im Hobbykeller für die Kinder unsichtbar und unfühlbar machen. Jakob: *Er verzog sich oft für Wochen und für Monate in seinen Keller und beschäftigte sich mit akribisch genauen Bastelarbeiten. Der Rückzug, den mein Vater gegenüber unserer Familie praktizierte, war eine Flucht. Eine Flucht vor den elterlichen Pflichten und vor allem den Pflichten als Vater mir und meiner Schwester gegenüber. Mein Vater lieferte mir kaum eine geeignete Vorbildfunktion als Mann. Zum einen, weil er kaum für mich da war, zum anderen, weil er diese Männlichkeitsattribute nicht besaß. Mein Vater konnte mir nie vermitteln, was es bedeutet, ein Mann zu sein.*

Daran habe ich auch heute noch zu „knabbern". Die ganze Angst, die mein Vater als Mann hatte, übertrug sich auch auf mich. Mein Vater war, wie sein Vater, autoritär, sehr oft unzufrieden, teilweise cholerisch und fluchend. Es ist für mich bedrückend, wie sich die Erlebnisse meines Vaters wie ein roter Faden in meinem Leben wiederholen. Ich sage mir: „Schau auf deinen Vater – das bin ich!" Mit fünfzehn Jahren fand ich durch meinen damaligen Klassenlehrer einen Menschen, der mir diese Vaterfunk-

tion stückweise geben konnte. *Er hatte stets ein offenes Ohr für mich. Das war so eine Art Rettungsinsel für mich, ohne die ich es noch viel schwieriger gehabt hätte. Heutige Besuche bei meinem Vater sind eher selten, obwohl er nur unweit weg wohnt. Wir sprechen dann meist über meine berufliche Zukunft und über Computer.*

Als Kind neigte Jakob zu Schreiorgien. Mit einem Klassenfreund bastelte er sich Maschinenpistolen aus Holz und malte seine Jeans *natofarbig* an: *Wir ballerten wie verrückt rum. Heute weiß ich, es war meine Kriegserklärung an meine Familie. Da ich mich als Kind nicht gegen meine Eltern wehren konnte, entlud sich meine angestaute Wut und Aggressivität auf diese Weise.* Heute kann Jakob aber auch innerlich seinem Vater sagen: *Ich verzeihe dir, dass du in meiner Kindheit so oft für mich nicht da warst. Ich hätte dich als Vater dringend gebraucht. Auch du hattest eine sehr schwere Kindheit und ein autoritäres Elternhaus, in dem du dich nicht entfalten konntest.*

Während Jakob über „Computer-Gespräche" mit dem Vater nicht hinauszugelangen vermag, weil der Vater die Intimität mit seinem Sohn fürchtet, ist Albert die Defizite im Sohn-Vater-Verhältnis erfolgreich angegangen. Zwar erinnert er sich an eine schöne Kindheit, aber das Vater-Sohn-Verhältnis wollte nicht klappen: *Ich hatte allerdings nie ein gutes und liebevolles Verhältnis zum Vater. Wir hatten Erwartungen aneinander, die der andere nicht erfüllt hat. Ich war nicht der Sohn, den sich mein*

175

Vater vorstellte. Er zeigte mir Galionsfiguren, wie ich sein müsste, um richtig zu sein. Außerdem war er mir immer körperlich zu grob. Ich glaube, er genoss es, wenn mir seine „Zuneigung" Schmerzen bereitete. Mein Vater hat mich eher nicht so angenommen, wie ich ankam. Er hatte kein Verständnis für das Kind, sondern behandelte mich wie einen Erwachsenen, womit ich ihn natürlich laufend enttäuschte.

Albert ist jedoch nicht in Bitterkeit verharrt: *Ich habe mich als Erwachsener viel mit meinen Eltern beschäftigt. Ich erzählte ihnen, wie ich Situationen als Kind erlebt habe. Ich habe ihnen verziehen. Ich habe sie eher nicht beschuldigt, weil ich wirklich glaube, dass sie nicht vorsätzlich schlecht zu mir waren. Sie haben geleistet, was sie leisten konnten. Ich habe erkannt, dass es mich nirgendwo hinführt, wenn ich die Szenen als Erwachsener einfach umdrehe, nur weil ich unabhängig geworden war. Ich möchte niemanden hassen oder wütend sein für den Rest meines Lebens. Deshalb habe ich über alles mit ihnen gesprochen, was sehr viel Achtsamkeit und Fürsorge erforderte, weil sie sich leicht schuldig fühlten. Aber ich glaube, wir haben uns verstanden.*

Heute kümmert sich der gestandene Hamburger Albert um die drei Kinder aus der ersten Ehe seiner Lebenspartnerin: *Ich verhalte mich eher fürsorglich und aufopfernd, also wie meine Mutter.* Albert ist immer noch irritiert von seinem *Null-Gefühl für meinen Vater,* aber er bleibt bei seiner Meinung, dass die Versöhnung mit den Eltern aktiv und ohne

Anklage betrieben werden muss. Er rät: *Unbedingt auf die Eltern zugehen. Da liegen noch einige Leichen im Keller, was sehr interessant sein kann. Alle Dinge ansprechen, die einen bedrücken. Ich habe darauf geachtet, dass es keine „Abrechnung" wurde, also möglichst vorwurfsfrei ablief. Auch die Wahrnehmung der Eltern ist spannend.*

Seelische Aufräumarbeit hat auch Josef, ein zweiundvierzigjähriger Gesundheitsberater GGB, betrieben. Das war nicht einfach, denn Josef ist schwul und damit für das Lebensprogramm seiner Eltern „inkompartibel": *Wir sind emotional sehr weit auseinander. Intimitäten würde ich ihnen nie anvertrauen, da ich aus der Erfahrung mit meinen Eltern gelernt habe, nicht mit ihnen über Probleme zu reden. Originalzitate meiner Eltern sind: Emotionen sind Schwächen, die zeigt man nicht. Schulden hat man nicht. Außenbeziehungen sind unmoralisch. Wer arbeiten will, findet auch Arbeit. Über Sex spricht man nicht.* Am schlimmsten war für Josef die Intoleranz gegenüber seiner schwulen Lebensform: *Selbst meine achtzehn Jahre während monogame schwule Beziehung wird noch nicht einmal toleriert. Darüber kann man auch nicht sprechen. Du kannst dir vielleicht vorstellen, welche Probleme ich hatte, als ich jemanden brauchte, der mir hätte helfen können, das Schwulsein zu akzeptieren. Das heutige Verhältnis zu meinem Vater ist befriedigend. Es ist sachlich und korrekt. Nur über mein Schwulsein können wir nicht reden. Er wird es auch nie akzeptieren (Originalton). Am meinem*

Vater imponiert mir, dass er handwerklich sehr begabt ist. Er hat mir das zwar nie zugetraut. Aber ich denke, ich habe viel bei ihm abgeschaut, probiere heute auch alles aus.

Die Eltern haben versucht, Josef und seinen Bruder auseinanderzudividieren (*Ich, der Spießer, mit Krawatte in der Bank und Liebling meiner Eltern, der Gute. Er, der Böse, Arbeitsscheue*). Hier hat Josef gründlich aufgeräumt: *In Gesprächen mit meinem Bruder haben wir herausgefunden, dass unsere Unterschiede auch bewusst von unseren Eltern „ausgenutzt" wurden. Da wir keinen direkten Draht zueinander hatten, kamen die Infos über den anderen immer von unseren Eltern. Diese gaben sie aber nie neutral, sondern bewusst polarisierend mit. So konnten wir nicht zueinander finden. Erst meine Umzugskarte, in der ich allgemein kundtat, dass ich mit meinem Freund zusammenzog, veranlasste meinen Bruder, mich direkt anzurufen. Er hatte von meinen Eltern immer gehört, ich sei ein „versteckter Schwuler", und nun so eine offene Karte, das gab ihm zu denken. Er rief mich noch am gleichen Abend an. Wir telefonierten über eine Stunde – seit Jahrzehnten das längste Gespräch, das wir führten. Dabei fiel uns in vielen Punkten auf, dass unsere Eltern sehr einseitig gefärbt und bewusst irritierend über uns berichtet hatten. Zum Leidwesen meiner Eltern haben wir nun den direkten Draht.*

Auf Grund der seelischen Hartknochigkeit seiner Eltern hat Josef einen eigenen Weg, besonders zur Lösung des Vaterkonfliktes, gefunden: *Ich habe* mit m i r Frieden zu meinen Eltern geschlossen. Ich habe ein „geklärtes" Verhältnis zu ihnen.

Der Hinweis scheint mir wichtig. Wo wir mit den real existierenden Eltern auf Grund ihrer Abwehr oder Uneinsichtigkeit partout nicht in die Klärung zu kommen vermögen, müssen wir es mit den „inneren Eltern" tun und den Vorgang der Abgrenzung, der Wut, der Trauer und schließlich der Akzeptanz, des Verzeihens und Versöhnens in unser Inneres verlegen.

Josef empfiehlt selbst anderen Betroffenen: *Redet miteinander. Versucht es immer wieder. Es ist der beste Weg! Verzeiht, seid kompromissbereit, aber geht euren Weg! Wenn das nicht geht, schafft es, euer Leben neu zu arrangieren. Findet einen anderen Stellenwert, den die Eltern in eurem Leben besetzen. Sie sind Eltern, aber wir haben sie uns nicht wie gute Freunde ausgesucht. Wir können versuchen, gemeinsam unsere unterschiedlichen Leben zu leben. Doch wenn es nicht klappt, versucht keine krampfhafte Regelung – die schadet allen Beteiligten. Hört euch mit den Eltern den Vortrag von Mathias zum Thema „Frieden mit den Eltern" auf Kassette an oder gebt sie ihnen. Mir und vielen meiner Bekannten hat sie geholfen, wie auch die über „Geschwisterliebe – Geschwisterrivalität" und viele andere Kassetten, die mir Denkanstöße gaben und die mich weiterbrachten.*

Einige Männer schrieben mir, dass sie als kleine Jungen machtlos gegenüber den Vorhaltungen und offenen Lügen ihres Vaters waren. Ich möchte euch dazu eine Beobachtung des alemannischen Dichters Johann Peter Hebel schenken. Sie ist winzig, aber treffend:

Ein Büblein klagte
seiner Mutter:
„Der Vater hat mir
eine Ohrfeige gegeben."
Der Vater aber kam
dazu und sagte:
„Lügst du wieder?
Willst du noch eine?"

*

Es zeigt sich,
eine wie starke Macht
der Konflikt zwischen Vätern
und Söhnen ist, dieser Hass,
diese in Hass umgeschlagene Liebe.
Bei lebhaften und begabten
Naturen bleibt dieser Konflikt
selten aus, die Weltgeschichte
ist voller Beispiele.

Hermann Hesse

Franz Kafka
Brief an den Vater

*Es ist auch wahr, dass du mich kaum einmal wirklich
geschlagen hast. Aber das Schreien, das Rotwerden
deines Gesichts und das eilige Losmachen der Hosenträger, ihr Bereitlegen auf der Stuhllehne, war für
mich fast ärger. Es ist, wie wenn einer gehängt werden soll. Wird er wirklich gehängt, dann ist er tot und
es ist alles vorüber. Wenn er aber alle Vorbereitungen
zum Gehängtwerden miterleben muss und erst, wenn
ihm die Schlinge vor dem Gesicht hängt, von seiner
Begnadigung erfährt, so kann er sein Leben lang
daran zu leiden haben.*

Franz Kafka
Brief an meinen Vater

Schilderungen liebevoller Vater-Sohn-Beziehungen
sind, im Gegensatz zu den Darstellungen liebevoller Mutter-Sohn-Beziehungen, selten. Berückend
warmherzig und einfühlsame Atmosphären zwischen Mutter und Sohn finden wir etwa in den Briefen der Frau Rath Goethe an ihren Sohn mit den
hübschen Grüßen an Goethes *Bettschatz*, seine jah-
relange „wilde" Ehefrau Christiane Vulpius, oder
Marcel Prousts hingebungsvolle Schilderungen seiner Mutter in dem monumentalen Erinnerungswerk
Auf der Suche nach der verlorenen Zeit.

Über gute Vater-Beziehungen sind glückliche
literarische Notate dagegen deutlich dünner gesät.

Eine der schönsten modernen Darstellungen über eine sich im Sterben des Vaters vollendende liebende Beziehung des Sohnes findet sich in dem Buch des amerikanischen Romanciers Philip Roth *Mein Leben als Sohn*. Wie da der Erzähler nach dem Schlaganfall des Vaters dessen Exkremente aus den Fugen der Badezimmerkacheln putzt und ihn, den autoritätsgebietenden polnisch-jüdischen Einwanderer, in dieser Sekunde als ein kleines, zu schützendes Kind akzeptiert in Verkehrung der bisherigen Rollen, das ist die späte Liebeserklärung eines empfindsamen Sohnes.

Literaturkenner erinnern sich vielleicht an Franz Kafkas – authentischen – *Brief an den Vater*. Es ist vielleicht die erschütterndste Abrechnung mit dem Vater in der neueren Weltliteratur. Sie sollte nicht in den Bücherschränken der exquisiten Literaturliebhaber allein ihren Platz haben. Jeder von uns Männern sollte sie einmal gelesen haben.

Wer war Kafka? Er lebte von 1883 bis 1924, starb früh an seiner kranken Lunge. Er arbeitete als promovierter Jurist in einer Prager Versicherung; eine schriftstellerische Existenz wollte ihm der Vater weder finanzieren noch erlauben. Kafka schrieb so berühmte Werke wie *Hochzeitsvorbereitungen auf dem Lande, Das Urteil, Amerika, Die Verwandlung, Der Prozess, Bericht für eine Akademie* und *Das Schloss*. Er stammte aus begütertem Prager Judentum, allerdings mit früh erschüttertem Existenzgefühl. Er war dem alten Väterglauben entfremdet und, das ist für unseren Zusammenhang wichtig, durch einen fast krankhaften Vaterkomplex bedrückt. Die Macht, beginnend mit der Macht des Vaters, ist der Dreh- und Angelpunkt von Kafkas Denken. Der Nobelpreisträger Elias Canetti hat die Folge des väterlichen Machtmissbrauchs für den Dichter Kafka so formuliert: *Unter allen Dichtern ist Kafka der größte Experte der Macht. Er hat sie in jedem ihrer Aspekte erlebt und gestaltet ... Da er Macht in jeder Form fürchtet, da das eigentliche Anliegen seines Lebens darin besteht, sich ihr in jeder Form zu entziehen, spürt, erkennt, nennt oder gestaltet er sie überall dort, wo andere sie als selbstverständlich hinnehmen möchten.*

Die Frage, warum er suizidale Anwandlungen habe, beantwortete Kafka in einer Tagebucheintragung von 1922 so: *Weil „er" mich in der Welt, in seiner Welt nicht leben ließ.* Mit „er" meinte der Dichter seinen Vater, seinen Urgegner: *Die Wurzeln dieser Feindschaft sind schier unausreißbar.* In vielen seiner Erzählungen spricht Kafka verschlüsselt von seinem Vater. In der Novelle *Das Urteil* projiziert er in die tröstliche Figur des Vaters sein Wunschbild. In der Erzählung *Die Verwandlung* wendet sich der Vater mit Aggression gegen den zum Käfer verwandelten Sohn, dessen Tod er schließlich verschuldet. In der Erzählung *In der Strafkolonie* ist das Verhältnis zwischen dem Hauptmann und dem Soldaten ein Vater-Sohn-Prozess mit der Auflehnung des Jüngeren gegen den Erzeuger. In *Der Prozess* verkörpert die anonyme Gerichtsinstanz die väterliche Gewalt, die Schuld zuweist, verurteilt und das Urteil vollzieht.

Im Roman *Das Schloss* spiegelt das Verhältnis des Protagonisten zur drohenden und irrationalen Schlossverwaltung die Beziehung zwischen dem Sohn Franz und seinem Vater Hermann Kafka.

Kafka schrieb seinen *Brief an den Vater* 1919 nicht als literarische Fiktion, sondern als eine Art Selbsttherapie. Er empfand sich als einen gebrochenen Mann. Kafka war physisch wie psychisch in einem desolaten Zustand. Seine Bücher wurden in der literarischen Welt kaum beachtet. Er konnte nur in den Nächten schreiben, die Tage waren durch die *traurige Büroarbeit* (Kafka) okkupiert. Eine schwere Lungenkrankheit hatte sich bereits im Sommer 1917 mit einem Blutsturz angekündigt. Kafka war Junggeselle und sehnte sich nach einer Heirat. Zweimal, 1914 und 1917, hatte er sich mit Felice Bauer verlobt, zweimal gab es Entlobungen. Der Vater leistete Widerstand.

1919 lernte Kafka die achtundzwanzigjährige Julie Wohrycek kennen. Sie betrieb in Prag einen kleinen Modeladen. Julie stammte aus einfachen Verhältnissen. Der Vater war Schuster und Gemeindediener an einer Prager Synagoge. Das schmeckte dem Vater Hermann nicht. Der war zu dem Zeitpunkt siebenundsechzig Jahre alt, hatte ein Galanteriewarengeschäft aus dem Nichts aufgebaut, sich von der Armut des böhmischen Landjudentums emanzipiert und war schließlich Unternehmer und Wohnblockbesitzer, man kann sagen Millionär geworden. Seine Angestellten beschimpfte er als *bezahlte Feinde* (Franz Kafka) und agierte innerhalb der Familie, wie sein Sohn in seiner literarischen Abrechnung notiert, als *Herrscher, Tyrann, Regent, König und Gott.*

Der Vater sah das Schreiben des Sohnes als karriereabträglichen und unnützen Zeitvertreib. Kafka drängte es zur Ehe, um dem Vater *ebenbürtig* zu werden, sonst, so meinte er in seinem Tagebuch, bliebe er als Junggeselle der *Narr der Familie.* In dieser biografischen Notsituation des Ich-Zerfalls und der Deflationierung seines Selbst durch den übermächtigen Vater schrieb sich Kafka mit dem *Brief an den Vater* seine eigene Kindheit von der Seele, um sich seinen Existenzkern zu bewahren. Max Brod, Kafkas Freund und Nachlassherausgeber, erinnert sich: *In wie vielen Gesprächen versuchte ich, dem Freunde, dessen tiefste Wunde ich schon zu seinen Lebzeiten … wusste, die Überschätzung des Vaters, die Unsinnigkeit der Selbstmissachtung klarzumachen. Es war alles vergeben… Franz ist sein Leben lang im Schatten des machtvollen, auch äußerlich ungemein imposanten (großen, breitschultrigen) Vaters gestanden… Seltsam ist, dass er auch im weiteren Leben die Zustimmung des Vaters, die doch gar nicht erfolgen konnte, aufs Höchste wünschte.*

Es ist die Janusköpfigkeit der Liebe, die oft, weil sie die Eigenart des Kindes nicht verstehen will (wie bei Hermann Hesses Vater), von der auktorialen Fürsorge zur blanken Drohung und Gewalt umschlägt. Das Motto ist immer das Gleiche: *Ich will doch nur dein Bestes.* Diese verfolgende Sorge und mangelnde Empathie wird, unfreiwillig meist, zur Vergewaltigung oder, wie Franz Kafka formuliert: *Liebe hat oft das Gesicht der Gewalt.*

So verwundert es denn nicht, dass der Dichter den Adressaten seines Briefes mit der Sehnsuchtsformel *Liebster Vater* anspricht, denn sein Wunsch nach Vater-Versöhnung ist, wie Max Brod richtig erkannte, unauslöschlich. Dem Sohne Franz geht es so wie vielen Schreibern und Schreiberinnen dieses Buches, die Furcht verschlägt ihm im Alltag die Stimme gegenüber dem Vater: *Du hast mich letzthin einmal gefragt, warum ich behaupte, ich hätte Furcht vor dir. Ich wusste dir, wie gewöhnlich, nichts zu antworten, zum Teil eben aus der Furcht, die ich vor dir habe, zum Teil deshalb, weil zur Begründung dieser Furcht zu viele Einzelheiten gehören, als dass ich sie im Reden halbwegs zusammenhalten könnte.*

Der Sohn weiß, dass Väter oft eine einzige Wahrheit für sich in Anspruch nehmen und die Wahrheit des Kindes nicht ahnen, ja nicht einmal wissen wollen: *Dir hat sich die Sache immer sehr einfach dargestellt ... Es schien dir etwa so zu sein: Du hast dein ganzes Leben lang schwer gearbeitet, alles für deine Kinder, vor allem für mich geopfert, ich habe infolgedessen „in Saus und Braus" gelebt, ... habe keinen Anlass zu Nahrungssorgen, also zu Sorgen überhaupt gehabt.* Der Vater, so Kafka, werfe dem Sohn *Kälte, Fremdheit, Undankbarkeit* vor.

Kafka macht etwas sehr Wichtiges, was für jeden von uns gilt. Er besteht auf der Existenz von zwei Wahrheiten, die der Eltern und die des Kindes:

Diese deine übliche Darstellung halte ich für nur so weit für richtig, dass auch ich glaube, du seiest gänzlich schuldlos an unserer Entfremdung. Aber ebenso gänzlich schuldlos bin auch ich. Könnte ich dich dazu bringen, dass du das anerkennst, dann wäre – nicht etwa ein neues Leben möglich, dazu sind wir beide viel zu alt, aber doch eine Art Friede, kein Aufhören, aber doch ein Mildern deiner unaufhörlichen Vorwürfe.

Kafka akzeptiert und lobt die durchaus vorhandene Positivität seines Vaters, seine *Stärke, Gesundheit, Appetit, Stimmkraft, Redebegabung, Selbstzufriedenheit, Weltüberlegenheit, Ausdauer, Geistesgegenwart, Menschenkenntnis, eine gewisse Großzügigkeit*. Er macht, anders als wir oft in unserer Unversöhnlichkeit, den Vater nicht klein. Er erinnert auch an die besonders komplizierte Geschwisterkonstellation, die ihn, den Sohn, zum besonderen Angriffsobjekt des Vaters macht: *Nur eben als Vater warst du zu stark für mich, besonders da meine Brüder klein starben, die Schwestern erst lange nachher kamen, ich also den ersten Stoß ganz allein aushalten musste, dazu war ich viel zu schwach.* Kafka macht den Vater nicht zum Verbrecher, er unterstellt ihm im Gegenteil sogar gute Motive, aber schlechte pädagogische Instrumente: *Du kannst ein Kind nur so behandeln, wie du eben selbst beschaffen bist, mit Kraft, Lärm und Jähzorn, und in diesem Falle schien dir das auch noch überdies deshalb sehr gut geeignet, weil du einen kräftigen mutigen Jungen in mir aufziehen wolltest.*

Wie die meisten von uns, erinnert sich Kafka an ein besonders böses Erlebnis mit dem Vater als Kleinkind: *Ich winselte einmal in der Nacht immerfort ums Wasser ... Nachdem einige starke Drohungen nicht geholfen hatten, nahmst du mich aus dem Bett, trugst mich auf die Pawlatsche und ließest mich dort allein vor der geschlossenen Tür ein Weilchen im Hemd stehen.* (Pawlatsche hießen die langen Balkone, die in älteren Prager Häusern an der Hofinnenseite entlang liefen – M. J.). *Noch nach Jahren litt ich unter der quälenden Vorstellung, dass der riesige Mann, mein Vater, die letzte Instanz, fast ohne Grund kommen und mich in der Nacht aus dem Bett auf die Pawlatsche tragen konnte und dass ich also ein solches Nichts für ihn war.* Mich erinnert hier Kafkas heilloses Erschrecken an einen kleinen Jungen, der, weil er Bettnässer war und trotz vielfacher „Ermahnungen" immer wieder ins Bett machte, von seinem Vater zur Strafe in eine Sägemehlkiste im Keller „zur Nacht gebettet" wurde und Sterbensnöte in der Finsternis und Verlassenheit durchlitt.

Der erwachsene Kafka hätte sich so nach Aufmunterung durch seinen mächtigen Vater gesehnt: *Ich war ja schon niedergedrückt durch deine bloße Körperlichkeit. Ich erinnere mich zum Beispiel daran, wie wir uns öfters zusammen in einer Kabine auszogen. Ich mager, schwach, schmal, du stark, groß, breit. Schon in der Kabine kam ich mir jämmerlich vor und zwar nicht nur vor dir, sondern vor der ganzen Welt, du warst für mich das*

Maß aller Dinge. Traten wir dann aber aus der Kabine vor die Leute hinaus, ich an deiner Hand, ein kleines Gerippe, unsicher, bloßfüßig auf den Planken, Angst vor dem Wasser, unfähig deine Schwimmbewegungen nachzumachen, die du mir in guter Absicht, aber tatsächlich zu meiner tiefen Beschämung immerfort vormachtest, war ich sehr verzweifelt.

Der Vater war das Maß aller Dinge. Er ließ den Sohn, dessen *Organminderwertigkeit* (Alfred Adler) spüren. Dieser reagierte mit einem Verlust seines Ichs. Sein memorativer Leib, seine sich erinnernden Zellen speicherten ein Leben lang die Demütigung. Dieser Vater wertete auch alle Menschen und Umstände ab, die dem kleinen Sohn etwas bedeuteten: *Man musste nur über irgendeine Sache glücklich sein und von ihr erfüllt sein, nach Hause kommen und es aussprechen, und die Antwort war ein ironisches Seufzen, ein Kopfschütteln, ein Fingerklopfen auf dem Tisch.*

Auch für den kleinen Franz wurde der Vater, wie für so viele Jungen, ein „Gott-Vater" der Drohbotschaft: *Du bekamst für mich das Rätselhafte, das alle Tyrannen haben, deren Recht auf ihrer Person, nicht auf dem Denken begründet ist.* Kafka erinnert sich an die Szenen bei Tische: *Knochen durfte man nicht zerbeißen, du ja. Essig durfte man nicht schlürfen, du ja. Die Hauptsache war, dass man das Brot gerade schnitt: Dass du das mit einem von Soße triefenden Messer tatest, war gleichgültig. Man musste Acht geben, dass keine Speisereste auf den Boden fielen, unter dir lag schließlich am meisten. Bei Tische durfte man sich nur mit Essen beschäftigen, du aber putztest und schnittest dir die Nägel, spitztest Bleistifte, reinigtest mit dem Zahnstocher die Ohren.*

Die ununterbrochenen Demütigungen ließen den Sohn verstummen: *Die Unmöglichkeit des ruhigen Verkehrs hatte noch eine weitere, eigentlich sehr natürliche Folge: Ich verlernte das Reden. Ich wäre ja wohl auch sonst kein großer Redner geworden, aber die gewöhnlich fließende menschliche Sprache hätte ich doch beherrscht. Du hast mir aber schon früh das Wort verboten, deine Drohung: „Kein Wort der Widerrede!" und die dazu erhobene Hand begleiteten mich schon seit jeher. Ich bekam von dir ... eine stockende, stotternde Art des Sprechens ... Wenn ich etwas zu tun anfing, was dir nicht gefiel, und du drohtest mir mit dem Misserfolg, so war die Ehrfurcht vor deiner Meinung so groß, dass damit der Misserfolg, wenn auch vielleicht erst für eine spätere Zeit, unaufhaltsam war. Ich verlor das Vertrauen zu eigenem Tun.* Das väterliche Über-Ich war ja auch nie zufriedenzustellen. Und die mütterliche Erwartung?

Kafkas Mutter war eine Verräterin aus Liebe: *Zu sehr liebte sie dich und war dir zu sehr treu ergeben, als dass sie in dem Kampf des Kindes eine selbstständige geistige Macht für die Dauer hätte sein können, ... nahm sie doch mit den Jahren immer vollständiger, mehr im Gefühl als im Verstand, deine Urteile und Verurteilungen hinsichtlich der Kinder blindlings über.*

Es zählt zu den Höhepunkten dieser schonungslosen Vater-Sohn-Inventur, was Kafka über die subtile Form der Gewalt beobachtete: *Es ist auch wahr, dass du mich kaum einmal wirklich geschlagen hast. Aber das Schreien, das Rotwerden deines Gesichts, das eilige Losmachen der Hosenträger, ihr Bereitliegen auf der Stuhllehne, war für mich fast ärger. Es ist, wie wenn einer gehenkt werden soll. Wird er wirklich gehängt, dann ist er tot, es ist alles vorüber. Wenn er aber Vorbereitungen zum Hängen miterleben muss und erst, wenn ihm die Schlinge vor dem Gesicht hängt, von seiner Begnadigung erfährt, so kann er sein Leben lang daran zu leiden haben. Überdies sammelte sich aus diesen vielen Malen, wo ich deiner deutlich gezeigten Meinung Prügel verdient hätte, ihnen aber aus deiner Gnade noch knapp entgangen war, wieder nur ein großes Schuldbewusstsein an. Von allen Seiten her kam ich in deine Schuld.*

Väter sind, ob sie wollen oder nicht, Vorbilder. Was aber ist, wenn sie ein abschreckendes Beispiel abgeben? Kafka erinnert sich mit Grauen: *Dich aber hörte und sah ich im Geschäft schreien, schimpfen, wüten, wie es meiner damaligen Meinung nach in der ganzen Welt nicht wieder vorkam. Und nicht nur schimpfen, auch sonstige Tyrannei. Wenn du zum Beispiel Waren ... mit einem Ruck vom Pult hinunterwarfst ... und der Kommis sie aufheben musste. Oder deine ständige Redensart hinsichtlich eines lungenkranken Kommis: „Er soll krepieren, der kranke Hund." Du nanntest die Angestellten*

192

"bezahlte Feinde", das waren sie auch, aber noch ehe sie es geworden waren, schienst du mir ihr "zahlender Feind" zu sein.

Eltern impfen uns Kinder natürlich mit ihrer Weltansicht. Ist diese destruktiv, so leiden wir manchmal ein ganzes Leben an einer neurotischen Wahrnehmungs- und Handlungsverzerrung: *Das Misstrauen, das du mir im Geschäft und Familie gegen die meisten Menschen beizubringen suchtest, ... dieses Misstrauen, das sich mir Kleinem für die eigenen Augen nirgends bestätigte, weil ich überall nur unerreichbar ausgezeichnete Menschen sah, wurde in mir zum Misstrauen zu mir selbst und zur fortwährenden Angst vor allem anderen.*

Dass der Vater das Schreiben des Sohnes nicht ernst nahm, bedrohte dessen Identität, denn Kafka war nun einmal im Kern seiner Existenz nicht Versicherungsjurist, sondern Dichter. Wie wichtig ist die positive Ermunterung der Eltern gegenüber dem heranwachsenden Kind, auch und gerade wenn es zu den sogenannten Orchideenwissenschaften, der brotlosen Kunst, neigt. Meine eigene Mutter meinte, eh ich ihr meinen Entschluss eines geisteswissenschaftlichen Studiums offenbarte: *Einen Philosophen können wir uns leisten!*

Als ich ihr nämlich in der Oberprima die Absicht mitteilte, Philosophie zu studieren, um zu erfahren, was die Welt *im Innersten zusammenhält* (Faust), da lachte sie mich nicht aus und suchte mir auch nicht, den geistigen Höhenflug auszureden, sondern sie freute sich über die Lesewut und den Erkenntnisdrang ihres Jüngsten. Sie unterstützte mich begeistert, schenkte mir viele literarische Werke und prognostizierte mir tollkühn, weil im Gegensatz zu meinen fürchterlichen Schulkatastrophen stehend (ich musste sogar das Abitur zweimal machen): *Aus dir wird einmal etwas*. Das war ein Treibsatz meiner Lebenslaufbahn, und ich habe das meiner großzügigen Mutter nie vergessen. Als ich später nach dem Studium an einer kleinen linken Friedenszeitung „knallrote" Artikel veröffentlichte (und mächtig stolz darauf war), da abonnierte mein Vater das Blatt für sein Wartezimmer und lobte mich, liberal wie er war. Dieses Wohlwollen werde ich auch ihm nie vergessen.

Doch zurück zu Franz Kafka, dem durch die väterliche Abwertung der Körper abhanden kam. Die Vater-Wunde mutierte zur Körperwunde: *Aber da ich keines Dinges sicher war, ... wurde mir natürlich auch das Nächste, der eigene Körper unsicher; ich wuchs lang in die Höhe, wusste damit aber nichts anzufangen, die Last war zu schwer, der Rücken wurde krumm; ich wagte mich kaum zu bewegen oder gar zu turnen, ich blieb schwach; bestaunte alles, worüber ich noch verfügte, als Wunder an, etwa meine gute Verdauung; das genügte, um sie zu verlieren, damit war der Weg zu aller Hypochondrie frei, bis dann unter der übermenschlichen Anstrengung des Heiraten-Wollens ... das Blut aus der Lunge kam.*

Kafka spricht davon, wie ihm jeder Mut zur eigenen Berufswahl mangelte. Jura war eine Wahl aus Gleichgültigkeit. Die Wunde des Ungeliebten machte aus Kafka eine Art Mann ohne Eigenschaften, ohne scharfe Kontur und männliches Begehren. Weil er sich selbst nicht liebenswert hielt, ließ ihn *der Mangel an Selbstvertrauen, das Schuldbewusstsein* auch an allen Heiratsprojekten scheitern, obwohl *Heiraten, eine Familie gründen, alle Kinder, welche kommen, hinnehmen, in dieser unsicheren Welt erhalten und gar noch ein wenig führen, ... meiner Überzeugung nach das Äußerste (ist), das einem Menschen überhaupt gelingen kann.* Stattdessen lud der Vater Hermann Kafka seinen neurasthenischen Sohn zu einem Bordellbesuch ein!

Dieser Vater versperrt seinem Sohn das Leben. Der väterliche Schatten ist zu groß. Selbst der Fluchtweg Heirat ist für Kafka versperrt. Das heißt natürlich auch, Franz Kafka lässt sich diesen Weg versperren und hat nie den „Mut zum Ich" gefunden. Er klagt herzzerreißend über seine unerfüllbare Sehnsucht nach einer Heirat: *Gerade diese enge Beziehung lockt mich ja teilweise auch zum Heiraten. Ich denke mir diese Ebenbürtigkeit, die dann zwischen uns entstehen würde und die du verstehen könntest wie kein anderer, eben deshalb so schön, weil ich dann ein freier, dankbarer, schuldloser, aufrechter Sohn sein, du ein unbedrückter, untyrannischer, mitfühlender, zufriedener Vater sein könntest. Aber zu dem Zweck müsste eben alles Geschehene ungeschehen gemacht, das heißt wir selbst ausgestrichen werden. So wie wir aber sind, ist mir das Heiraten dadurch verschlossen, dass es gerade dein eigenstes Gebiet ist. Manchmal stelle ich mir die Erdkarte ausgespannt und dich quer über sie ausgestreckt vor. Und es ist mir dann, als kämen für mein Leben nur die Gegenden in Betracht, die du entweder nicht bedeckst oder die nicht in deiner Reichweite liegen. Und das sind, entsprechend der Vorstellung, die ich von deiner Größe habe, nicht viele und nicht sehr trostreiche Gegenden und besonders die Ehe ist nicht darunter.*

Durch das Schreiben hat sich Kafka, einer der größten Dichter der Moderne, dem Fluch des Vaters entzogen: *Ich habe schon angedeutet, dass ich im Schreiben und in dem, was damit zusammenhängt, kleine Selbstständigkeitsversuche, Fluchtversuche mit allerkleinstem Erfolg gemacht, sie werden kaum weiterführen, vieles bestätigt mir das. Trotzdem ist es meine Pflicht oder vielmehr, es besteht mein Leben darin, über ihnen zu wachen, keine Gefahr, die ich abwehren kann, ja keine Möglichkeit einer solchen Gefahr an sie herankommen zu lassen.*

Kafka starb 1924, knapp einundvierzigjährig. Ziel seines *Brief an den Vater* war, wie er hoffte, *dass es uns beide ein wenig beruhigen und Leben und Sterben leichter machen kann.* Sein Brief war ein Appell an den Vater, dem Sohn endlich die Liebe zu geben, die ihm zustand. Es gelang ihm nicht. Kafka bezeichnete den nie abgesandten Brief später als das *Rütteln der Fliege an der Leimrute.*

Als Fazit bleibt: Wenn ich es nicht wage, die größte Liebesgeschichte meines Lebens, die Liebe zu mir selbst, zu riskieren und mich selbst zu bevatern, bleibe ich hoffnungslos an der Leimrute unerwiderter Gefühle kleben und erkranke unheilbar an der Eltern-Wunde. Ich selbst muss zum Arzt meines verletzten inneren Kindes werden, sonst bleibe ich ein verkrüppelter Erwachsener.

*

Solange uns eine wirkliche Verletzung weh tut und schmerzt, sollten wir nicht so schnell von Vergebung sprechen, weil wir nicht die Kraft haben, es durchzuhalten. Wenn wir dem anderen wirklich zutrauen, dass er Einsicht und guten Willen genug besitzt, sollten wir eher versuchen, miteinander ins Gespräch zu kommen und einander zu sagen, wie weh etwas getan hat und warum ein unbedachtes Wort, eine Nachlässigkeit, vielleicht auch eine gezielt geplante Grausamkeit, so sehr geschmerzt hat.

Solange Wunden nicht geheilt sind, verfügen wir nicht über die Weitherzigkeit, die zur Vergebung nötig ist. Es ist möglich, zu sagen: „Ich vergebe dir", wenn uns der Schmerz nicht zu sehr drückt. Dann bedeutet „Ich vergebe dir" wirklich nur: „Es war nicht so schlimm". Aber wenn etwas sich tief in die Seele eingefressen hat und weh tut, ist Ehrlichkeit wichtiger als sogar die Nächstenliebe.

Zwar dürfen und können Wahrheit und Liebe einander nicht widersprechen. Aber ohne Wahrhaftigkeit in allen Herzensdingen finden Menschen nicht zueinander, auch nicht unter der Deckformel der Vergebung.

Eugen Drewermann,
Ich steige hinab in die Barke der Sonne

Das böse Familiengeheimnis
Sexueller Missbrauch

Ich sehe heute noch Vaters Gesicht, als er mir in der Klinik sagte: „Du lässt mich doch jetzt nicht fallen." Damals hatte ich wohl noch Hoffnung und ich sagte: „Nein." Nach zwei Jahren verging er sich dann an unserer Tochter. Ab da war er dann für mich und meine Frau gestorben.

Eduard

Nur wenig vermag ein Kind stärker zu schädigen, als ein sogenanntes malignes Familiengeheimnis. Das ist das Wesen des bösartigen Familiengeheimnisses, dass es wie ein Krebsgeschwür metastasiert, die Familie unsichtbar auseinander bringt und den Betroffenen oft jahrzehntelang seelisch lähmt und möglicherweise noch den zukünftigen Partner in die destruktive Dynamik einbezieht.

Freya, verheiratet, Mutter von vier Kindern, fühlt sich heute noch angespannt, wenn sie neben ihrem dreiundsiebzigjährigen Vater sitzt. Kein Wunder, denn „sein" Familiengeheimnis kam zum einen nur versteckt und auf Raten heraus, zum anderen wurde es innerhalb der Familie nie offen angesprochen und geklärt. Der Vater, der zu Freya *immer schon kalt und eisig und ohne Gefühl* war, sich als *Familientyrann, Ich-Mensch und absoluter Besserwisser* darstellte, schlief über Jahre hinweg

mit der ältesten Schwester: *Wenn meine Mutter in der Arbeit, wir in der Schule waren, kam er früher nach Hause, um mit meiner Schwester ins Bett zu steigen. Meine Mutter wusste lange nichts davon, wir sowieso nichts. Irgendwann kam das Unfassbare ans Tageslicht. Meine Schwester war sehr frühreif... Mein Vater war eifersüchtig auf jeden anderen jungen Mann. Er wollte wohl ständig demonstrieren, wie toll er noch war. Ich habe oft das Bild vor Augen (obwohl ich es nie in natura gesehen habe), wie mein Vater und meine Schwester sich sexuell vereinigen, sich liebkosen, sich gegenseitig befriedigen. Ich kann einfach nicht glauben, dass so etwas in meiner Familie vorkam.*

Mein Vater wurde angezeigt von meiner Mutter. Er kam für kurze Zeit ins Gefängnis. Meine Schwester musste ausziehen. Eigentlich kann ich mich an die Zeit nur bruchstückhaft erinnern, ich weiß nur, dass meine Mutter viel geweint hat und uns all ihre Liebe gab. Uns wurde auch nicht direkt gesagt: Der Vater sitzt im Gefängnis. Nein, wir bekamen von der ganzen Geschichte nichts mit, das Leben verlief „anscheinend" normal weiter. Nur dass der Vater eine gewisse Zeit nicht zu Hause war und meine älteste Schwester nicht mehr bei uns war. Mit siebzehn Jahren bekam ich eines Tages die Wahrheit zu hören. Aber damals erzählte Mutter mir nur (wahrscheinlich, um mich zu schonen) die halbe Wahrheit. Ich dachte dann immer auf Grund der Erzählung, dass mein Vater und meine Schwester nur ein einziges Mal miteinander geschlafen haben und dies

200

sofort herauskam. Das wäre schon schlimm genug, aber vor einem Jahr erzählte mir meine Mutter die ganze Wahrheit. Dass das intime Verhältnis der beiden über drei Jahre hinweg ging. Meine Mutter meinte, der Vater wäre auch früher schon ein „Weiberer" gewesen, auch als die ersten beiden Töchter schon auf der Welt waren, und trotzdem hat sie ihm immer wieder verziehen. Aber ich, lieber Mathias, kann ihm nicht verzeihen. Ich könnte auf ihn losgehen, ihn anbrüllen, ihm alles Vergangene vorwerfen.

Freyas Brief endet mit einer problematischen Wendung: *Ich danke dir, dass ich mir etwas von der Seele schreiben durfte, und dass du als „Fachkundiger" es lesen darfst oder musst. Denn nicht einmal mein Mann weiß etwas von meiner Familienvergangenheit. Er würde sofort einen Schlussstrich ziehen und den Kontakt für immer abbrechen. So aber versteht er sich einigermaßen gut mit meinem Vater und ist ihm sehr dankbar für die Mithilfe bei unserem Hausbau im letzten Jahr.*

Das ist ein Kompromiss, liebe Freya. Es ist andererseits die Erfahrung aller auf der Opferseite in einen Inzest verstrickten Menschen, dass es unbedingt notwendig ist, Klarheit zu schaffen, möglichst den Täter zu stellen (was nicht immer geht), vor allem aber den Partner in das Wissen einzubeziehen. Das ist nicht mit einem Gespräch zu tun, das ist vielmehr ein langer Seelenprozess. Er will fachfraulich oder fachmännisch begleitet sein.

Am besten eignen sich die Selbsthilfegruppen der, wie sie sich bezeichnen, Survivers, der Überlebenden. Der sexuelle Missbrauch ist wie eine Geschwulst, die sich der lebenden Zellen bemächtigt, sie umklammert und ihnen das Leben raubt. Die Spätfolgen sind oft fürchterlich. Sie äußern sich bei den Betroffenen als verpanzerte Emotionalität, blockierte Sexualität und Anorgasmie. Es dividiert darüber hinaus Geschwister auseinander, wenn sie sich darüber nicht ausführlich und möglichst in einem geschützten therapeutischen Raum ausgesprochen haben. Du bezeichnest deine Schwester, als sie im Teenageralter war, als *mannstoll*. Du hast die Konsequenzen dieses Attributs sicher nicht bedacht – es könnte unfreiwillig dazu dienen, deinen Vater zu entlasten und einen Teil der Schuld auf deine Schwester zu schieben. Inzestopfer sind aber immer Opfer und nicht Täterinnen. Deine Loyalität muss bedingungslos auf der Seite deiner Schwester liegen. Du bist noch zweiunddreißig Jahre jung, geh den ganzen Komplex dieses düsteren Familiengeheimnisses an, am besten mit einer Therapie, und beziehe deinen Mann ein. Ihr werdet beide daran lernen.

Eduard kenne ich aus einer meiner vielen Männergruppen. Er ist ein vitaler, warmherziger und sensibler Mann, der sich wie ein Löwe in die Arbeit der Männergruppen hineingestürzt hat und dabei viel lernte. Er schreibt: *Als ungewolltes Kind bin ich auf die Welt gekommen. So Sprüche wie „Wenn du nicht geboren wärst, hätten wir nie geheiratet", wurden mir immer wieder untergejubelt. Prügel waren an der Tagesordnung, mit der Hand und einem Stück Schlauch. Mein Zimmer war auf der vierten Etage, und abends wurde ich eingeschlossen, mit meinem Nachttopf. Wenn meine Eltern monatelang nicht miteinander sprachen, so musste ich als Unterhändler fungieren. „Sag der Mama mal", „Sag dem Papa mal", oder Zettel überbringen. Es war furchtbar. Als meine Mutter ins Krankenhaus musste, brachte mein Vater eine Freundin nach Hause. Er dachte wohl, ich würde nichts merken. Ich habe es meiner Mutter auf ihre Frage hin, „Gibt es was Neues?" gesagt. Ab da wurden auch die Prügel heftiger.*

Mit siebzehn gab es wegen einer Kleinigkeit Prügel (Ich hatte mir das Lineal meiner Mutter ausgeliehen, es war noch etwas Tinte daran), und ich habe zurückgeschlagen. Noch am selben Abend musste ich ausziehen. Heute weiß ich, dass es so besser war. Nur meiner Frau zuliebe habe ich den Kontakt nicht abgebrochen. Mein Vater wurde Alkoholiker. Ich brachte ihn mehrmals zur Entgiftung. Ich sehe heute noch sein Gesicht, als er mir in der Klinik sagte: „Du lässt mich doch jetzt nicht fallen". Damals hatte ich wohl noch Hoffnung und ich sagte: „Nein". Nach zwei Jahren verging er sich an unserer Tochter. Ab da war er für mich und meine Frau gestorben. Das war 1992. Ab da waren wir in Familientherapie und ich in der Männergruppe. Seit diesem Zeitpunkt geht es mir besser, denn ich brauche mich nicht mehr zu verstellen.

Mir scheint, hier kann Verzeihen und Versöhnen nicht pauschal eingefordert werden. Diese Frage muss jeder in einem so dramatischen Fall für sich entscheiden. Eduard, der sich über seinen guten Kontakt mit den Schwiegereltern freut, zieht den Schluss: *Ich würde jedem empfehlen, bei bestimmten Dingen (Vergewaltigung oder Missbrauch durch die Eltern), sich von seinen Eltern zu trennen. Es kommt kein Gefühl mehr auf, da zu viel geschehen ist. Nur wenn ich sie in der Stadt sehe, frage ich manchmal meine Frau, was mag in deren Köpfen jetzt vorgehen.*

Frauen gehen mit dem schweren Leid ihres sexuellen Missbrauchs in der Regel eher zu einer Therapeutin. Um so mehr erschüttert es mich, wie oft ich als männlicher Therapeut im Alltag dem Thema Missbrauch begegne. Ich habe dazu einen eigenen Vortrag auf Kassette (*Sexueller Missbrauch. Das Märchen Allerleirauh*) gemacht. Missbrauch ist das böse Familiengeheimnis schlechthin. Wer das erlebt hat oder mit dem Leid seines Partners konfrontiert ist, der sollte unbedingt zwei Handbücher von Laura Davis lesen: *Trotz allem* und *Verbündete*. Das erste Buch richtet sich an die missbrauchten Frauen und ist auch auf die Situation eines missbrauchten Mannes übertragbar. Das zweite wendet sich an die – in der Literatur stark vernachlässigten – Partner der oder des Missbrauchten.

Die Partner sitzen nämlich meist in der Falle. Schonen sie den missbrauchten Partner und verdrängen sie ihre eigenen seelischen und erotischen Bedürfnisse, so verhungern sie auf die Dauer. Bedrängen sie den – missbrauchten – Partner, so treiben sie ihn erst recht hinter das Panzerglas seiner emotionalen Abwehr. Eine Hilfestellung, in der Einzeltherapie und in der Selbsthilfegruppe, ist für das Missbrauchsopfer unerlässlich, aber auch der Partner braucht fachliche Hilfe. Sonst steht er in Gefahr, seelisch Amok zu laufen, gegebenenfalls die Beziehung auch nicht mehr zu verkraften.

Eine wichtige Rolle bei der Aufarbeitung des sexuellen Missbrauchs kommt naturgemäß den Geschwistern zu. Ihre Solidarität und aktive Hilfe entpuppt sich oft als ein wahres Wundermittel. Im Falle des sexuellen Missbrauchs ist nicht nur die Beziehung zu dem Familientäter, sondern, wie wir gleich sehen werden, auch die Beziehung zu dessen Partner, also in den meisten Fällen zu der Mutter, vergiftet. Wie man das elterliche Milieu aufrollen kann, ob man Konfrontationen direkt mit dem Täter oder imaginär in der Therapie vollzieht, ob man gerichtliche Schritte einleiten, die Öffentlichkeit informieren, den Kontakt ein für alle Mal abbrechen oder eine Chance der Versöhnung offerieren soll, das alles ist in den Büchern von Laura Davis, die selbst eine Überlebende ist, an vielen Fallbeispielen, Tipps und Überlegungen nachzulesen.

Katinka, Krankenschwester, verheiratet, zwei Söhne, erlebte, dass in der Therapie *starke Wut- und Hassgefühle gegen meine Mutter zutage kamen. Ich konnte anfangs ohne zu weinen kaum erzählen.* Vom Vater spürte Katinka Liebe, obwohl kaum Körperkontakt da war. Außerdem imponierte ihr, wie er einen Berufsaufstieg vom einfachen Angestellten bis zum Personalchef leistete und obendrein gewerkschaftlich und sozial engagiert war. Heute ist dieser Vater tot. Dagegen hat sie sich *vergeblich gesehnt, von meiner Mutter einmal in den Arm genommen zu werden, überhaupt das Gefühl zu haben, dass sie mich liebt.* Das Verhältnis zur Mutter bezeichnet sie mit *ungenügend.* Als Katinka den starken Abstand zu ihrer Mutter und die eigene Kontaktverweigerung wahrnahm, schrieb sie ihr behutsam einen sechsseitigen Brief. In dem Brief beschreibt sie den Vorgang der mütterlichen „Parentifizierung", also den Vorgang, von der Mutter zur erwachsenen Partnerin instrumentalisiert worden zu sein: *Du kamst nachts zu mir ins Bett, hast mich geweckt, dich bei mir ausgeweint und über Papa geschimpft. Für mich war das immer so schrecklich. Du hast Papa vor mir schlecht gemacht. Papa, von dem ich Liebe spürte. Ich war für dich Partnerersatz. All das, was du eigentlich mit Papa zu bereden hattest, hast du mir aufgelastet.* Sie nennt aber auch die Prügelorgien beim Namen: *Genauso schrecklich und grausam habe ich deine Schläge und Wutausbrüche in Erinnerung: Du hast mich so geschlagen, dass ich panische Angst vor dir hatte. Ich kann mich erinnern, dass ich mich in der Toilette eingesperrt habe, nur um den Schlägen zu entgehen, die du mir angedroht hast.*

Doch dann kommt das Schlimmste in Katinkas Brief: *Als ich noch klein war, etwa sechs Jahre, seid ihr alle in Urlaub gefahren, und ich blieb bei Oma und Opa ... Opa hat mich über Jahre sexuell missbraucht. Ich habe das anfangs nicht so richtig begrif-*

fen, was da passierte. Nur mit der Zeit spürte ich, dass das, was da passierte, nicht richtig war. Ich konnte mich dann, als ich älter wurde, dem selbst entziehen. Auch hier konnte ich mich dir nicht anvertrauen. Weil ich mich so furchtbar schämte, dachte ich, du glaubst mir nicht, und ich sei selbst an allem schuld. Und: Ich habe das all die Jahre verdrängt. Ich habe unbewusst die Wut und Angst in meiner Ehe an meinen Mann und meine Kinder abgegeben, anstatt sie dahin zu richten, wo sie eigentlich hingehört – zu dir. Ich will dich mit all diesen Erlebnissen, die ich dir erzähle, nicht angreifen. Ich will dir nur berichten, wie ich mich gefühlt habe – wie allein und nicht geliebt von dir ... Ich will, dass du dich für dein grausames Verhalten als Mutter entschuldigst ... Ich bin dankbar für Dinge, die du später für mich, meine Familie und vor allem für die Kinder getan hast ... Ich wünsche mir Ehrlichkeit, Offenheit im Umgang mit dir ... Wir können die Vergangenheit nicht ändern, aber von Neuem beginnen. Das wünsche ich mir.

Die Mutter mochte diese sechsseitige *Anklageschrift*, wie sie den aufrichtigen Brief Katinkas nannte, nicht beantworten. Sie flüchtete in die Worte: *Du hast dir für deine Probleme mich als Opfer und Sündenbock ausgesucht. Ich lass mich von dir nicht ganz herunterziehen.* War der Brief ein Schlag ins Wasser? Katinka ist nicht dieser Auffassung: Für sie war *die Befreiung und Erleichterung* durch den Brief *riesengroß.* So wichtig kann es sein, einmal die Dinge beim Namen zu nennen. Auch wenn der Briefempfänger (noch) nicht in der Lage ist, darauf angemessen zu antworten.

Da ist schließlich Irmhild, von deren Alter, Beruf und Familienumständen ich nichts weiß. Ich entnehme jedoch ihrem Brief, dass sie vor allem mit der Mutter heillos unversöhnt ist: *Ich habe Angst vor dem Besuch meiner Eltern, da es immer zu aggressiven Ausfällen, Demütigungen durch meine Mutter kommt. Mein Vater sieht tatenlos zu, und wenn ich ihn um Hilfe bitte, lässt er mich im Stich, beziehungsweise lässt mich spüren, dass ich intolerant, ungeduldig und egoistisch bin, wenn ich mir Freundlichkeit und Rücksicht erbitte. Ich würde ihnen niemals etwas anvertrauen, da es dazu benützt würde, um mich fertigzumachen.* Warum ist Irmhild so in Rage?: *Ich denke mit Hass an meine Kindheit, da ich meiner Mutter nie verziehen habe, dass sie mir nicht geholfen hat, als ich über lange Zeit missbraucht worden bin. Ich war zwölf Jahre alt und habe verstanden, dass ich der Mutter keinerlei Anstrengung wert bin, dass es niemals Hilfe gibt.* Der Vater hat den Täter zwar zur Rede gestellt und dafür gesorgt, dass dieser Irmhild in Ruhe ließ, *aber mein Vater hat es mir nicht mitgeteilt; wahrscheinlich war es nicht wichtig genug.*

Hier stutze ich etwas, liebe Irmhild. Woher weißt du, dass es deinem Vater nicht wichtig genug war? Er hat doch sofort mit dem Täter gesprochen. Warum fragst du deinen Vater nicht einfach? Wenn du sagst, es war deinem Vater *nicht wichtig genug,* unterstellst du ihm deine Einschätzung. Das nennt man in der Psychologie eine Projektion. Aus solchem Überstülpen von Meinungen entstehen projektive Feindbilder und verhärten sich im Verlauf von Jahrzehnten zu seelischem Stahlbeton. Gibst du umgekehrt deiner Mutter eine Chance, sich in dieser Sache einmal von Frau zu Frau zu erklären? Weiß sie wirklich um deinen tiefen Schmerz? Wie hat sie das Ganze damals wahrgenommen? Warum nimmst du alles Leid auf dich und psychosomatisierst?

Denn du selbst diagnostizierst: *Ich bin so verhärtet, das macht mich krank. Ich habe Rückenschmerzen, Allergien, ständige Infektionen und Sucht nach Schokolade (ich bin aber nicht dick) ... Ich versuche wirklich, meine Kinder und meinen Mann liebevoll und geduldig zu begleiten, bei den Kindern geht es gut, aber bei meinem Mann verhalte ich mich oft wie meine Mutter; wie soll ich jemand lieben, wenn ich nie geliebt worden bin?* Du fällst ein vernichtendes Urteil über deine Mutter wie über deinen Vater. Du urteilst mit alttestamentarischer Härte: *Meine Mutter ist ein armseliges Würstchen und mein Vater ein egoistischer Feigling.*

Macht das wirklich die Persönlichkeit deiner Eltern aus, die Quintessenz ihres ganzen Lebens, ein *armseliges Würstchen* und ein *egoistischer Feigling* gewesen zu sein? Könntest du mit einer solchen Charakterisierung durch deine Kinder leben? Andererseits sprichst du selbst von dem *unerschöpflichen Humor* deines Vaters. Du hast nach eigener Einschätzung *Ausdauer, Pflichtgefühl, Streben nach Bildung* von deinen Eltern mitbekommen, von deiner Mutter *literarisches Streben.* Solche Dämonen und Derwische können deine Eltern, nimmt man alles in allem, nicht sein. Ich will dich, liebe Irmhild, mit diesen Fragen nicht kränken, sondern dir den Prozess der Aufarbeitung und Wiederannäherung ans Herz legen.

Auf einer Tagung von weiblichen und männlichen Missbrauchsopfern in Nastätten an der Lahn, auf der ich einen Vortrag hielt, lernte ich wenige Monate vor Drucklegung dieses Buches eine junge Frau kennen, die sich mit ihrem literarischen Pseudonym Deborah Kalim nennt. Sie war von der Missbrauchserfahrung der Kindheit auch als Dreißigjährige immer noch gezeichnet: Anorektische Körperverfassung, schüchtern und als Selbstverstümmlerin mit mehreren Dutzend Schnitten an beiden Armen stigmatisiert. Doch sie hat die Stimme gefunden, in zwei selbstveröffentlichten Gedichtbänden ihr Leid herauszuschreien, Versöhnung mit der Mutter zu signalisieren und die wiedergefundene Lebensfreude zu feiern.

Vielleicht kannst du, liebe Irmhild, mit den zwei folgenden Gedichten von Deborah Kalim etwas anfangen. Mit ihnen will ich dieses Kapitel, das mir schwer gefallen ist, beschließen:

An meine Mutter

Mutter, wo warst du,
wenn meine erstorbene Stimme
nachts nach dir rief,
wenn mein Körper flehte,
von dir beschützt zu werden?
Mutter, warum warst du immer
so kalt zu mir,
wenn ich nach Wärme bei dir suchte?
Gehasst habe ich dich dafür,
Mutter.
So, wie ich mich selbst
gehasst habe,
dass ich mich oft so
schutzlos fühlte.
Aber
damals konnte ich
noch nicht sehen,
dass du mir auch deshalb
den Schutz nicht geben konntest,
weil du ihn selbst
nie erfahren hast.

Nachtrag:

Mutter,
lass' uns den Hass zwischen uns
befrieden.
Mutter, in meinem Innersten
habe ich dich immer geliebt,
wie eine Tochter an ihrer Mutter hängt.
– Auch wenn ich deine Liebe so oft
nicht spüren konnte.
Ich möchte dich so nehmen wie
du bist,
und möchte uns eine
neue Chance geben.
Schließlich liegt viel Weg hinter uns –
lass' uns einen neuen einschlagen!
Und lass' uns versuchen,
nicht mehr aneinander vorbeizuleben!!

Kann man sich Mutter oder Vater adoptieren?

Brunhilde: „Ich hatte plötzlich einen Vater, wie man ihn sich nur erträumen kann"

Die Erlösung des Vaters war für mich das zentrale Thema in meiner persönlichen und spirituellen Entwicklung. Denn die verwundete Vaterbeziehung beeinträchtigte so viele wichtige Lebensgebiete – meine Weiblichkeit, meine Beziehung zu Männern, zum Spiel, zur Sexualität, zur Kreativität und eine vertrauensvolle Weise, in der Welt zu sein. Als Therapeutin konnte ich feststellen, dass das Finden einer neuen Beziehung zum Vater für jede Frau mit einer verwundeten Vaterbeziehung ein wichtiges Thema ist.

Linda Leonard,
Töchter und Väter.
Heilung einer verletzten Beziehung

Kann man sich, wenn die Beziehung zu einem Elternteil armselig war, eine Mutter oder einen Vater adoptieren? Die Frage ist rhetorisch. Aus der Fülle der Zuschriften, wie aus meinem eigenen Leben, finde ich nur eine Antwort: man kann. Viele Schreiberinnen und Schreiber erzählen, dass sie sich als Kinder Mütterliches oder Väterliches zum Beispiel von Oma und Opa holten.

Melchior, Pädagoge, zweiundvierzig, Vater von drei Kindern, erinnert sich: *Mein Vater war als Ver-*

UND LASST AB VON TOBIAS, EURE ERZIEHUNGS-METHODEN SIND VOLL-VERALTET

GENAU!

sicherungsvertreter tagsüber aus dem Haus. Er war ein freundlicher, lustiger, stets zu Albernheiten aufgelegter Mann und liebte uns zwei Söhne und zwei Töchter. Geld war knapp in unserem Reihenhäuschen. Es bestimmte die Diskussionen. Aber es gab kaum einen Abend, an dem Vater nicht ausführlich mit uns gespielt hätte. Im Sommer tobten wir mit ihm im Garten und an der großen Schaukel, an den langen Winterabenden spielte er mit uns hingebungsvoll Mensch-ärgere-dich-nicht und brachte uns allen Vier das Schachspielen bei. Als ich sieben Jahre alt war, schenkte er uns zu Weihnachten einen Schäferhundmischling, den er aus dem Tierheim „befreit" hatte. Toby, so hieß der wundervolle Bastard, wurde der Liebling unseres Kinderlebens. Meine Mutter tobte: „Der Hund bringt nur Dreck ins Haus." Aber mein Vater hielt zu Toby und uns Kindern.

Meine Mutter war eine ernste, vom Leben vergrämte Frau. Sie wollte höher hinaus. Sie litt darunter, mit dem „kleinen Vertreter" einen Missgriff getan zu haben. Ihre beiden Schwestern hatten mit einem Lehrer und einem Rechtsanwalt jede eine so genannte „gute Partie" gemacht. Mutter putzte jeden Vormittag bei Geschäftsleuten, manchmal auch am Abend. Sie kam mit der Arbeit nicht nach. Sie spielte fast nie mit uns, stand ewig hinter dem Bügeleisen, jammerte viel und schlug, vor allem gegen uns Jungen, heftig mit einem Ledergürtel mit Metallschnalle zu. Sie sprach nicht viel, schmuste nicht mit uns und war seltsam unkörperlich. Heute,

215

wo sie längst am Asthma, einer Angstkrankheit, wie ich weiß, gestorben ist, mit knapp vierzig Jahren, spüre ich Mitleid mit ihr und möchte ihr in vielem abbitten. Sie war diesem Leben nur nicht gewachsen. Sie schwärmte von den märchenhaften Aufstiegen der Soraya zur Iranischen Kaiserin und dem Glanz der Filmschauspielerin Grace Kelly als Fürstin von Monaco. Das war die Welt ihrer Sehnsüchte und Kompensationen. Aber meine Mutter blieb ein Aschenputtel und vermochte sich in der harten Welt der fünfziger und sechziger Jahre nach dem Krieg keine private Scheibe vom Wirtschaftswunder abzuschneiden.

Ich habe Wärme und Zärtlichkeit von meiner Mutter stark vermisst. Heute weiß ich, dass ich mir beides von Tante Maria, Mutters jüngerer Schwester und Lehrerfrau, geholt habe. Tante Maria, selbst kinderlos, liebte mich wie einen eigenen Sohn. Sie strahlte, wenn ich durch ihr Gartentor kam. Sie wirbelte mich durch die Luft. Sie kaufte mir einen Fußball aus Leder(!) und ein Indianerzelt. Ich durfte das Zelt sogar in ihrem Garten aufbauen und darin übernachten. Sie kochte meine Lieblingsspeisen, sie strich mir durch das Haar, sie küsste mich, dass mir schwindlig wurde. Ich hätte sie auffressen können vor Liebe. Als ich in der Pubertät Minderwertigkeitskomplexe bekam – ich war körperlich klein und mickrig –, ermunterte sie mich und baute mich auf: „Du bist ein so feiner Kerl, du wirst das tollste Mädchen kriegen!" Prompt hat sie mich, ganz diskret und klug, mit einer Nachbarstochter verkuppelt, und ich ging mit meiner ersten Liebe auf Wolken. Ja, ich habe mir Tante Maria als Mutter adoptiert. Ihr vertraute ich fast alles an. Sie liebt mich bis zum heutigen Tage. Wenn ihr Mann und sie sterben, vererben sie mir ihr Haus.

Ich habe darüber jedoch nicht meine Mutter verloren. Tante Maria hat sie mir nicht abspenstig gemacht. Ganz im Gegenteil hat sie mir, als ich noch klein war, die Überforderung meiner Mutter erklärt und um Verständnis für sie geworben. Ich verdanke es Tante Maria, dass ich mit meiner Mutter nicht gebrochen habe. Tante Maria war es auch, die, als es mit meiner Mutter kritisch stand, mich anrief und energisch darauf drang, dass ich alles Schwierige zwischen mir und meiner Mutter klärte. Meine Mutter wuchs im Sterben über sich hinaus. Ich fasste nämlich den Mut, ihr vom Schmerz des kleinen Melchior und seiner nicht erfüllten Sehnsucht nach seiner Mutter zu berichten. Dabei brach ich erwachsener Mann, längst schon Studienrat, in Tränen aus. Da richtete sich meine Mutter im Bett auf, nahm mich fest in ihre Arme und sagte, ebenfalls mit tränenerstickter Stimme: „Ich weiß, du bist zu kurz gekommen. Ich habe nur von morgens bis abends gearbeitet damals. Ich war so voller Bitterkeit. Ich spürte keine Liebe und konnte wenig Liebe geben. Auch deinem Vater nicht. Und doch wollte ich nur euer Bestes. Ich hab dich so lieb."

In diesem Augenblick habe ich meiner Mutter nicht nur verziehen, sondern konnte ihr für ihre Aufopferung und für ihren Fleiß danken. Endlich *ahnte ich, was tief im Grund ihrer Seele an Liebe verborgen lag. Ich bin im Guten von ihr gegangen. Als sie gestorben war, habe ich ihr, zusammen mit einer meiner beiden Schwestern, ihr schönstes „Sonntagskleid" angezogen. Sie sah so schön aus. Dieses Bild meiner Mutter trage ich seitdem in meinem Herzen. Mit meiner Adoptiv-Mutter Maria habe ich mütterliche Liebe erfahren – und zu meiner leiblichen Mutter zurückgefunden.*

Tatsächlich holen wir uns im Leben auf unzählige Weise Adoptivmütter und Adoptivväter. Das können Opa oder Oma sein, Lehrer, Nachbarn, manchmal sogar große Brüder oder große Schwestern. Ich selbst habe es genossen, in meinem philosophischen Doktorvater, Prof. Friedrich Schneider, in Bonn über Jahre hinweg einen „Adoptiv-Vater" gefunden zu haben. Er war nicht der einzige in meinem Leben. Der Philosoph liebte und förderte mich, soweit er nur konnte. Er selbst hatte zwar einen Sohn, aber dieser interessierte sich zu diesem Zeitpunkt nur für Kraftfahrzeugmechanik und Autotypen. Friedrich Schneider genoss meine Verehrung, Diskussionsfreude und Wissensleidenschaft. Er lieh mir viele Bücher, führte mich in das Denken großer Philosophen ein und traktierte mich bei den Doktorandengesprächen mit einer so allerliebst süßen Nahe-Spätlese, dass ein Diabetiker wohl in Sekundenschnelle verstorben wäre.

Das erscheint mir der verborgene Sinn dieser alltäglich vorkommenden Adoptivmysterien, dass sich nämlich auch Erwachsene umgekehrt gerne einen

Adoptivsohn oder eine Adoptivtochter heranziehen, um ein eigenes Stück Kindermangel zu kompensieren und Väterlichkeit bzw. Mütterlichkeit stellvertretend zu leben. Das Leben schafft sich hier wohltuende, ausgleichende Funktionen. Vielleicht prüfst du, liebe Leserin, lieber Leser, an dieser Stelle einmal, ob du nicht in deinem Leben zu gewissen Zeiten eine Adoptivmutter oder einen Adoptivvater gesucht und gefunden hast oder ob dir selbst heute von einem jungen Menschen solch eine Elternschaft angetragen wird. Ob passive oder aktive Adoptivelternschaft, beides ist auch ein Weg, eine Vater-Wunde oder eine Mutter-Wunde zu heilen.

Wie das Lebensdrama zwischen dem leiblichen Vater und einem Adoptivvater glücklich bestanden und seelisch durchgearbeitet werden kann, zeigt beispielhaft der Bericht der Ärztin Dr. Brunhilde Mottola, den sie mir mit der Bitte, ihren wahren Namen zu nennen, samt einem anrührenden Gedicht überlassen hat. Hier, so scheint mir, ist jede Kommentierung überflüssig:

Ich bin geboren vor siebenunddreißig Jahren im Münsterland als Tochter eines Arbeiters und einer Hausfrau. Meine Mutter habe ich abgöttisch geliebt. Sie war voller Wärme und hat mir das Wichtigste fürs Leben mitgegeben: die Fähigkeit zu lieben und die dazu notwendige Herzensausrüstung. Zu meinem Vater hatte ich als kleines Kind ein gutes, aber nie besonders herzliches Verhältnis. Als ich etwas älter war, habe ich mich emotional, gemeinsam mit meiner Mutter, meiner acht Jahre älteren Schwester

219

und meiner Oma mütterlicherseits, die in unserem Hause lebte, gegen ihn gestellt. Mein Vater trank zu viel, wahrscheinlich gegen die weibliche Übermacht. Der Rest der Familie verachtete ihn dafür und auch für seine bäuerliche Herkunft. Was zuerst da war, die Henne oder das Ei, kann ich nicht sagen.

Die Konflikte wurden immer unausgesprochen ausgetragen über diverse Nebenschauplätze, egal, ob Alkohol, Verwandtschaft oder Lieblosigkeit im Alltag.

In meiner Pubertät konnte ich mit meinem Vater gefühlsmäßig und auch praktisch so gut wie nichts mehr anfangen. Er hat sich nur noch für mich interessiert, um sich über mich lustig zu machen, egal, ob es um Liebeskummer oder wachsende Brüste ging.

Tragischerweise passierte mitten in meinem Abitur genau das, wovor ich mich im Leben bis dahin immer am meisten gefürchtet hatte: Meine Mutter starb in ganz fürchterlicher Weise an Eierstockkrebs. Ein Jahr später folgte ihr meine ebenfalls kranke Oma.

Ich habe das Medizinstudium begonnen, meine Schwester war schon seit Jahren fort von Zuhause, und mein Vater fand nach gebührender Trauerzeit eine neue Frau. Diese mochte mich und meine Schwester offenbar nicht. Vater hatte Angst, wieder allein dazustehen. Somit eskalierte die Situation. Er verweigerte uns ohne Angabe von Gründen den Zutritt zu unserem elterlichen Haus.

Lange Rede kurzer Sinn, mein Verhältnis zu meinem Vater beschränkte sich fortan nur noch auf die Mitteilung wichtiger Lebensdaten, die ich ihm über mich schrieb. Er meldete sich selbst nicht mehr. Ich studierte zu Ende in Düsseldorf (1981–87) und zog nach dem Praktischen Jahr als frisch gebackene approbierte Ärztin nach Italien, um meinen Lebensgefährten Pacifico, einen Italiener, zu heiraten. Neun Monate später bekamen wir unser erstes Kind, Romeo, inzwischen elf Jahre alt.

Während meines Studiums hatte ich im Kaiserswerther Diakoniekrankenhaus als Famula Prof. Manfred Schmolke kennen gelernt, den besten Lehrer, den ich je hatte. Er war ein begeisternder Mann, zog alle Studenten in seinen Bann und begeisterte sie für sein Fach Chirurgie. Er hatte Spaß daran, Studenten zu unterrichten. Das war auch zu meiner Studienzeit schon etwas ganz Besonderes, denn im Allgemeinen war man als Student doch immer mehr als Last und Plage angesehen, selbst in den Unikliniken. Dieser Mann hat nicht nur mich fasziniert und auf den Weg gebracht.

Bevor ich nach Italien ging, schrieb ich ihm einen Brief, wie sehr mir die Zeit unter seinem „Regime" Spaß gemacht hatte und dass er mein bester Lehrer gewesen war. Er freute sich wie ein Kind, und wir gingen essen und blieben dann während meiner Zeit in Italien in Briefkontakt. Ich merkte, er fühlte sich mir gegenüber in gewisser Weise als Vater bzw. väterlicher Freund. Schließlich bot er mir eine Halbtagsstelle an seiner Klinik an. Passiert einem Arzt heute nicht oft, und da mein Mann eine Speditionsfiliale in Langenfeld von seiner italienischen Firma *übernehmen sollte, landeten wir also mit Kind und Kegel in Düsseldorf – Kaiserswerth. Während der nun folgenden sehr glücklichen Zeit hatte ich plötzlich einen Vater, wie man ihn sich nur erträumen kann. Dazu muss ich noch sagen, dass er eine erwachsene Tochter durch einen tödlichen Unfall verloren hatte, als sie einundzwanzig war. Seine andere Tochter, so alt wie ich, war rebellisch und lehnte all das ab, was er als Vater so gern an seine Kinder weitergegeben hätte. Ob es seine Lebensart, sein Wissen, sein Interesse oder einfach nur seine Liebe zu mir war, sie beäugte alles mit Misstrauen, was irgendwo ja auch verständlich ist. Auch mein Mann war etwas irritiert, auch wenn er es nie zugab, denn dieser Mann war auch für ihn ein inniger Freund geworden.*

Im November 1991, nach viel Papierkrieg mit den zuständigen Gerichten, wurde ich zur Adoptivtochter von Prof. Manfred Schmolke und seiner Frau (sie hatte letztlich nur dem Druck ihres Mannes nachgegeben, er wollte es unbedingt). Ich konnte nicht anders als Ja sagen und mich freuen. Endlich ein Vater, der mich wollte und der mich bewunderte!! Mein Mann musste vor Gericht der Adoption zustimmen, mein leiblicher Vater wurde nicht gefragt.

Es war eine wundervolle Zeit, alles, was in mir verletztem Kind brachgelegen hatte, erwachte zum Leben. Ich hatte einen Vater, der sich für mich interessierte, der mich, meinen Mann und meinen Sohn liebte, als hätte er mich persönlich gezeugt. Er führte uns zum ersten Mal in meinem Leben in die Oper, ins venezianische „Gran Theatro della Fenice" vor dem Brand, er schwelgte mit uns in italienischen Genüssen, er hörte mit uns klassische Musik, wir machten Einkaufsbummel und Museumsbesuche und reisten zusammen mit der ganzen Familie in den Süden. Er war mir in der Klinik wieder ein wunderbarer, wenn auch strenger Lehrer. Er brachte mir alles bei, was er wusste und was ich in dem Stadium meiner Ausbildung nur lernen konnte. Er liebte mich mit einer Inbrunst, die mir jetzt, wo ich das alles so schreibe, vor Rührung die Tränen in die Augen treibt. Er schrieb mir Zettelchen, schnitt Zeitungsberichte für mich und meinen Mann aus, er schleppte mich zu Vorträgen, Versammlungen, und er sorgte dafür, dass ich in seinen Golfklub aufgenommen wurde, damit ich nur bald mit ihm spielen konnte. Er ließ sich trotz heftiger Auseinandersetzungen mit seiner Frau und anderen Familienmitgliedern in seinem Vaterglück nicht beirren.

Auch wenn mir heute klar ist, dass so mancherlei Gefühle durch diese außergewöhnliche Vater-Tochter-Liebe arg strapaziert wurden, ich glaube, ich habe noch nie im Leben, außer früh von meiner Mutter, so eine geballte Ladung von bedingungsloser Liebe zu spüren bekommen. Ich musste nur einfach i c h sein, er liebte mich dafür. Vielleicht macht das auch einen wirklichen Vater aus, das Akzeptieren des anderen Ichs, das als Vater nicht selbst im eigenen Leib Mit-Wachsen-Fühlen wie eine Mutter.

Meinem leiblichen Vater hatte ich die Sache mit der Adoption emotionslos mitgeteilt, mehr aus Pflichtgefühl heraus, denn ich wollte nicht, dass er es hintenrum erfährt. Er hat mir nie gesagt, wie seine Gefühle waren, auch wenn wir heute wieder alle paar Monate uns hören oder sogar sehen, aus meiner Initiative heraus.

Mein Adoptivvater, dieser geliebte Mann, ist im Sommer 1996 ziemlich plötzlich aus vollem Leben heraus wegen einer komplizierten bösartigen Bluterkrankung (Plasmozytom) gestorben. Ich habe gedacht, es reißt mir das Herz heraus. Sechs Jahre hatten wir uns haben dürfen, ich hatte einen Traumvater und er eine Traumtochter. Manchmal kommt es mir so vor, als wäre tatsächlich alles nur ein Traum gewesen, aber dann sehe ich die Bronzestatue in unserem Wohnzimmer, höre mich seine Worte benutzen oder ertappe mich dabei, Bier aus einem Silberbecher zu trinken, so wie er, wenn er etwas Besinnliches für den Geist brauchte. Dann weiß ich, dass er sichtbare und unsichtbare Spuren hinterlassen hat, und dass er, wenn wir auch nicht seine Gene haben, doch in uns weiterlebt. Er hat mir, meinem Mann und meinen Kindern ein bisschen von seiner Lebensart hinterlassen, viele seiner Gedanken, Fotos von glücklichen gemeinsamen Tagen und mir meinen Beruf und so manches, was er mich gelehrt hat. Auch darüber bin ich sehr glücklich, denn ich weiß, er war ein besonders guter Chirurg.

Manfred Schmolke war ein großartiger Mensch, mit Fehlern und Schwächen, aber er ist einer der wenigen gewesen, die trotz ihrer Herzenswärme Karriere gemacht haben, seine „Ellenbogen" waren seine Wärme und seine Liebe zu den Menschen. Rücksichtslos war er allenfalls darin, wie entschlossen er in seinen letzten Jahren für seine Gefühle eingestanden ist. Ich bin stolz und glücklich, dass ich ihn als Vater haben durfte, zwar nur sechs Jahre lang, aber doch mehr und viel intensiver, als so manch andere Väter und Töchter sich haben dürfen oder haben wollen.

Mit seiner Frau habe ich den Kontakt abgebrochen, es war ehrlicher.

Als ich anfing zu dichten, floss mir eines Tages in Gedanken an meinen Vater ein Gedicht aus den Fingern, das bis heute nur mein Mann und eine Freundin gesehen haben. Mit „mein Vater" meine ich meinen Adoptivvater, spreche ich hingegen von dem ursprünglichen Vater, neige ich dazu, „leiblicher Vater" zu sagen. Mit den Jahren verschwimmen die Gewohnheiten etwas, ist auch egal, ich weiß, wie es in mir aussieht. Hier ist das Gedicht:

An meinen Vater

Wie kann ich dich nicht fühlen,
wo du doch bei mir bist?
Ich habe dich, seit du gegangen,
so fürchterlich vermisst.

Wenn manchmal meine Blicke schweifen
zum Sonnenlicht,

dann such ich dich, will dich berühren,
dass es mich zerbricht.

Doch oft, wenn in stillen Momenten
Sehnsucht sich regt,
spür ich, dass wie von Geisterhand
der Schmerz sich legt.

Und seh ich dann nachts in meinen Träumen
dein liebendes Lachen,
dann weiß ich, du willst sogar noch von dort
nur glücklich mich machen.

Bereits zu Zeiten, als mein Adoptivvater noch am Leben war, habe ich – aus multiplen Gründen – mich einigen Sitzungen bei individualpsychologsich arbeitenden Psychotherapeuten unterzogen – freiwillig und auf eigene Kosten. Ich war schon lange interessiert an meiner eigenen, mir so dunklen und zum Teil unverständlichen Geschichte. Bei dieser Lebensstilanalyse ist für mich eine Welt zusammengebrochen. Ich habe durch einfachste Fragen der beiden Therapeuten – Fragen im übrigen, die ich mir selbst nie gestellt habe – selber erkennen müssen, dass mein leiblicher Vater nicht das „Schwein" war, für das ich ihn immer gehalten hatte, seit ich erwachsen denken konnte, und dass meine Mutter nicht die Heilige war, als die ich sie immer – erst recht nach ihrem grauenvollen Tod – hatte sehen wollen. Ob ich wollte oder nicht, meine eigene therapeutisch herbeigerufene Selbsterkenntnis führte dazu, dass ich mir über unsere familiären Positionen

*Fragen stellte, die mir nie zuvor in den Sinn ge-
kommen waren. Warum zum Beispiel mein Vater
trotz seines Humors, seiner Liebe zu Kindern, seiner
praktischen Fähigkeiten und seiner Verlässlichkeit
immer verachtet wurde; nur weil er schlichterer
Herkunft als meine Mutter war und eine in Lumpen
gekleidete Vagabundin zur Mutter hatte? Wieso ich
es normal fand, dass meine Mutter und Oma eben
diese Frau aus Scham vor den Nachbarn von unserem häuslichen Hof „jagten"! Bei der Analyse habe
ich furchtbar geweint und mich geschämt vor mir
selbst, auch wenn ich fünfzigmal ein Kind war, das
um der Rettung der eigenen Seele willen Partei
ergriffen hatte contra Vater. Was war ihm anderes
übrig geblieben als zu saufen gegen diese geballte
Ladung an weiblicher Aburteilung?*

*Meine Mutter hätte ich gern gefragt, wo sie denn
ihre Wärme und ihr Herz hatte, wenn die Mutter
meines Vaters sichtlich erschöpft mit dem Fahrrad
bei uns zu Hause ankam und auf ein Mittagessen
hoffte (was sie sich im übrigen immer hätte auch
selbst leisten können, nur als Mutter von acht Kindern hatte sie gelernt, das Geld zu horten, so sehr,
dass sie im Alter geizig und wohlhabend zugleich
war).*

*Kurz: Ich musste im Geiste einige Positionen ver-
rücken, den Vater aus der Verstoßung holen und der
Mutter ihren Heiligenschein nehmen. Das war sehr,
sehr schmerzhaft, in beiderlei Hinsicht. Einmal
anzuerkennen, dass dem Papa großes Unrecht angetan wurde, auch von mir unwissendem Kind, und*

zweitens zu begreifen, dass meine geliebte Mama auch gemein und niederträchtig gewesen ist. Dabei gleich Schuldgefühle mitgeliefert, denn sie ist ja nicht mehr am Leben und kann sich nicht einmal verteidigen.

Ich habe dann angefangen, meinen leiblichen Vater gelegentlich anzurufen, obwohl unser Verhältnis nie das herzlichste werden wird. Er trägt sein Herz nicht gerade auf der Zunge und hat auch, obwohl ich ihn dafür zum Glück nicht mehr verachte, nicht den geistigen Horizont, zu begreifen, was für eine Wandlung da mit mir passiert ist. Und gleichzeitig könnte ich mich selbst bezichtigen, dass ich mich schon wieder als dumme Kuh schelte und mich der Hochnäsigkeit bezichtige, dass ich mich schon wieder so viel schlauer fühle als er, denn ich weiß ganz genau, dass es mehr meine Angst vor der Konfrontation mit seiner Wahrheit ist als alles andere.

Meine Gefühle waren natürlich zu der Zeit, als ich zwei Väter hatte und ich anfing, mich dem leiblichen in dieser Weise endlich gedanklich anzunähern, ein wahres Chaos, und sie sind es noch heute, wie du, lieber Mathias, sicher schon gemerkt hast. Ich weiß auch nicht, wie es weitergegangen wäre, wenn mein Adoptivvater nicht gestorben wäre. Ich kann heute nur sagen, mein leiblicher Vater hatte nie eine ernsthafte Chance, mir der Vater zu sein, den ich gern gehabt hätte, außer als ich ganz klein war. Diese Chance wurde ihm genommen. Mein Adoptivvater war mir ein Vater, wie man ihn sich nur träumen kann, aber es war ein unlauterer und ungleicher Wettbewerb, das weiß ich heute.

Meine Mutter liebe ich mit gleicher Intensität wie immer, ich weine um sie, wenn ich an ihren furchtbaren Tod denke, es ist fast zwanzig Jahre her. Ich habe in meiner ganzen ärztlichen Tätigkeit bisher keinen Kranken erlebt, der in einer qualvolleren Weise als sie gestorben ist. Das will schon was heißen, denn ich habe gerade in Düsseldorf in der großen Chirurgischen Klinik Kaiserswerth einiges gesehen.

Mein leiblicher Vater hat mich vor einigen Tagen besucht mit seiner neuen Lebensgefährtin, aus eigener Initiative heraus, und es war schön! Er guckt seine Enkel liebevoll an, macht mit ihnen den gleichen herrlichen Blödsinn wie damals mit mir, und er wirkt stolz, wenn ich mich zu der einen oder anderen seiner Lebensweisheiten bekenne. Oder wenn ich nicht versuche, eine direkte Anrede zu vermeiden, sondern wieder „Papa" zu ihm sagen kann. Ich bin zufrieden mit dem Stand der Dinge, habe aber nie versucht, ihm meine Gefühle in Sachen Adoptivvater zu sagen, denn ich weiß, es muss eine furchtbare Kränkung gewesen sein für ihn nach vielen Jahren, fast wie ein Nachtreten beim Fußball.

Und bisher hatte ich auch Angst davor, ihm zu erkennen zu geben, dass ich unsere Familiengeschichte für mich aufgearbeitet habe und dass ich ihn besser verstehe als jemals zuvor. Vielleicht fällt auch diese Barriere eines Tages, ich weiß es nicht.

Das war die verworrene Geschichte meiner „Väter". Ich glaube, jetzt ist meine Geschichte ehrlich zu Ende erzählt. Zumindest der bisher gelebte Teil, aber eine Fortsetzung ist ja garantiert.

*

Die Natur korrigieren. – Wenn man keinen guten Vater hat, so soll man sich einen anschaffen.

Friedrich Nietzsche,
Menschliches. Allzumenschliches, VII.

Der Preis des Unfriedens

> *Jeder, der sich zur Rache entschließt,*
> *sollte zwei Gräber graben.*
>
> Chinesisches Sprichwort

Wenn einer wie Manuel, Gesundheitsberater GGB, zwei Töchter mittleren Alters, bei den Großeltern aufwuchs und die Liebe der Eltern schmerzlich vermisste, so fällt es nicht schwer, sich seinen Groll vorzustellen. Manuel hat jedoch seinen Eltern verziehen. Sie wissen es nur nicht. Er wird es offenbar machen, weil er den Preis des Unfriedens kennt: *Ich könnte alles so lassen. Aber wenn einer meiner Eltern stirbt und die Dinge bleiben unerledigt, wird es nicht in meinem Unterbewusstsein nagen? Quälen sich vielleicht meine Eltern auf dem Totenbett? Ich muss handeln. Ich habe große Angst. Als Erster ist mein Vater dran. Ich schreibe dir, lieber Mathias, vielleicht erst nach Erscheinen deines Buches, wie ich die Sache „überlebt" habe.* Manuel empfiehlt, *die Versöhnung mit den Eltern als Versöhnung mit sich selbst zu verstehen und niemals diesen Gedanken aufzugeben. Es gilt, die hässlichen Worte, die die Eltern in deine Biografie gekritzelt haben, durch bessere zu ersetzen. Ohne Frieden mit den Eltern gibt es keinen Frieden mit deiner Seele und deinen eigenen Kindern.*

Nietzsche stellt in *Zarathustra* fest: *Welches Kind hätte nicht Grund, über seine Eltern zu weinen?* Widersprüchliche und unverarbeitete Gefühle zu unseren Eltern können jedoch unser ganzes Leben, wie die Radioaktivität des Reaktors von Tschernobyl die Ukraine, vergiften: Gesundheit, Wohlbefinden, berufliche Zufriedenheit und die Architektur unserer wichtigsten menschlichen Beziehungen. Ständig erlebe ich, dass Ehen bedroht sind oder zerbrechen, weil einer oder beide von ihren unbegriffenen seelischen Kindheitswunden negativ geprägt sind. Wer Dauerkämpfe mit Ehepartner, Kindern, Schwiegereltern, Verwandten, Freunden Kollegen oder Vorgesetzten führt und das Leben zum Kampfplatz seiner Neurosen macht, der sollte sich einmal das Museum seiner kindlichen Verletzungen ansehen und ausräumen.

Dann gilt es, mit den Eltern Frieden zu schließen, die wir *in uns* als böse Instanzen festgefroren und konserviert haben. Unser Gehirn ist ein ideales Warenlager für ätzende Erinnerungen und Ohnmachtsgefühle aus der Kindheit, an das, was unsere Eltern uns antaten. Sie machten uns damit einsam und verletzbar. Immer wieder kehren wir geradezu besessen in dieses Museum der Verletzungen zurück. Wir polieren jeden einzelnen Gegenstand auf Hochglanz und machen Führungen für Fremde: *Das hat mir mein Vater angetan. So bin ich wegen meiner Mutter geworden!* Statt uns zu gestatten, endlich Liebe für unsere Eltern zu empfinden, ihr Noch-Dasein zu genießen und die schönen Seiten aus ihnen „herauszulieben", fühlen wir uns bei jeder denkbaren Gelegenheit wieder als ihre Opfer. Wir schieben ihnen als Staatsanwälte nicht verjährbare Schuld und die Strafe der Verachtung zu. Wir wehren ab. Wir boykottieren sie mit Nichtbesuch, Brief- und Telefonentzug. Manchmal ist es Jahre her, dass wir ihnen auch nur eine Kleinigkeit geschenkt haben. Umarmen tun wir diese Spießgesellen der Hölle ohnehin nicht! Da sei der Geist der Rache davor.

Meist, und das hängt mit unserer Elternvertreibung zusammen, lassen wir auch unsere eigene Schattenpersönlichkeit nicht zu. Denn wenn ich einmal akzeptierte, dass auch ich böse, kleinkariert und autoritär bin, dann müsste ich von meinem hohen Sockel unerbittlicher Staatsanwaltschaft heruntersteigen. Ich müsste mich bei ihnen entschuldigen und mir selbst verzeihen können. Ich müsste auch den Eltern eine Schattenpersönlichkeit (C. G. Jung) zubilligen. Das Nichtverzeihen ist Unfrieden in Permanenz. Es ist Realitätsverleugnung. Es ist Überheblichkeit.

Ich selbst konnte zum Beispiel meinem Vater trotz gründlicher Therapie letztlich nicht die Scheidung verzeihen (dabei hatte meine Mutter auf der Trennung insistiert), bis ich selbst mit über fünfzig Jahren nach zwei Jahrzehnten Ehe in die gleiche Situation wie er kam. Jetzt musste ich vom hohen Ross meiner Arroganz heruntersteigen. Eigentlich hatte ich geschiedene Männer insgeheim als instabile Typen verachtet. Mir würde das nie passieren, glaubte ich in meiner Hybris. In der Situation der eigenen Scheidung hätte ich so gerne noch einmal mit meinem Vater gesprochen, seine Wahrheit und seine Gefühle von damals erfahren, auch seinen Rat erbeten. Ich bin ihm noch einmal ganz nahe gerückt. Leider hat er das Geheimnis seiner Scheidungsgefühle mit ins Grab genommen.

Der Unfrieden gegenüber den Eltern erfordert einen hohen Preis – das ständige Abfließen negativer Energie. Ich warte, als sei ich ein hilfloses Opfer. Ich warte, dass die Eltern sich ändern oder sich entschuldigen. Natürlich warte ich vergebens. Solange ich darauf hoffe, dass meine Mutter oder mein Vater den ersten Schritt tut, quälen mich meine versteckten Wutgefühle. Ich komme von den Negativfiguren des seelischen Marionettentheaters, dessen geheimer Regisseur ich selbst bin, nicht los. Ich koche vor Rache. Aber wie sagt das chinesische Sprichwort: *Jeder, der sich zur Rache entschließt, sollte zwei Gräber graben.* Das zweite ist für mich selbst, für meine in den Rachegefühlen gestorbene Achtsamkeit und Lebendigkeit.

Wie oft erlebe ich, dass Klienten mit einer neurotischen Elternbeziehung unter Magengeschwüren, hohem Blutdruck und Herzkrankheiten, manchmal auch Migräneattacken und verringerter Vitalität leiden. Unfrieden bedeutet Wut. Karl-Gustav, Geschäftsmann, achtundvierzig, verheiratet, drei Kinder, platzt förmlich bei jeder Gelegenheit. Meine Praxis betrat er, weil er lebenswichtige Geschäftspartner mit seiner Unbeherrschtheit vergrault hatte.

Erst nach einer Reihe von Sitzungen kam die verborgene Wahrheit ans Licht. Karl-Gustav hatte Autoritätskonflikte. Seine Geschäftspartner, denen er Elektroartikel zu verkaufen hatte, waren die mächtigen Chefeinkäufer der großen Warenhausketten. Das sind wahre Fürsten im feudal-absolutistischen Reich des Merkantilen. Sie behandelten Karl-Gustav oft wie einen Bittsteller, ließen ihn warten und verzögerten Entscheidungen. Karl-Gustav: *Das macht mich rasend. Genau so sprang mein Vater, der Grundschulrektor war, also eine imposante Autorität in den Augen eines Kindes, mit mir um. Für das Taschengeld musste ich in der Regel drei bis fünf Mal vor seinem mächtigen Schreibtisch antreten. Jedes Mal vertröstete er mich. Für läppische Aussprachen musste ich um einen Platz in seinem Terminkalender bitten. Er führte sich wichtiger auf als der Papst. Ich habe mich damals nicht wehren können. Ich hätte ihn aber am liebsten umgebracht, diesen miesen Wichtigtuer. Bis heute habe ich ihm das noch nicht gesagt.*

Bis heute blieb auch die Wunde unverheilt. Karl-Gustav nahm stellvertretend Rache an den denkbar ungeeignetsten Objekten, den Warenhausfürsten, die ihn prompt abservierten. In einer Selbsterfahrungsgruppe bei mir gab Karl-Gustav verbal und physisch, mit einem sogenannten Bataka (einem weichummantelten Schlagstock), dem autoritären Vater seiner Kindheit Keile. Nach dieser psychodramatischen Probehandlung vermochte er, mit klopfendem Herzen allerdings, seinem noch lebenden

236

Vater gegenüberzutreten, seine Wut auszukotzen (*Jetzt hörst du endlich einmal mir zu*) und erntete von dem verblüfften Vater, der längst die Metamorphose zum Rentner und gebrechlichen alten Mann hinter sich hatte, Entschuldigung und eine Umarmung. Der Vater sagte allen Ernstes: *Deine Mutter hat mir meinen Kommandoton von damals auch schon vorgeworfen. Es muss wohl stimmen. Ich hatte selbst so einen Kommisskopf von Vater.* Karl-Gustav ist seitdem mit sich und der Welt versöhnter und kann Geschäft und kindliche Prägungen auseinanderhalten.

Unfriede mit den Eltern ist Hass. Wir haben davon ja in vielen Briefen bereits gelesen. Hass führt oft zum Wiederholungszwang. Marina, vierzig, *noch verheiratet*, eine Tochter, erlebte ihren Vater vor allem als Alkoholiker, der sie schlug und vernachlässigte: *Ich war drei Jahre alt und wachte nachts auf. Es war niemand im Haus, ich öffnete das Küchenfenster, indem ich auf einen Stuhl kletterte, und sprang aus dem Fenster in den Schnee, nur mit einem Schlafanzug bekleidet. Bei Minusgraden machte ich mich in meinem schwarzwälder Dorf auf den Weg, um meine Eltern zu suchen. In der Nähe unserer Dorfkirche fand mich ein Mann, der mich zufällig kannte. Da zu Hause niemand war, brachte er mich zu meiner Oma. Meine Füße waren mit Blasen übersät. Ich habe noch heute im Winter Probleme damit. Mein Vater hatte darauf bestanden, dass meine Mutter mit ihm in die Kneipe ging. Er ließ sie nicht nach Hause, obwohl sie ihn angebettelt*

237

*hatte, sie gehen zu lassen, weil das Kind gegen drei-
undzwanzig Uhr immer wach werde.*

Marina sehnte sich bei ihrem Vater *vergeblich
nach Liebe.* Jahre später entdeckt sie die gewalttäti-
gen Strukturen ihres Vaters bei sich selbst, ein
schlimmes Erbe, weil es wohl nie therapeutisch
bearbeitet wurde: *Das Verhältnis zu meiner elfjähri-
gen Tochter ist oft sehr schwierig. So wie ich als Kind
zu Hause Schläge bekommen habe, habe ich sie
manchmal auch geschlagen und mich dann hinterher schlecht gefühlt. Ich wollte es nicht, und doch ist
es immer wieder mal passiert. Dasselbe gilt für mein
„Schreien“. Ich brülle sie oft an und manchmal auch
meinen Mann (er kann das auch gut – Beruf Offizier). Das war früher zu Hause der übliche Ton.*
Doch die Kindheit darf keine Entschuldigung sein.
Marina empfiehlt Menschen in der gleichen Situation: *Versuchen, die Vergangenheit hinter sich zu
lassen, aus diesem „Muster“ herauszukommen und
das Beste aus seinem Leben zu machen, was natürlich nicht immer gelingt. Mir jedenfalls ist es bisher
nicht besonders gut gelungen.*

Am knappsten bringt Bertram, vierunddreißig,
Computeringenieur, verheiratet, ein Kind, die Ver-
giftung durch Hass auf den Begriff: *Ich hasste meine
strengen, gefühlsabweisenden Eltern. Später hasste
ich die ganze Welt.*

Unfriede ist Flucht und Kampf. Olga, sieben-
undvierzig, Zahnärztin, geschieden, zwei Kinder,
sieht in Flucht und Kampf die beiden verhängnisvollen Formeln ihres Lebens: *Weil mein Vater die*

jüngere Schwester bevorzugte und mich als „bockige Ziege" ablehnte und weil dieses Drama sich bis zu meiner Approbation leidvoll hinzog, bin ich unbewusst vor jedem Mann geflüchtet, auch und gerade wenn er liebevoll war. Ich habe meinem geschiedenen Mann, das muss ich heute kritisch sagen, unentwegt Kampf geliefert, um jeden läppischen Dreck und ich flüchtete, wenn er zärtlich war. Er sagte einmal verzweifelt: „Kannst du mir verraten, wie man einen Stacheldraht wie dich lieben kann?"

Ich wollte das nicht wahrhaben. Als ich mich von meinem Mann trennte, habe ich ihm alle Schuld zugeschoben. Aber ich trug den Rucksack mit den Wackersteinen meiner kindlichen Verletzungen, ohne es zu wissen, weiter auf meinem Rücken und in die nächsten Beziehungen. Mit mehreren Männern erlebte ich immer wieder das gleiche Fiasko wie in meiner Ehe: Ich kämpfte wie besessen und flüchtete, wenn es emotional „heiß" wurde. Ich „bestrafte" meine Männer eigentlich genau so, wie ich es auch bei meinem Vater getan hatte, indem ich seiner Ablehnung Borstigkeit entgegensetzte.

Diesen verhängnisvollen circulus vitiosus (Teufelskreis – M.J.) begriff ich allerdings erst in einer zweijährigen Therapie. Das Beeindruckendste war, als mir meine kluge Therapeutin half, hinter die Feuerlohe meiner Wut zu blicken und das weinende, zuneigungsbedürftige, weiche Kind zu erkennen, das ich gewesen war und eigentlich heute noch bin. Als ich daraufhin eines Tages meinen Vater spontan in die Arme nahm und ihm sagte „Ich hab' dich

239

lieb", waren wir beide gerührt, und das Eis begann zu schmelzen.

Der Preis des Unfriedens ist das Nichtloslassenkönnen. Wir sind mit einem unsichtbaren Faden an den einstigen „Täter" verknüpft. Dieser Faden ist jedoch so fest, dass man damit einen Intercity abschleppen könnte. Wir selbst sind festgezurrt. Wer nicht loslässt, kann sich nicht frei bewegen. Er ist verschlossen gegenüber neuen Erfahrungen. Er kann das Geschenk der Lebensfreude nicht annehmen. Ariane, Kauffrau, einundvierzig, verheiratet, zwei Adoptivkinder, hat diese Marionettenfäden spät, aber nicht zu spät, durchgeschnitten: *Meine Mutter war für mich die Quelle allen Leids. Sie ließ keinen guten Faden an mir. Statt meine biologische Unfruchtbarkeit mit mir zu betrauern und anzunehmen – die Infertilität war ein einziges Drama für mich –, bezichtigte sie mich, ich sei eine „Emanze" und wolle nur als kinderlose Frau mit meinem Karrieremann das Leben genießen. Meine Mutter redete mir ein, dass ich körperlich unweiblich und seelisch gefühllos sei, eine stahlharte Geschäftsfrau ohne Tiefe. Ich habe diese Vorwürfe wie ein Schwamm in mich aufgesogen und sie zu einem tiefsitzenden Minderwertigkeitskomplex verinnerlicht.*

Tatsächlich baute ich mein Leben auf Leistung aus und versuchte, meinem Mann vor allem als Geschäftspartner in seinem Unternehmen zu imponieren. Ich gab mich ausschließlich leistungsorientiert und entsprach somit dem Klischee meiner Mutter. Eigentlich konnte ich nie glauben, dass mich mein Mann um meiner Selbst willen liebte. Er liebt mich, weil er mich braucht, als „Prokuristin, Managerin, rechte Hand", dachte ich. Ich konnte mich in der Erotik nicht gehen lassen, sondern ich schlief, wenn ich ehrlich bin, mit meinem Mann aus Angst, ihn zu verlieren. Meine Gynäkologin attestierte mir Anorgasmie, so wie man einen Tumor im Szintigramm feststellt. Nüchtern, wissenschaftlich.

Mit all diesen Widersprüchen lebte ich jahrelang, kinderlos, ehrgeizig und tief innerlich unzufrieden. Eines Tages brach ich zusammen. Eine schwere Depression mit absoluter Antriebslosigkeit und nicht enden wollenden Suizidvorstellungen lähmte mich. Du hast mich damals, lieber Mathias, in die Hochgratklinik nach Wolfsried geschickt und mir die Lektüre der Bücher von Dr. Walther Lechler ans Herz gelegt. Dafür bin ich dir heute noch dankbar, es war die Wende. Noch nie habe ich so viel Klarheit und Liebe erfahren als in dem Haus dieser ver-rückten Therapeuten und ihrer „Gäste".

In der „Familienwoche" kam mein Mann mit zur Therapie. Er war so voller Not um mich, er starb fast vor Angst, mich zu verlieren. Nicht wegen des Unternehmens, das regelte er auch ohne mich mit Bravour. Mich liebte er. Mich meinte er. Es war wie eine Wiedergeburt für mich. Da ließ ich los von meiner Mutter. Ich erkannte ihre Beweggründe: Sie hätte so gern von mir, ihrem einzigen Kind, Enkelkinder und damit eine neue Lebensaufgabe bekommen. Das ist ihr Problem. Ich verzieh ihr. Ich entschuldigte mich bei ihr für meine Ruppigkeit und

241

Unverständnis. Ich habe mich gefunden. Ich konnte von den falschen alten Bildern in mir loslassen. Jetzt schwimme ich wieder auf der hohen See des Lebens. Meinem Mann und mir ist gelungen, was überaus schwierig war, zwei Kinder, zwei und drei Jahre alt, zu adoptieren. Ich pausiere im Beruf und erlebe mich glücklich als Mutter, Hausfrau und Ehefrau.

Der Preis des Unfriedens ist die Stornierung der eigenen Entwicklung. Überaus präzis bringt es Dieter, einundvierzig, Schausteller, verheiratet, drei Kinder, auf den Punkt: *Mein Vater hat mir schon als Kind eingehämmert, dass ich ein Versager sei, ein Nichtsnutz, ein „Mädchen", wie er sagte, „weich wie Wachs". Tatsächlich war ich eher ein Träumer, verspielt, in eigene Welten entrückt, ein Vielleser und Mandolinenspieler. Mein Vater war Schausteller, wie ich heute. Er betrieb einen kleinen Autoscooter. Seine Vorwürfe haben mich nie losgelassen. Ich hasste ihn dafür. Mein ganzes Leben stand, das weiß ich heute, unter der Maxime, es „Vater zu zeigen". Erst einmal überflügelte ich ihn akademisch, indem ich den „Dipl. Ing." baute. Dann nahm ich einen, für meine damaligen Verhältnisse, gewaltigen Kredit bei der Bank auf und stieg mit einer Achterbahn ins Geschäft. Heute besitze ich einen ganzen Vergnügungspark und bin, ohne angeben zu wollen, so wohlhabend geworden, dass mein alter Vater nur davon träumen kann. Er musste nämlich immer um Bankkredite und Überziehungen zittern.*

Ich habe meinen Vater mit meinem beruflichen Erfolg „erschlagen". Doch der Genuss ist schal.

242

Heute bin ich als starker Raucher und Stresstyp total überarbeitet und gesundheitlich angeschlagen. Ich bin übergewichtig und Asthmatiker. Mein Arzt rät mir, das Geschäft aufzugeben. Das ist der Preis, den ich für die Schlacht gegen meinen Vater gezahlt habe. Dein Fragebogen hat in mir starke Gefühle ausgelöst. Meine Frau hat mich gehalten, weil ich weinen musste. In deinem Fragebogen regst du die Klärung mit den Eltern an. Ich werde wohl in die Auseinandersetzung mit meinem Vater und mir selbst gehen müssen. Glaub mir, das ist schwerer als zwanzig Jahre Arbeit für meinen Luna-Park. Ich danke dir trotzdem.

Im Unfrieden gedeiht kein Mensch, keine Gesellschaft, keine Kultur. Wenn ich Friede mit einem anderen schließe, schließe ich Frieden mit mir selbst. Ich vermag aber erst dann, und das ist die Paradoxie, Frieden mit einem Verletzer zu schließen, wenn ich selbst stark genug geworden bin und mich liebe: Weil ich mich liebe, möchte ich nicht mehr in der Lieblosigkeit leben. Zum Friedensschluss gehört Einsicht in die Dramaturgie des Lebensdramas, Selbstkritik, Großzügigkeit und Mut. Wie sagte bereits der englische Erzähler des 18. Jahrhunderts, Lawrence Sterne: *Nur die Tapferen können verzeihen. Ein Feigling vergibt niemals; das liegt nicht in seiner Natur.*

Horst-Eberhard Richter, der Gießener Arzt und Psychoanalytiker, resümiert den Preis des Unfriedens und der Nichtverarbeitung der destruktiven Eltern-Kind-Beziehung in seinem Klassiker *Eltern,*

Kind und Neurose. Die Rolle des Kindes in der Familie wie folgt: *Zahlreiche Erwachsene, die sich nie von den elterlichen Rollenvorschriften befreien und kein eigentliches persönliches „Selbst" entfalten konnten, orientieren sich später an anderen Autoritäten, die gewissermaßen nur das Erbe der Eltern antreten... Sie geraten in Unruhe, wenn sie sich nicht irgendwelchen äußeren Ansprüchen unterwerfen können, die ihnen an Stelle des fehlenden persönlichen Leitbildes ihren Weg vorschreiben. Man wird die Zahl der Individuen nicht unterschätzen dürfen, die – ohne Rücksicht auf den Intelligenzgrad – immer wieder kritiklos in den Sog solcher Persönlichkeiten, Gruppen, politischer Bewegungen usw. hineingeraten, die zu der Matrize ihrer seit der Kindheit fixierten Rollenerwartungen passen. Sie sind einst dem Druck der elterlichen Rollenvorschriften erlegen und können als Erwachsene nur so weiter existieren, dass sie die Eltern durch ähnliche Beziehungspersonen oder Instanzen substituieren* (ersetzen – M. J.) *- ohne sich dessen freilich im Mindesten bewusst zu sein. Diese Menschen können sich, in ihre Rolle ergeben, in Anlehnung an ihre Eltern-Substitute* (Ersatzfiguren – M. J.) *zeitlebens wohl fühlen. Aber auch die anderen, die im Protest gegen die kindliche Rolle stecken geblieben sind und dabei ebensowenig eine volle Ich-Integration erreicht haben, pflegen als Erwachsene überall Eltern-Substitute zu suchen, an denen sie ihre infantile Opposition weiter agieren können. Eigentlich möchte man vermuten, dass diese Individuen spä-*

terhin gerade alle elternähnlichen Partner meiden
sollten, um sich die Fortsetzung ihrer quälenden
infantilen Proteste ersparen zu können. Doch die
Erfahrung lehrt das Gegenteil. Der unbewusste
Wiederholungszwang lässt sie eben die Partner
suchen, an denen sie den alten Konflikt weiter aus-
tragen müssen.

*

Vergeltung entspringt dem archaischen Wunsch, ein
subjektiv gestörtes Gleichgewicht wiederherzustellen;
und das Zurückschlagen scheint der fast instinktive
Trieb, diese Balance wiederzuerlangen.

    Rache schafft aber in der Regel keine Gerechtig-
keit, sondern neues Unrecht, weil sie maßlos ist. Alle
archaischen Gefühle sind total, global. Wenn ein so
archaisches Gefühl eine Person ergreift, degradiert es
den Mitmenschen zum verdinglichten Objekt, das
nur der Wiederherstellung der emotionalen Balance
dient. Diese Wirkung der Rache entmenschlicht
jeden, der davon betroffen ist. Auch den Täter.

Leon Wurmser,
Psychoanalytiker
Psychologie heute, 6/2000

Die Reise des Verzeihens
Was Verzeihen ist und was es nicht ist

Viel Übles hab' an Menschen ich bemerkt.
Das Schlimmste ist ein unversöhnlich Herz.

Franz Grillparzer,
Medea

Wir alle sind verletzt worden. Wir alle haben gelernt zu verzeihen. *Es tut mir leid* – diese versöhnende Formel lernten wir schon im Kindergarten. In der Religion und in der säkularen Ethik spielt das Verzeihen eine große Rolle. Bei Matthäus 6,14 heißt es: *Wenn ihr den anderen verzeiht, was sie euch angetan haben, dann wird auch euer Vater im Himmel euch eure Schuld vergeben.* Im Epheserbrief 4,26 hören wir: *Versündigt euch nicht im Zorn und versöhnt euch wieder miteinander, bevor es Abend wird, sonst bekommt der Teufel Macht über euch.* Luther beschwört: *Die äußerliche Vergebung, so ich mit der Tat erzeige, ist ein Gewisszeichen, dass ich selbst Vergebung bei der Sünde mit Gott habe.*

Wenn wir religiös erzogen wurden, haben wir tausende Mal die Vergebensbitte des Vaterunsers gebetet *Und vergib uns unsere Schuld, wie auch wir vergeben unsern Schuldigern.* Bei den Juden ist Yom Kippur der Tag, an dem sie für ihre Sünden um Vergebung bitten und gleichzeitig vergeben, was andere ihnen angetan haben.

Aber auch die nichtreligiösen, rein humanistischen Stimmen sind nicht zu überhören. Auch in der Politik ist, wie wir am Ende dieses Kapitels sehen werden, Verzeihung unter den Völkern notwendig. Der englische Kritiker Pope rühmte: *Irren ist menschlich und Vergeben göttlich.* In Lessings Drama *Miss Sara Sampson* lesen wir: *Ist denn nicht das Vergeben für ein gutes Herz ein Vergnügen?*

Unüberhörbar sind aber auch die kritischen Stimmen zum Prozess des Verzeihens. Der Philosoph Seneca, ein Zeitgenosse des Jesus von Nazareth, formulierte dialektisch: *Allen zu verzeihen, ist ebenso wohl Grausamkeit wie keinem zu verzeihen.* Ein japanisches Sprichwort warnt: *Einem Menschen zu verzeihen, der nicht bereut, ist wie Zeichnen im Wasser.*

Offensichtlich gibt es richtige und falsche Arten des Verzeihens. Ein Verzeihen, das stimmig ist und ein Verzeihen, mit dem wir unsere große Verletzung klein machen und schwere Differenzen opportunistisch glätten. Meist wurden wir da am stärksten verletzt, wo wir liebten, von Menschen, die uns am nächsten standen. Eltern an erster Stelle, aber auch Geschwister, Ehepartner, Geliebte. Ob ich immer noch in der Verletzungsfalle stecke, das kann ich mit ein paar kritischen Fragen an mich selbst schnell herausbekommen: Empfinde ich noch heute Bitterkeit oder Zorn gegen Vater oder Mutter? Habe ich mir geschworen, meine Kinder selbst einmal anders zu behandeln, als ich in der Kindheit behandelt wurde und stelle jetzt fest, dass ich genauso brülle,

248

nörgele und schlage wie meine Eltern? Habe ich manchmal das Gefühl, die Vergangenheit wie ein Filmszenario erneut, diesmal mit neuem Partner, durchzuspielen? Tue ich mich schwer mit neuen Beziehungen, weil ich fürchte, ich werde genauso gekränkt und zurückgestoßen wie als Kind? Habe ich Mauern errichtet, die keine anderen Menschen an mich heranlassen, weil mir jede Offenheit als Kind geschadet hat?

Die Dichterin Ingeborg Bachmann hat diese *Bruderschaft* des Verletzt-worden-Seins in einem Vierzeiler als Hypothek der Liebe formuliert:

> *Alles ist Wundenschlagen,*
> *und keiner hat keinem verziehn.*
> *Verletzt wie du und verletzend*
> *lebte ich auf dich hin.*

Wir haben aus den Briefen ersehen, wieviele Menschen in einem endlosen psychologischen Krieg mit den Eltern, oft auch mit den Geschwistern und sogar mit den eigenen Kindern, verstrickt sind. Das ist eine Schlacht ohne Ende und voll *symmetrischer Eskalationen,* das heißt, der eine schießt, der andere schießt zurück. So geht es ohne Ende.

Was Verzeihen mit Sicherheit nicht ist, ist klein beigeben und zu Kreuze kriechen. Das entwürdigt erst recht. Verzeihen ist aber auch nicht, wie so oft fälschlich gefordert wird, vergessen. Wenn ich einem Vater seine physische Abwesenheit in meiner Kindheit verzeihe, dann lösche ich damit nicht die leidvolle Erfahrung der Vergangenheit aus meinem

Gedächtnis. Ich kann nicht vergessen, und ich soll auch nicht vergessen. Gerade dieser Schmerz ist ja ein wichtiger Lehrmeister für mich: mich nie mehr zum Opfer machen zu lassen.

Verzeihen heißt aber auch nicht, einfach Nachsicht üben. Wenn meine Mutter gefühllos und kalt war, dann sage ich mit meinem Verzeihen nicht, es war gar nicht so schlimm. Doch, es war schlimm. Es hat jahrelang gequält. Es hat mein Leben verändert. Kurz, ich kann so lange nicht verzeihen, als ich selbst die Verletzung verdränge, bagatellisiere, leugne, beschönige oder rechtfertige. Wofür soll ich dann überhaupt Verzeihung geben? Indem ich die Verletzung bagatellisiere, verrate ich noch einmal das verratene innere Kind in mir.

Verzeihen bedeutet auch nicht einfach, Absolution zu erteilen, wie ich es vielleicht als kleines Kind in der katholischen Ohrenbeichte erlebt habe. Die kleinen lässlichen Sünden waren gebeichtet, der zölibatäre Priester quetschte einen noch nach den harmlosen, aber gefürchteten sexuellen Probehandlungen voyeuristisch aus, man bekam einige *Vater unser* und *Gegrüßest seist du Maria* aufgebrummt und rannte befreit wie ein unschuldiges Engelchen zum Spielen. Nein, ich kann einem Verletzer nicht die Generalabsolution erteilen, ihm die Schuld, oder sagen wir weniger metaphysisch die Verantwortung für sein Handeln abnehmen. Das muss der Verletzer mit sich abtun, sonst übernehme ich mich und maße mir eine sakramental-priesterliche oder richterliche Kompetenz an.

Verzeihen ist eine Reise, ein Prozess. Ich kann verzeihen aus dem Gefühl, endlich befreit und gesund geworden zu sein. Längst leite ich meine Identität nicht mehr davon ab, was mir in der Vergangenheit angetan wurde. Besteht zum Beispiel meine Persönlichkeit, die des fast sechzigjährigen Mathias, wirklich in ihrer Hauptschicht aus den Internatserfahrungen? Das wäre ja lächerlich, gemessen an der Breite des Lebensstromes, der mich zu meinem Heute hingetragen hat. Das heißt, immer dann, wenn ich verzeihe, weise ich die Vergangenheit an den ihr angemessenen Platz. Das mitgeschleppte emotionale Gepäck der Verletzungen hat sich als anachronistisch, nicht mehr zeitgemäß erwiesen. Das Unerledigte habe ich bearbeitet, den Schmerz kann ich zurücklassen, das alte Drehbuch werfe ich über Bord meines Lebensschiffes. Ich habe begriffen, dass ich mich selbst schädige, wenn ich über die mir früher zugefügten Ungerechtigkeiten nach Art eines Buchhalters Buch führe, unversöhnlich an meinen Ressentiments festhalte und nicht aufhöre, innerlich vor Wut zu kochen.

Habe ich nicht erlebt, wie diese Unversöhntheit in seelische Verpanzerungen oder Krankheit umschlug? Bin ich nicht allzuoft in den Wiederholungszwang hineingestolpert? Habe ich nicht oft genauso zurückgeschlagen, wie gegen mich geschlagen wurde? Bin ich es nicht leid, wie eine Marionette meines Unbewussten zu fungieren? Die Reise des Verzeihens ist ein Weg des Verstehens. Ich begreife jetzt, was und warum es geschehen ist.

Wanda, dreißig, ist mit fünfzehn von zu Hause ausgezogen, *um der räumlichen Nähe meiner Eltern zu entkommen. Unser Verhältnis ist gestört, schon sehr lange.* Noch heute verspürt sie, wenn sie bei den Eltern ist, *eine gewisse Kälte und Distanz.* Die studierte Chemikerin ist jedoch den Weg des Verstehens gegangen: *Ich habe öfter darüber nachgedacht, warum meine Eltern so sind, wie sie sind. Ich habe versucht, mir vorzustellen, was für prägende Ereignisse sie in ihrer Kindheit erlebt haben, welchen Einfluss ihre Eltern auf die Entwicklung ihrer Persönlichkeit hatten. Dadurch lässt sich so manches erahnen oder erklären. Auf jeden Fall weiß ich jetzt, dass meine Eltern mir nicht bewusst Schaden zufügen wollten. Sie wollten bestimmt nur das Beste für mich. Aus dem Grund wird es auch möglich sein, eines Tages ganz zu verzeihen. Ich denke, die Verzeihung ist sehr wichtig für den inneren Frieden und das seelische Gleichgewicht besonders in mir selbst.*

Wanda zeigt uns aber auch etwas Wichtiges, nämlich, dass Verzeihen und Abgrenzen die beiden gleich notwendigen Seiten dieses Prozesses sind: *Ich bin eure Tochter, aber nicht mehr euer Kind. Ich bin erwachsen, führe mein eigenes Leben und bin dafür verantwortlich. Ich bitte euch nicht darum, alles zu verstehen und gutzuheißen, sondern nur zu akzeptieren, was ist und wie es ist. Ich möchte für mich selbst entscheiden können, was gut für mich ist und was nicht. Ratschläge kann ich akzeptieren. Wenn sie gut sind, werde ich sie auch annehmen, aber Vorschriften und Vorhaltungen sind fehl am Platze.*

Die Reise des Verzeihens führt zunächst meist durch Wüsten. Weil es so schlimm war, flüchten wir in Formen der Verleugnung: *Es ist nie geschehen. Es hätte schlimmer sein können. Es macht mir nichts mehr aus. Es ist geschehen, aber es hat mich nicht berührt.* Das erinnert mich an einen lieben Klienten, einen Juristen, nennen wir ihn Thomas. Er erzählte mir völlig ungerührt von seinem mehrjährigen Aufenthalt in einem spartanischen Internat. Ich traute meiner Wahrnehmung nicht, insistierte und bohrte. Nein, gab er zu verstehen, es sei eine gute Zeit gewesen, nicht sonderlich aufregend. Ob es auch die typischen Internatsstrafen gegeben habe, fragte ich nach. *Ja, schon,* erwiderte er, *ich musste gelegentlich, wenn ich im Schlafsaal Unsinn gemacht hatte, bis zum nächsten Morgen auf dem Flur Strafe stehen.* Ich bat Thomas, sich wie damals mit dem Kopf vor die Wand zu stellen und schweigend auszuharren. Das kostete mich große Überwindung, aber ich ließ ihn fünf Minuten stehen. Ich kam mir vor wie ein Folterknecht. Es war totenstill im Raum. Ich wusste nicht, was in Thomas vorging. Dann stand ich auf, ging zu ihm, sah ihn von Nahem. Er weinte lautlos.

Erst als Thomas sein fröhliches Gesicht, das er für die Welt aufsetzte, bei mir ablegte, seinen Schmerz nicht länger verleugnete, sondern ihn ernst nahm, gelangte er in den Prozess der Aufarbeitung. Oft bleiben wir in der Form der Verleugnung stecken. Das Verdrängen kostet uns ungewöhnliche Kraft. Wir holen uns dazu Helfer in der Form von Suchtverhalten, das kann süchtig essen, Alkohol,

Rauchen, Kaufsucht, Computersucht, Fernsehsucht oder, wie bei vielen Männern, zwanghaftes Arbeiten sein. Ich habe darüber in meinem Buch *Seele – Sucht– Sehnsucht* ausführlich berichtet. Weil wir den Schmerz in uns nicht begriffen haben, manipulieren wir das diffuse Unlustgefühl mit den Surrogaten der stofflichen Sucht oder des süchtigen Verhaltens. *Weil meine Eltern mir keine Liebe zeigten,* erklärt Annabell, zweiunddreißig, Drogistin, Single, *stopfte ich mich erbarmungslos mit Süßigkeiten zu und bin heute als Esssüchtige in einer Selbsthilfegruppe gelandet.*

Von der Verleugnung und Bagatellisierung gelange ich auf der Reise des Verzeihens oft in die Steppenphase der eigenen Schuldzuweisung: *Ich war ja unartig und habe die Prügel provoziert.* Oder: *Weil ich pummelig war, konnte ich nicht so beachtet werden.* Oder: *Hätte ich keinen Minirock angezogen, dann wäre mir der Missbrauch nicht passiert.* Diese Eigenschuldübernahmen haben eine entlastende Funktion. Ich kann damit in mir das Bild des Täters positiv bewahren und ihn aus seiner Verantwortung nehmen. Dafür schleppe ich aber das Gefühl, nicht in Ordnung zu sein, ewig mit mir herum und bestrafe mich noch selbst.

Den Tiefpunkt auf der Reise des Verzeihens markiert die Opferphase, es ist eine Spirale der Hilflosigkeit und der Hoffnungslosigkeit: Ich bin ein schwacher, bedürftiger Mensch, den keiner lieben kann. Ich klage, anstatt zu kämpfen. Ich klebe mir ein Etikett auf die Stirn, das lautet: „Scheidungsopfer", „Alkoholikerkind", „Prügelopfer". Ich mache mich zum willenlosen Produkt meiner Umstände. Die Opferphase ist zwiespältig. Einmal ist sie wichtig und unerlässlich auf der Reise zu mir selbst. Denn indem ich meinen Opferstatus spüre, nehme ich meine Verletzung wahr. Ich leiste Trauerarbeit. Ich gestatte mir Kummer und Tränen und bin ganz bei mir. Ich nehme mich wichtig. Ich nehme wahr, dass diese kindlichen Verletzungen mir die Unschuld des Werdens ein für alle Mal genommen haben. Ich schreie meine kindliche Not von damals heraus. Ich gebe dem verletzten Kind endlich die Stimme, die es braucht, die Empörung, die Wut. (Besonders deutlich wird dies in der therapeutischen Arbeit mit sexuell missbrauchten Frauen und Männern.) Diese Phase, diese Seelenarbeit kann ich nicht überspringen. Ich kann nicht einfach von den Katastrophen der Kindheit zur Tagesordnung von heute übergehen. Aber, und damit gelangen wir an den Wendepunkt der Reise des Verzeihens, ich muss nach dieser Elendstrecke den Kreislauf des Leids durchbrechen, die Gefahr des Versumpfens in einem maßlos gewordenen Selbstmitleid verlassen und die Opferphase beenden.

Ich wurde zum Opfer gemacht. Das ist das *factum brutum,* die hässliche Tatsache. Aber es ist meine Entscheidung, ob ich mich immer noch als Opfer und damit als hilflos und entmündigt fühle. Selbstmitleid oder Selbstbestimmung – das ist hier die Frage. Ich bin nicht nur eine Trauerweide, ein Opferlamm. Es gibt auch so etwas wie *Glaube,*

Liebe, Hoffnung. Das Leben besteht nicht nur aus Leid, sondern auch aus Abenteuer und Liebe und Neuanfang. Verzeihen ist Knochenarbeit. Monika, achtundzwanzig (*ich wurde sehr streng erzogen, und es gab auch Schläge vom Vater, als Kind hatte ich immer Angst vor meinem Vater*) registriert: *Die Verzeihung ist ein Prozess in mir. Ich bin häufig depressiv und versuche, mich selbst zu finden. Ich weiß, dass dabei auch die Aufarbeitung der Kindheit eine große Rolle spielt. Seitdem ich mich damit befasse, ist mein Verhältnis zu meinem Vater plötzlich schon etwas besser geworden. Ich sehe ihn in einem anderen Licht, nicht mehr als zu fürchtende Person, sondern als meinen Vater. Dabei haben mir ein guter Freund geholfen und sehr auch deine Fragen, die mich zwingen, mir eine Meinung zu bilden und verschiedene Seiten zu beleuchten.*

Die Scheuklappen des Opfers abzulegen und zur Selbstachtung zu finden, das sind die Fundamente der Heilung. Wenn ich mich nicht selbst achte, dann neige ich zur masochistischen Auffassung, ich hätte es damals nicht verdient, besser behandelt zu werden. So viele der Schreiberinnen und Schreiber haben es als Kind durch die elterliche Dressur verinnerlicht, sich *nicht zu mögen,* jetzt lernen sie es, sich *wieder zu mögen.* Deswegen ist die Empörung und Wut so wichtig. Beides sind Energien, die wir brauchen. Sie aktivieren uns und befähigen uns zur Selbstabgrenzung und zum Rollenwechsel.

Allerdings muss die kämpferische Energie in die richtige Richtung verwandt werden, nicht die Eltern ad infinitum anzuklagen, sondern das eigene Leben zu ändern: Mut zur Selbstgestaltung entwickeln, die eigene Sexualität entdecken, eine Fortbildung anfangen, eine miese, unter Wiederholungszwang stehende Beziehung ändern oder aufgeben, die Ernährung umstellen, frech und weltzugewandt werden. Wie sagte mir einmal eine achtzigjährige Klientin (sie kam wegen ihrer Tochter), die ihre Rente bis auf den letzten Groschen lustvoll in teuren Kreuzfahrten verbriet, mit einem Spruch von Karl Marx: *Das Proletariat hat nichts zu verlieren als seine Ketten.*

Natürlich ist eine gewisse Strecke von Empörung und Wut gegen die Eltern als Abgrenzung wichtig, aber es muss eine Übergangsstrecke bleiben, sonst wird mein Verhalten neurotisch. Warum wir es so oft vorziehen, in Hass und Wut zu verharren, dazu hat der schwarze amerikanische Schriftsteller James Baldwin in seinem Buch *Aufzeichnungen eines Eingeborenen* eine glänzende tiefenpsychologische Einsicht beigesteuert: *Ich stelle mir vor, einer der Gründe, warum Menschen so hartnäckig an ihrem Hass festhalten, ist, dass sie spüren, wenn einmal der Hass fort ist, wären sie gezwungen, sich mit dem Schmerz auseinanderzusetzen.*

Das ist es. Hinter der Wut sitzt der Schmerz. Vor ihm haben wir Angst. Solange wir wütend sind, kompensieren wir damit unser Gefühl der Ohnmacht. Deswegen sind wir oft nicht bereit, die Wut aufzugeben. Ohne sie, fürchten wir, nicht überleben zu können. Wir ahnen, wenn wir auf die Wut verzichten, müssen wir uns verändern. Die Wut ist anachronistisch, nämlich nach rückwärts gerichtet. Sie macht mich zum Kind, sie macht mich kindisch. Die Reise des Verzeihens endet wie jede Reise mit neuen Erfahrungen. Ich habe mich verstanden. Ich habe den Verletzer begriffen. Ich habe alle Gefühle zugelassen. Ich habe die Dramaturgie meines Handelns durchschaut. Ich kenne jetzt meine Verletzlichkeiten. Ich habe Abstand genommen. Ich habe die Verletzungen präzise benannt. Ich bin, was meine Kindheit angeht, erwachsen geworden. Es war ein langer Weg.

Jetzt kann ich sagen: Ich wurde verletzt. Ich habe überlebt und viel daraus gelernt. Ich lebe. Ich bin in Ordnung. Für die Verletzungen, die mir die Eltern zufügten, bin ich nicht verantwortlich. Ich war ohnmächtig, jetzt bin ich meiner mächtig. Ich bin kein Opfer mehr. Ich habe das Steuer in der Hand. Ich kann mein Leben gestalten, wie ich es möchte. Ich bin ein erwachsener Mensch. Ich darf wütend sein, aber ich bin kein Hampelmann meiner Wut. Ich habe Schwächen. Ich habe wundervolle Eigenschaften. Ich bin stolz auf mich. Ich bin mehr als meine Verletzungen. Ich habe meine Kindheit in mein Leben integriert. Es ist mein Leben. Ich habe meinen Hass und Groll aufgegeben. Ich habe den Eltern verziehen, wo sie mich verletzt haben. Ich bin ihnen aber auch dankbar. Sie sind Menschen wie ich, mit Licht und Schatten. Ich bin nicht ihr Richter. Es war auch eine immense Arbeit von ihnen, mich zwanzig

258

Jahre auf dem Weg ins Leben zu begleiten. Vieles habe ich von ihnen positiv mitgenommen. Ich verstehe jetzt auch, wo sie sich selbst im Wege standen. Wie es zu den Verletzungen kam. Es nimmt nichts von ihrer Schwere, aber meine Erkenntnis rückt die Proportionen zurecht. Auch ich habe meine Eltern verletzt und als Kind oder als Erwachsener Rache an ihnen geübt. Dafür werde ich mich entschuldigen. Wenn meine Eltern tot sind, tue ich das in meinem Inneren.

Eine versöhnende Formel findet Michaela: (*Ein besonders schönes Erlebnis war für mich, im Alter von fünf Jahren mit meinem Vater zusammen auf dem Fahrrad durch die Felder zu fahren. Ich kann mich heute noch an die schönen Mohnblumen und an den Duft von frisch geschnittenem Gras erinnern): Als Jugendliche war ich nicht gerade „pflegeleicht". Meiner Mutter habe ich oft patzige Antworten gegeben und ihr des öfteren ungerechtfertigte Vorwürfe gemacht. Mit siebzehn Jahren habe ich von heute auf morgen meine Schule abgebrochen. Ich weiß noch gut, wie verzweifelt meine Mutter damals war. Ich war insgesamt ein sehr stressiges Kind, das sich auflehnte und immer wieder für Wirbel sorgte. Für die vielen Schwierigkeiten, die ich dadurch verursacht habe und für die Verletzungen meiner Mutter gegenüber bitte ich aus tiefstem Herzen um Entschuldigung.*

Michaela spürt *ein Gefühl der Dankbarkeit und tiefer Liebe* gegenüber den Eltern. Ihre Mutter ist inzwischen schwer pflegebedürftig und kann nicht mehr sprechen. Michaela endet mit den Worten: *Für die seelische Weiterentwicklung ist es von großer Bedeutung, mit den Altlasten aufzuräumen. Gerade die Verletzungen aus unserer Kindheit sind unnötiger Ballast. Wenn wir lernen, mehr Verständnis für die damaligen Handlungsweisen unserer Eltern aufzubringen, können wir sehr viel zur Heilung (Ganzwerdung) beitragen. Wenn wir vor allem lernen, zu verzeihen, ist das so, als wenn wir uns selbst befreien.*

Ist das nicht besser, als wenn Michaela immer noch klagte über den Vater, der über Nacht depressiv und aggressiv wurde, oder über die Mutter, die wenig Zärtlichkeit gab?

Es war einmal. Die Reise des Verzeihens ist schon deswegen wichtig, weil die meisten von uns eines Tages in die Situation kommen, die alt gewordenen Eltern zu pflegen oder ihre Pflege zu organisieren. Wie sollen wir das machen, wenn wir unversöhnt sind? Einen Vater wickeln, wenn ich ihn hasse? Eine Mutter an den intimsten Stellen waschen, wenn ich sie, Wut im Herzen, ablehne?

Die amerikanische Psychologin Harriett Sarnoff-Schiff bringt die Schizophrenie dieser Situation in einem Begriff zum Ausdruck: *Chadult.* Der Begriff setzt sich zusammen aus *child* = Kind und *adult* = Erwachsener. Das will sagen, dass wir angesichts unserer hilfsbedürftigen alten Eltern plötzlich wieder mit der eigenen Kindheit konfrontiert werden. Als Chadult werde ich mit ungebremster Wut mit den alten Enttäuschungen und Schädigungen konfrontiert. Immerhin werden in der Bundesrepublik von den ca. 1,2 Millionen pflegebedürftigen alten Menschen mehr als fünfundachtzig Prozent von den Angehörigen gepflegt. Verzeihen, meint Harriett Sarnoff-Schiff, ist die unersetzliche Voraussetzung dafür, den Eltern am Krankenbett helfen zu können. Denn wer eine emotionale Sperre dagegen spürt und dennoch seine karitativen Hilfeleistungen an einem Elternteil inszeniert, der spürt sich erneut als Opfer. Umgekehrt spürt eine Mutter oder ein Vater natürlich die Unehrlichkeit der Situation und gerät damit in Stress.

Spätestens hier muss ich Frieden mit den alten Eltern schließen. Dankwart, einundsechzig, Rentner, verheiratet, drei erwachsene Kinder, beschreibt exakt diese Situation: *Meine Eltern sind vor zwanzig Jahren in eine geräumige Einliegerwohnung in unserem Haus eingezogen. Dafür haben sie sich finanziell am Bau beteiligt. Zehn Jahre später starb mein Vater. Da ich im Beruf war, übernahm meine Frau damals, zusammen mit der Mutter, den Hauptteil seiner Pflege, die sich über zwei Jahre hinzog. Er hatte Krebs. Ich war so sehr beruflich engagiert als Außenhandelskaufmann, dass ich das Drama gar nicht so mitbekam. Als Vater starb, blieb meine Mutter. Ich habe sie immer als eine kühle und etwas unfrohe Frau mit wenig Weiblichkeit empfunden. Sie war tüchtig, aber lachte wenig. Ich will keinen diskriminieren, aber ihr Beruf als Mathematiklehrerin passte zu ihr. Ich bin schon als Kind zu ihr auf Distanz gegangen und habe mich an meine Oma gehalten.*

Nun, seit einem Jahr, ist meine Mutter altersschwach und bettlägerig. Ich habe mich entschlossen, die Hauptpflege für sie zu übernehmen. Das bin ich auch meiner Frau schuldig, die sich bei meinem Vater bis an die Grenzen der Möglichkeit verausgabte. Mich hat es am Anfang außerordentlich gegraust, besonders die körperliche Intimität, die sich plötzlich zu meiner Mutter einstellte, wenn ich sie in die Badewanne hob oder die Bettpfanne unterschob etc. Als ich meine Animositäten spürte, ließ ich mich auf lange Gespräche mit meiner Mutter ein. Es ist, wie soll ich es sagen, wie ein alchimistischer Prozess der allmählichen Umschmelzung. Ich habe meine Mutter in den vielen Stunden an ihrem Bett lieb gewonnen. Und das kam so – sie offenbarte mir die nie ausgesprochenen Geheimnisse ihres Lebens.

Sie war als zwanzigjährige junge Frau in einem brandenburgischen Städtchen von einem Russen vergewaltigt worden. Sie hatte empfangen und trieb das Kind unter unwürdigsten Umständen bei einer „Engelmacherin" ab. Das hat sie für ihr ganzes Leben lang ernst gemacht. Sie fand nie zu einer gelösten Sexualität. Das war zwischen ihr und meinem Vater ein einziges verschwiegenes Martyrium. Sie fühlte sich immer schuldig. Sie konnte ihre Gefühle nicht zeigen. Sie sagte: „Du warst mein lieber Bub. Ich habe dich so geliebt. Aber weil ich dich so liebte, weil ich diesem Gefühl gegenüber so schutzlos war, habe ich dich immer wieder weggerückt von mir. Es war, als ob es keine Liebe in meinem Leben geben dürfte."

Sie hat, als sie das gestand, geweint. Wir haben aber auch gemeinsam noch einmal viel Schönes aus der Kindheit beschworen. Wir lasen alte Schulhefte von mir durch, und ich habe ihr, lache nicht, lieber Mathias, meine alten Winnetou-Bände vorgelesen. Meine Mutter hat es sichtlich genossen. Ich habe dann die Pflege dazu benutzt, meine Mutter oft mit einem aromatischen Öl zu massieren. Es war wie ein Streicheln. Ich habe es gern getan. Als meine Mutter in meinen Armen starb, war alles gut.

Wenn Eltern krank werden, werden wir selbst zu den Eltern unserer Eltern. Was für eine Chance für uns! In den Briefen haben wir oft gesehen, dass wir den Bann der Vergangenheit lösen, wenn wir unsere Wut auf die wahren Verursacher der Not richten. Oft berichten die Briefe davon, dass der Zweite Weltkrieg die Ehe ruinierte, dass ein Vater verhärtet aus der Kriegsgefangenschaft zurückkehrte und das Kind mit einem „fremden Mann" konfrontiert war, den es nicht zu lieben vermochte. Wie oft wurden Eltern durch armselige materielle Verhältnisse erniedrigt oder zur barbarischen Ausgabe ihrer Kräfte gezwungen, so dass wenig Zeit für die Kinder übrigblieb. Oder es war, wie wir nicht nur in der Auseinandersetzung Hermann Hesses mit seinem pietistischen Predigervater sahen, die erdrückende Macht der Kirche.

Karina, heute dreiundsiebzig Jahre alt, erlebte als Kind mit drei weiteren Geschwistern die Strenge eines von der Bibel geprägten Alltags mit rund einem Dutzend Gebete innerhalb von vierundzwanzig Stunden: *Ich war angepasst und blieb gefangen in meiner Angstneurose, auch Angst vor dem strafenden Gott!* In einer Therapie und der geistigen Begegnung mit Eugen Drewermann verarbeitete Karina das Geschehene: *Im Glauben starben meine Eltern in Frieden. Wie kann ich ihnen da noch etwas vorwerfen. Mein Elternhaus war zwar zu fromm, zu streng, zu moralisch, aber ich danke meinen Eltern für die ethischen Werte und Bildungsmöglichkeiten, die sie uns gaben.* Alle vier Kinder fanden später Erfüllung in pädagogischen Berufen.

Heute weiß Karina, auf wen sie wütend sein muss: *Der entscheidende Schritt zu meiner Individuation war 1992 mein Kirchenaustritt – nach vierzigjähriger Arbeit als Religionslehrerin. Ich befreite mich erst mit sechsundsechzig Jahren! Das begann mit Eugen Drewermanns Büchern, Vorträgen, auch in Lahnstein. Meine Angstneurose saß so fest, ich brauchte die Therapie. Meiner Mutter werfe ich längst nichts mehr vor. Wen ich hasste? Die Kirche, die Mutter Kirche! Das kommt immer noch mal durch. Ein klares Nein zur Kirche, zu jedem Dogmatismus. Mich beschäftigt der Mann aus Nazareth, Jesus. Ich gehöre keiner religiösen Gemeinschaft an. Ich will meinen eigenen Glauben leben.* Und: *Wenn ich in der anderen Seinsweise bin, möchte ich als Erstes meine Mutter umarmen.*

Nicht vergessen und doch vertrauen auf die eigene Kraft und Lebendigkeit, das ist der Gewinn der Reise des Verzeihens. Jeder kann verzeihen. Lernen wir die Kunst des Verzeihens, denn es ist die

Kunst der Befreiung, für die ich mich entscheiden kann. Ich muss den Menschen, der mich verletzte, *davonkommen* lassen, damit ich selbst *davonkommen* kann.

Eben das hat auch Agnes, eine Krankenschwester und heute eine aktive Rentnerin, getan. Auch hier spielt die *Mutter Kirche* und damit eine verbundene ekklesiogene Neurose, also eine von der Kirche erzeugte seelische Erkrankung, eine große Rolle. Ich gebe den Brief von Agnes ohne Unterbrechung und mit vollem Wortlaut hier wieder:

Wir sind vier Geschwister und wurden von braven Eltern brav erzogen. Sexualität war ein Tabuthema und galt als „gefährlich". Beide Eltern lebten ständig in Angst. Vor allem fürchteten sie, wir Mädchen könnten ein uneheliches Kind bekommen, das wäre ja eine Schande für sie gewesen. Es durfte niemals ein Junge in unser Haus kommen. Wir vier Mädchen haben auch niemals über Jungen gesprochen. Mit den Eltern wurde nie „darüber" diskutiert. Bis zum zwanzigsten Lebensjahr haben wir vor den Eltern gelebt, als wenn es kein anderes Geschlecht gäbe.

Als ich fünfzehn Jahre alt war, sagte mein Vater zu mir: „Wenn du mit einem Kind nach Hause kommst, schlage ich dich vor der Tür tot." Dabei wusste ich damals noch gar nicht, wie man ein Kind macht. Sein Satz hat so gesessen, dass ich nie eine Bindung mit einem Mann eingehen konnte. Die Angst ließ es nicht zu. So beschloss ich, ins Kloster zu gehen. Im Nachhinein erkenne ich diese Zusam-

menhänge. Damals war mir nicht bewusst, welches Erlebnis diesem Entschluss zugrunde lag.

Meine Mutter musste schon mit zehn Jahren zu einem Bauern und hat dort schwer gearbeitet. Sie wohnte auch beim Bauern, weil ihre Mutter früh gestorben war. Diese Schwierigkeiten haben ihr Leben natürlich geprägt. Und diese Erlebnisse gingen auch an uns Kindern nicht spurlos vorüber. Da sie selbst keine Liebe bekommen hatte, konnte sie auch uns gegenüber keine Gefühle zeigen. Sie hat uns zum Beispiel nie in den Arm genommen. Sie hat für uns gesorgt, aber sie wollte uns nichts lernen lassen. Wir sollten ab dem fünfzehnten Lebensjahr bei fremden Leuten arbeiten. Sie war der Meinung, dass wir ohnehin heiraten. Deshalb war es nach ihrer Auffassung wichtig, dass wir putzen, kochen und im Stall und Garten tüchtig arbeiten können. Das Geld, was eine vernünftige Ausbildung oder ein Studium gekostet hätte, war nach ihrer Meinung verlorenes und unnütz ausgegebenes Geld. Sie hatte es ja auch nicht anders kennengelernt.

Kamen wir mit Problemen zu unseren Eltern, waren sie aufgeregt und ärgerlich. Sie waren selbst dem Leben überhaupt nicht gewachsen und immer ängstlich. Mein Vater war, verzeihe den Ausdruck, lieber Mathias, eigentlich ein armes Schwein. Ich schrieb ihm, dem Toten, in einem Brief unter anderem: „Du, mein armer Vater, auf dieser Welt konntest du dich nie selbst lieben – weil dir das niemand sagen konnte."

Im Kloster war ich vierundzwanzig Jahre lang. Ich wurde dort grenzenlos und brutal ausgenutzt. Oft arbeitete ich vierundzwanzig Stunden rund um die Uhr und durfte keine Pause machen. In den letzten Jahren meines dortigen Aufenthalts wurde ich schwer krank. Ich hatte Magenbeschwerden und immer wiederkehrende Depressionen. Zu der Zeit war ich auch aggressiv, besonders vor der Periode. Wenn ich dann mal zu Hause war, schrie ich meine Mutter an und machte ihr Vorwürfe, dass sie nur beim Bauern geschuftet und wir überhaupt nie etwas von ihr gehabt hätten und im Elend steckten. Danach machte ich mir Vorwürfe über mein Benehmen und entschuldigte mich. Manchmal hatte sie verweinte Augen. Sie wurde zunehmend apathisch und lustlos.

Eine Bekannte sagte mir eines Tages, ich hätte mir meine Eltern doch ausgesucht. Das gab mir zu denken. Ich arbeitete an mir. Zwei Jahre später konnte ich meine Mutter akzeptieren und so annehmen, wie sie eben war. Ich konnte sie in die Arme schließen. Das tat ihr gut. Sie lebte richtig auf und wurde munter und froh. Auch meine Schwestern merkten ihre positive Verwandlung.

Nachdem beide Eltern tot waren, merkte ich, dass ich es nicht einfach mit ihnen hatte. Ich schrieb an beide einen fiktiven Brief. Ich konnte ihnen sagen, wie schwierig sie gewesen waren. Ich konnte meine Enttäuschung zu Papier bringen und ihnen sagen, dass sie mich überall gehemmt hatten. Seither bin ich in Frieden mit ihnen.

Durch den gesamten Prozess der Verleugnung, Schuldübernahme, Opferhaltung, Klärung und Verzeihung hindurch werden wir erwachsen und uns unserer Stärke bewusst. Erik Erikson, der große amerikanische Lebenszyklusforscher, sieht das Alter, die letzte Phase unseres Lebens, von einer grundsätzlichen Polarität beherrscht: *Integration versus Verzweiflung.* Das will sagen, im Altwerden muss ich lernen, mein Leben, so wie es war, anzunehmen und auch das Schwere als das Meinige zu *integrieren,* sonst lande ich in Verzweiflung.

Agnes, von der wir gerade hörten, hat vierundzwanzig Jahre im Kloster verbracht. Sie hat nie geheiratet. Dennoch waren die Jahre als Nonne wichtige Jahre, von inniger Religiosität und aufopferungsvoller Krankenpflege bestimmt. Sie haben Agnes tief gemacht. Das Wissen darum ist Integration, Annahme eines außergewöhnlichen und schweren Lebens.

Einem anderen Menschen sind Kinder vielleicht versagt geblieben. Dafür hat er ein volles Leben gelebt und agiert seine Väterlichkeit in sozialen Zusammenhängen oder an den Kindern seiner Geschwister aus. Auch das ist Integration. Wo die Integration nicht gelingt, da herrscht Verzweiflung. Die Bitterkeit über das Widerfahrene oder das Nichtgelebte. Das Nicht-Verzeihen-Können, auch sich selbst gegenüber. Das ist die Verzweiflung, die wir bei der alten alkoholkranken Marlene Dietrich sahen, die das Personal und die Tochter schikanierte und die eigenen Enkelkinder nicht sehen wollte.

Ohne Verletzung und Schuld gibt es kein Leben. Andere sind schuldig an uns geworden. Wir sind schuldig an anderen geworden. Das Letztere wollen wir allerdings nicht gerne einsehen. Und doch ist die Einsicht in die eigene Schuldhaftigkeit unverzichtbar für die Reise des Verzeihens.

Die Schriftstellerin Eva Strittmatter fasst unser moralisches Dilemma lyrisch so:

Schuld

Ach, wie viel Schuld in meinem Leben.
Wer wägt gerecht die eigene Schuld?
Wie schnell hat man sich selbst vergeben.
Doch das Gedächtnis hat Geduld,
Wenn andere uns mit Gram geschlagen.
Wir wissen noch nach tausend Tagen
Gewicht und Preis der fremden Schuld.

*

Unversöhnlichkeit in der Politik

Wenn die Vergangenheit nicht ruhen darf, weil die Demütigungen nicht erkannt wurden oder Trauerarbeit nicht möglich war, ist die Spirale der Vergeltung vorgegeben. Dann wird im Wiederholungszwang versucht, altes Unrecht mit neuer Aktivität zu sühnen. Die jüngste Geschichte ist voll von Beispielen.

Der „Schandfrieden" von Versailles, der Deutschland für die Schuld am Ersten Weltkrieg drakonisch bestrafte, ließ den Kampf gegen seine demütigenden Bestimmungen fast zwangsläufig zum zentralen Anliegen der deutschen Außenpolitik in den zwanziger und dreißiger Jahren werden. Umgekehrt erwuchs die Vertreibung der Deutschen nach 1944 aus den Gebieten östlich von Oder und Neiße aus dem Wunsch nach Revanche für die Leiden unter der NS-Okkupation.

In manchen Nationen führt die Schmach über eine kollektiv erlebte Niederlage zu einem Dauerschmerz, der selbst Jahrhunderte überdauern, plötzlich aber wieder virulent werden kann. Das zeigt der Konflikt zwischen den orthodoxen Serben und den muslimischen Bosniern und Albanern, an denen die Serben Rache nahmen für eine Niederlage, die sechshundert Jahre zurücklag.

Es gehört zum Wesen der Rache, dass sie das eine Unrecht mit einem neuen, oft noch größeren Unrecht vergilt. Rache setzt keinen Schlussstrich unter eine Unrechtstat, sondern führt – wie etwa bei der Blutrache – zu einer sich immer weiterdrehenden Spirale der Gewalt.

Helga Hirsch,
Ja, doch, die Rache
Wo die Zivilisation ihre Façon verliert
Frankfurter Allgemeine Zeitung, 15. 7. 2000

Die Wege der Versöhnung

Man darf nur alt werden, um milder zu sein.
Ich sehe keinen Fehler begehen,
den ich nicht auch begangen hätte.

Goethe,
Maximen und Reflexionen

Wir haben es in den vielen pulstreibenden Briefen gespürt, die Reise nach Hause ist eine tapfere Unternehmung nicht ohne Angst. Wir können sie erst dann beginnen, wenn wir über ein gewisses Maß an Abgrenzung und Selbstbewusstsein verfügen. Das Wörterbuch meint mit Verzeihen *Aufhören, jemandem etwas übel zu nehmen; aufgeben, wütend zu sein oder Vergeltung zu verlangen (für eine Beleidigung).* Unter Vergeben versteht es *etwas loslassen, ohne etwas auskommen.*

Wo ich negative Energien loslasse, das ständige Schürfen an meiner Wunde des Gekränktseins, gewinne ich Energien für positive Entwicklungen. Vergeben, so sagen wir, bedeutet nicht, die Streitigkeiten und Meinungsverschiedenheiten zu bagatellisieren oder die Eltern wie Heilige zu behandeln. Es heißt vielmehr, dass ich durch den Akt des Verzeihens mein Verhältnis zu den Eltern ändere, dass ich sie wieder liebe, anstatt einen Dauerflunsch zu ziehen und übel zu nehmen.

Ich kann eine andere Meinung als meine Eltern haben und sie dennoch mögen. Ich kann mitunter noch Traurigkeit und Zorn in mir spüren und mich ihnen doch nahe fühlen. Ich lerne, ihre unterschiedlichen Meinungen, die oft im Erfahrungsstoff einer anderen Generation wurzeln, zu respektieren. Wenn ich meinen Eltern verziehen habe, wachen liebevolle Empfindungen von selbst wieder auf. Die Vergangenheit ist nicht länger ein Alptraum. Ich löse meine Verspannung in dem Moment, indem ich meine Verteidigungsstellung verlasse. Wo ich die Liebe zu meinen Eltern wieder zulasse, gewinne ich meist auch wieder ein liebendes Verhältnis zu der Welt. Ich lasse Intimität zu, kann meinen Abstand, meine Verpanzerung und mein Kontrollbedürfnis abbauen.

Wie *Hans mein Igel* im Grimm'schen Märchen lege ich meine Igelshaut ab. Ich bin dann zwar nackt und verletzlich, aber ich bin auch wieder offen für Häutungen. Schaffe ich dies nicht, geht es mir wie Lore (*Mir imponiert an meiner Mutter oder an meinem Vater nichts. Ich habe auch keine Hochachtung vor ihnen*), die meint: *Ich bin mir, je älter ich wurde, immer mehr bewusst geworden, dass mein Vater ein mieser Lump war und dass meine Mutter mich wohl nie geliebt hat. Ja, ich meine, dass sie mich heute sogar hasst.* Zweifellos hat der Vater der damals fünfzehnjährigen Lore gegenüber missbräuchliches Verhalten an den Tag gelegt, wenn er versuchte, *mit den Händen unter die Bettdecke zu greifen und eine „Berg- und Talfahrt" zu machen, wie er es nannte.*

Ich lag dann ganz starr und klemmte die Decke ganz fest unter meinen Körper. Auch die Mutter war geizig und frostig gegen Lore. Aber ist es richtig, die Mutter seit dem Tod des Vaters vor zwei Jahren nicht mehr zu besuchen? Inzwischen ist die Mutter achtundachtzig Jahre alt. Muss es bei dem Satz Lores bleiben, *kann ich da an Versöhnung denken?* Heute ist sich Lore nicht einmal sicher, *ob meine Söhne mich lieben.* Sie fragt: *Was habe ich falsch gemacht?* Vielleicht, liebe Lore, solltest du, bei all dem Schlimmen, was passiert ist, erst einmal die entscheidenden Veränderungen in deinem Inneren zulassen. Dazu im Folgenden mehr.

Auch Ulla (*ich habe mich nicht geborgen gefühlt. Mir imponierte an meiner Mutter die sichere Urteilskraft und ihr eiserner Wille*) leidet an der Unversöhntheit, sogar mit Alpträumen. Es handelt sich um *furchtbare Bilder im Zusammenhang mit Mutter und Vater. Dann sind mir Zweifel gekommen, ob meine inneren Bilder auch stimmen. Daraufhin habe ich mehr um Verzeihung für meine Gedanken gebeten und auch versucht, selbst zu verzeihen. Ich habe dann meine Mutter offen auf meine Träume angesprochen, aber sie hat alles abgestritten. Ich habe Frieden geschlossen, wahrscheinlich jedoch noch nicht richtig. Ich weiß wohl nicht, wie es geht.*

Erasmus (*ich würde meiner Mutter nie meine Kinder zur Obhut anvertrauen. Sie hat meinen Sohn, außer auf Fotos, bis heute noch nicht gesehen*) hat beide Eltern als lieblos erlebt, den Vater jähzornig und schlagend. Der Vater ist tot: *Meine Mutter lebt noch, jedoch auch sie tut nichts zur Bereinigung unserer Beziehung. Von meinen Geschwistern bekommt sie Schützenhilfe. Sie bilden gemeinsam eine Front gegen mich und greifen direkt meine Frau an, welche in ihren Köpfen die Ursache meines Beziehungsbruches ist. Welch Hirngespinst. Den Schritt der Verzeihung habe ich noch nicht verwirklicht. Ich weiß auch nicht die Lösung, beziehungsweise ob ich dafür auch schon bereit bin. Vielleicht gab ich meinen Eltern keine Chance. Ich habe mich selbst in den Beruf gestürzt, um mich mit der privaten Problematik nicht auseinandersetzen zu müssen.*

Vielleicht kann man diesen verborgenen Hilferufen seelisch zerrissener Töchter und Söhne die Einsicht Sentas gegenübersetzen (*ich habe mich oft als Außenseiter in meiner Familie erlebt. Immer am Ringen um Anerkennung*). Sie ist heute der Meinung, *dass meine Eltern in meiner Erziehung ihr Bestes im Rahmen ihrer Möglichkeiten gegeben haben. Dieser Blickwinkel ließ meine Wut und meinen Ärger verschwinden – die Trauer ist geblieben. Nur kann ich heute besser damit umgehen, kann mein Leben selbstbestimmter in die Hand nehmen und nach Möglichkeiten suchen, mit diesen Kindheitserfahrungen besser umzugehen und an Veränderungen zu arbeiten. Und dafür bin ich verantwortlich – nicht mehr meine Eltern. Das war natürlich ein langer Prozess, aber die Veränderung bietet mir auch die Möglichkeit, heute auf meine Eltern anders zuzugehen. Da habe ich immer einen Satz meines Beraters im Kopf: „Wenn du dir etwas anderes wünschst im Umgang mit deinen Eltern, tu du den ersten Schritt." Ich habe es getan und tue es immer wieder. So habe ich es zum Beispiel geschafft, meine Eltern zur Begrüßung in den Arm zu nehmen. Oder sie zu küssen, und das ist wunderschön. Das ermutigt mich, darin weiterzumachen.*

Wenn Senta nicht länger abwartet, sondern auf die Eltern zugeht, so zeigt sie uns damit das Entscheidende: Oft ist für uns die Veränderung der realen Beziehung mit den Eltern nicht mehr möglich, weil sie zu einer neuen Sicht der Dinge intellektuell und psychologisch nicht in der Lage sind (oder weil sie tot sind). Was allein zählt, scheint mir, ist *meine* veränderte Wertung der Eltern. Der Friedensschluss mit den *inneren Eltern.*

Das ist, wenn man die Tiefe des Problems zulässt, eine grundsätzliche philosophische Frage. Sie ist um die Frage der Ich-Werdung und der menschlichen Freiheit zentriert. Die Individuation bedeutet ihrem Wesen nach Spaltung, nämlich Absonderung von dem Verschmolzensein und dem Aufgehobensein in den Eltern. Der Philosoph Karl Jaspers nennt dieses Geborgen-Umgreifende die *Transzendenz.* Wenn man diese Bedeutung seines Begriffes mitdenkt, versteht man auch, was er meint, wenn er die geistige Ablösung von den Eltern als Jugendlicher und das Ergreifen der eigenen Freiheit als ein *Zerfallensein gegenüber der Welt* bezeichnet. Es ist eine Art Verlassen des kindlichen Geborgenheitsparadieses auf eigene Faust: Wir verlieren die Unschuld und das fraglose Getragensein („Transzendenz"), dafür winkt uns der Baum der Erkenntnis und die existenzielle Mündigkeit unseres Ichs mit all seinen Katastrophen und Siegeszügen.

Bei Jaspers liest sich das so: *Als Kind ist mir meine Unabhängigkeit noch nicht fraglich. In der Beziehung zu den Eltern bin ich auf einzige Art aufgehoben. Was später in Kommunikation aus Freiheit sein kann, ist noch in einer fraglosen Transzendenz: Eltern sind ihre Bewahrer und Künder, sind Ahnen, Gott. Sie sind die mythische Reihe des Seins, in dem ich geborgen bin. Noch im Augenblick, in dem ich die Frage nach der Freiheit aufwerfe, scheint es mir, als sei ich frei gewesen, hätte aber schlummernd in einer dunklen Abhängigkeit gelebt, von der ich mich nun befreien müsse. Indem ich selbst fragen, prüfen und entscheiden kann, leuchtet mir im Entstehen unerklärlich die Notwendigkeit meiner eigenen Verantwortung auf... Ein Schatten fällt auf die fraglose Transzendenz, die mich barg. (Philosophie II. Existenzerhellung).*

Gleichgültig ob die Eltern stark oder schwach waren, ein Widerspruch bleibt: Um erwachsen zu werden, muss ich mich von den Eltern trennen *und* Treue bewahren, mich deidentifizieren *und* identifizieren. Die Zellspaltung zwischen Eltern und Kindern als Spannung *und* Einheit fruchtbar machen, ist das Gesetz des Lebens und der menschlichen Psychogenese. Ich bin Bestandteil einer Generationenfolge mit mächtigen Wurzeln tief im Erdreich vergangener Geschlechter. Ich bin gleich oder ähnlich in Aussehen, genetischer, mentaler, sprachlicher und landsmannschaftlicher Prägung. Ich bin zugleich ein Neues, eine Welturaufführung voller Eigen-Sinn.

Mich selbst zu gewinnen, bedeutet, so würde der Philosoph Hegel sagen, nicht eine einfache Negation, sondern eine vermittelnde, *aufhebende Negation*. Was heißt das? Wenn wir das Herz voll Hass gegen die Eltern haben, lehnen wir sie im Sinne einer *einfachen Negation* ab. Alles ist schlecht, was sie repräsentieren, damit aber auch das, was sie uns mitgaben. Ich stilisiere mich damit selbst zu einem quasi geschichtslosen Individuum, das nur aus sich selbst existiert und gleichsam gar keine Wurzeln hat. In dem Moment jedoch, wo ich in der Versöhnung mit den Eltern das Gute und das Schwierige zu sortieren beginne, die Hypotheken abtrage und die Mitgift zinsbringend anlege, habe ich eine *aufhebende* oder *positive Negation* geleistet. Das ist Arbeit und der Prozess einer jahrelangen Auseinandersetzung.

C. G. Jung charakterisiert die oft unsichtbaren hypothekarischen Belastungen des Kindes durch die neurotischen Aspekte der Eltern mit filigranen Worten: *Das Kind ist zu sehr ein Teil der psychologischen Atmosphäre der Eltern, die geheime und ungelöste Schwierigkeiten seiner Gesundheit beträchtlich beeinflussen können. Die „participation mystique", das heißt, die primitive unbewusste Identität, lässt das Kind die Konflikte der Eltern fühlen und daran leiden, als ob sie seine eigenen wären. Es ist sozusagen nie der offene Konflikt oder die sichtbare Schwierigkeit, welche die vergiftende Wirkung hat, sondern es sind die geheim gehaltenen oder unbewusst gelassenen Schwierigkeiten und Probleme der Eltern. Der Anstifter solcher neurotischer Störungen ist ohne Ausnahme das Unbewusste. Dinge, die in der Luft liegen und die das Kind unbestimmt fühlt, die niederdrückende Atmosphäre von Befürchtungen und Befangenheit drängen mit giftigen Dämpfen langsam in die Seele des Kindes ein (Gesammelte Werke 17, 144).*

Uwe, vierundvierzig, Arzt, verheiratet, vier Kinder, die er heiß liebt, kennt diese *giftigen Dämpfe,* von denen C.G. Jung spricht: *Groll auf den Vater, weil er sich in seine Welt zurückzog und mich als Junge nicht unterstützte. Groll auf Mutter, weil sie mich voll in ihre Frauenwelt integrieren wollte.* Uwe resümiert jedoch: *Ich habe beiden verziehen. Das war ein Prozess, den ich erst ab dem dreißigsten Lebensjahr begonnen und jetzt, mit vierundvierzig, zu einiger Zufriedenheit gebracht habe. Ich habe lange gebraucht, um zu mir zu kommen, es war alles recht zerrissen. Zwei Ehen sind mir dabei zu Bruch gegangen. Geholfen hat mir der Blick auf meine eigene Zerrissenheit und das Lernen, von Wertungen loszulassen.* Sein Rat: *Versuche, das eigentliche Wesen der Eltern zu sehen, befreit von deren eigener Verstrickung. Versuche, sie dafür zu lieben, wenn du kannst.*

Um uns mit den Eltern zu versöhnen, brauchen wir die Liebe gleichsam wie ein Schmieröl, um die Zahnräder der Beziehung wieder zum Laufen zu bringen. Wieland aus Kanada (*meine Eltern sind beide tot*) sagt: *Unfrieden mit den Eltern ist wie eine geöffnete Schublade unserer Lebenskommode. Sobald wir diese schließen können, steht die Kommode wesentlich stabiler an ihrem Platz. Zuerst sollte man nüchtern betrachten können, woher Ungereimtheiten, Trennung, Unfriede kommen. Wenn die Eltern noch leben, sollte man eine günstige Voraussetzung schaffen, um dieses Thema anzugehen. Vielleicht hilft es am Anfang ganz einfach, die Eltern spüren zu lassen, dass man sie liebt. Liebe macht offen für vertrauensvolle Kommunikation ... Falls wir immer wieder abblitzen, bleibt uns immer noch die Möglichkeit, mindestens in unserem eigenen Herzen Frieden mit dem Du zu erreichen. Auch dies ist schließendlich eine positive Energie.*

Der Weg der Versöhnung wird leichter, wenn ich mir die Hilfe meines Partners oder meiner Geschwister dazuhole. Viktoria, sechsundzwanzig, verheiratet, ein Sohn, Unternehmerin mit drei Firmen (*Bei uns wurde nie gesprochen*), erinnert sich: *Allen, die sich eine Versöhnung mit ihren Eltern wünschen, kann ich nur raten, sich einen guten Partner zu suchen, der einem zur Seite steht. Mein Mann war stets da, wenn wieder mal alles schief ging, und konnte auch ab und zu vermitteln ... Ein Elternhaus sollte ein Hafen sein, in den man auch nach langer, langer Reise mit noch so widrigen Umständen wieder zurückkehren kann. Genauso muss man ihn auch verlassen können. Ich weiß, dass ich meine Eltern liebe. Ich möchte sie nicht tauschen, auch*

*wenn beide Seiten viele Fehler gemacht haben. Aber
dafür sind wir Menschen.*

Die *via regis*, der Königsweg der Versöhnung, ist
ein Brief an Mutter oder Vater. Die Eltern können tot
oder lebendig, der Brief fiktiv oder real sein, darauf
kommt es nicht an. Wie sollte so ein Brief aussehen?
Erst einmal sollte es nicht um Orthographie, Inter-
punktion oder einen glänzenden literarischen Stil
gehen. Wir sind schließlich nicht Hesse, Kafka oder
Simenon. Oft haben wir es gar nicht gelernt, unsere
Gefühle schriftlich auszudrücken. Wichtig ist allein,
dass es ein *heilender* Brief wird, so ehrlich und rückhaltlos wie möglich. Den Brief sollte ich in einem geschützten Raum schreiben, das heißt an einem ruhigen Wochenende, ohne sonstige Belastungen und in
guter gemütsmäßiger Verfassung. Wichtig ist es
auch, dass jemand da ist, der mich auffängt. Denn die
Dynamik des Schreibens ist nicht zu unterschätzen.
Fast alle meine Klienten berichten mir, dass sie beim
Schreiben geweint haben, schrien oder Bücher auf
den Boden schmissen, dass sie litten wie die Hunde,
aber sich am Ende frei fühlten. Es ist ein Prozess der
Katharsis, der Erschütterung und inneren Reini-
gung. Den Brief kann ich auch symbolisch zustellen:
Ich verbrenne ihn (nachdem ich mir eine Kopie für
mich gemacht habe) und streue die Asche in den
Wind, ins Meer, auf das Grab des Adressaten...

Wichtig ist es, zunächst einmal zu bedenken,
wenn die Eltern noch leben, ob ich ihnen den Brief
zuschicken werde. Sehr oft empfiehlt es sich nämlich, dies nicht zu tun, weil die Eltern verständnislos

reagieren und wir uns damit eine erneute Niederlage organisieren würden. Es reicht, diesen Brief nur für sich selbst zu schreiben. Er ist ein wichtiges Dokument, das ich noch zwanzig Jahre später lesen oder meinen Kindern zeigen kann. Es ist eine Inventur, eine Rechenschaftslegung, Abrechnung, Kommentar, Expression aller Gefühle, Anklage, Sehnsucht, Liebeserklärung und Neuanfang in einem. Der Brief kann eine Seite oder zwanzig Seiten umfassen. Hier ist es wirklich einmal wichtig, die Negativposten so konkret wie möglich aufzulisten, mit Orts- und Zeitangabe, also nicht einfach zu schreiben *Vater, du warst ein Scheusal, Mutter, du warst lieblos.*

Da könnte zum Vater etwa stehen: *Du hast nie ordentliche Unterhaltszahlungen geleistet. Obwohl ich bettelte, hast du mich nie auf deinen jährlichen Skiurlaub mitgenommen. Ich bin wütend, dass du mich kleines Kind geschlagen hast.* Oder zur Mutter: *Ich bin gekränkt, dass du mich immer „Trampel" geschimpft hast, obwohl ich alles gut machen wollte. Ich bin traurig, dass du mich als Mädchen abgelehnt hast, weil du lieber einen Sohn gehabt hättest. Ich bin stinkwütend, dass du mich ins Internat geschickt hast.*

In dem Brief sollten wir alles schreiben, was in diesem Augenblick aus uns herausbricht. Der Brief darf auch derb sein, Schimpfworte enthalten. Wir sollten nicht die Gefühle unterdrücken und in eine Eigenzensur verfallen. Wir dürfen Partei ergreifen für das kleine Kind, das wir einmal waren, und möglichst genau seine damaligen Gefühle der Ab-

wertung, Erniedrigung, Einsamkeit und Hilflosigkeit nachspüren. In den Brief muss alles hinein, was
wir niemals den Eltern zu sagen wagten, unsere sui-
zidalen Stimmungen, unsere damalige Panik, unsere
Fehlreaktionen, Schulversagen, Rebellion aus Not
und vieles mehr. Es empfiehlt sich, falls es notwendig ist, je einen getrennten Brief an die Mutter und
an den Vater zu schreiben, damit ich meine Gefühle
auseinanderhalten kann. In dem letzten Teil des
Briefes sollten wir, nachdem wir, vielleicht zum
ersten Mal in unserem Leben, all das Bedrückende
beim Namen genannt haben, nun auch das Positive
benennen. Etwa: *Deine Gescheitheit und Lebens-
witz, Mutter, waren wunderbar. Du hast jeden
Pfennig für uns Kinder nach Hause gebracht. Ich
habe von dir, Mutter, meine Leichtigkeit und
Lebensbejahung. Von dir, Vater, besitze ich mein
berufliches Engagement, mein technisches Verständnis, Handwerkfreude und Zähigkeit.*
In diese Passagen des Briefes gehört auch unbedingt die Dankbarkeit, vielleicht nach dem befreien-
den Motto des Philosophen Lao-tse:

*Wenn du erkennst, woher du kommst,
wirst du von allein tolerant,
gelassen, heiter,
freundlich wie eine Großmutter,
würdig wie ein König.
Versunken ins Wunder des Tao
kannst du alle Wirrnisse des Lebens bewältigen
und wenn der Tod naht, bist du bereit.*

Ich weiß, wovon ich spreche. Ich habe, wie meine Therapeutenkolleginnen und -kollegen auch, solche Briefe an die Eltern hunderte Male schreiben lassen. Ich bin immer wieder verblüfft und dankbar um ihre reinigende Wirkung. Aber auch ich selbst habe einen solchen Brief vor vielen Jahren an meinen geschiedenen Vater geschrieben. Ich war damals in einer körperorientierten Gruppentherapie. Sie tat mir sehr gut und half mir, mich von Minderwertigkeitskomplexen, Verkopftheit und vielem biografischem Ballast zu befreien. Die Unversöhntheit mit meinem Vater trieb mich um. Er war bereits tot. Als ich zum wiederholten Male an den Schmerzen meiner Vater-Wunde litt, schlugen mir meine beiden klugen Therapeuten Susanne und Harry vor, die Mittagspause zu einem *Brief an meinen Vater* zu benutzen.

Ich tat dies und schrieb etwa zehn für mich aufwühlende Seiten. Ich klagte meinen Vater an. Ich schleppte ihn vor das Tribunal meiner Seele und konfrontierte ihn Punkt für Punkt mit all seinen „Untaten". Dabei weinte ich zum Steinerweichen, allein oben im Gruppenschlafzimmer. Fast noch mehr geweint habe ich, als ich Vaters schöne Seiten würdigte, seine Klugheit, seine gleichbleibende Freundlichkeit, seine ärztliche Kompetenz, Sportlichkeit, Musikalität (er war ein guter Klavierspieler), seine Heiterkeit im Umgang mit Patienten und Freunden. Ich entschuldigte mich auch bei ihm, dass ich fast ein Leben lang mit der „geliehenen Stimme" meiner – enttäuschten – Mutter über ihn gesprochen und ihm damit den Zugang zu meinem Herzen verwehrt hatte. Der letzte Satz des Briefes an meinen Vater lautete: „Ich liebe dich."

Über diesen Satz, der mir sozusagen herausrutschte, der in Wahrheit jedoch von meinem Unbewussten diktiert worden war, habe ich selbst am meisten gestaunt. Wenig später durfte ich meinen Brief in der Gruppe vorlesen. Auf Anregung der Therapeuten scharten sich die Männer der Gruppe um mich und umarmten mich tief und fest. Es war, als ob sie einen „kollektiven Vater" symbolisierten. Ich weinte noch einmal herzzerreißend. Dann brach mein Schluchzen wie bei einem Kind ab. Ich war befreit und fühlte mich wie ein Neugeborenes. Ich hatte meinem Vater endlich einmal gesagt, was mir auf der Seele lag. Zu Lebzeiten hatte ich mich das nicht getraut. Jetzt war die Situation bereinigt. Ich bin bis auf den heutigen Tag versöhnt mit meinem Vater. In meiner Wohnung habe ich ein großes Foto von ihm, teuer gerahmt, aufgehängt. Ich sehe Vater täglich mit Wohlgefallen.

Clara, vierzig, die Jüngste von sechs Kindern, ist im Augenblick die meiste Zeit bei den Eltern, achtzig und neunzig Jahre alt, *da ich zur Zeit nicht arbeite und sie Hilfe brauchen*. Clara hätte als Jüngste unbedingt ein Junge werden sollen: *Die Rolle habe ich dann auch über Jahre gespielt. Noch heute werde ich das Gefühl nicht los, dass ich in eine Welt hineingeboren wurde, in der es für mich keinen Platz gab... Ganz oft muss ich an das Märchen „Hans mein Igel" denken, der auch immer wieder nach*

285

Hause kam und glaubte, er würde noch etwas mitbekommen. *Obwohl man vom Verstand her weiß, dass es nicht funktioniert, versucht man es immer wieder.* (Das Märchen *Hans mein Igel* wird in meinem Buch *Zweite Lebenshälfte* bzw. *Lebensnachmittag*, der Neuauflage, tiefenpsychologisch interpretiert).

Clara hat sich jedoch ihre Not in einem kleinen Text *Nachrichten an eine Mutter* von der Seele geschrieben. Sie kehrt darin in ihre eigene Ursituation im Mutterleib zurück: *Liebe Mama, du weißt nicht, ob ich ein Junge oder ein Mädchen werde, aber ich schon. Ich möchte dich daher bitten, dir keinen Jungen oder ein Mädchen zu wünschen, sondern ein Kind. Weißt du, was geschieht, wenn ich spüre, dass du dir einen Jungen wünschst, ich aber ein Mädchen bin? Ich spüre, dass ich deine Erwartungen nicht erfüllen kann. Weißt du, dass ich dann später all deine Erwartungen erfüllen muss, um dir zu genügen? Hast du schon einmal Frauen gesehen, die gar nichts Weibliches an sich hatten oder Männer, die nur wenig männliche Merkmale besaßen? Du kannst darauf wetten, dass sich hinter der Fassade die Summe der frühen Wünsche ihrer Mütter abbilden... Ich habe daher eine Bitte an dich: Nimm mich um meiner Selbst willen an und nicht um deiner Erwartungen willen, denn ich habe jetzt nur d i c h. Wenn ich später erwachsen werden will, muss ich mein Leben leben dürfen und nicht das Leben eines anderen. Wir kommen alle als Individuen auf die Welt und enden als Kopien oder angepasste Arschlöcher.*

Clara trifft zwei wichtige Feststellungen zum Thema Versöhnung: *Ohne Frieden zu schließen, geht es nicht. Sonst werden wir ein Leben lang in der Situation des verletzten Kindes verharren, was uns nicht weiterbringt und uns in uns selbst erstarren lässt. Ich jedenfalls habe mir vorgenommen, meine Eltern bis zu ihrem Tod zu begleiten. Ich werde sie nicht allein sterben lassen und so lange für sie sorgen, wie es meine Kraft zulässt. Ich denke, trotz allem haben sie es verdient.* Clara schließt: *Liebe kann man lernen. Nur, wer schon eine Kindheit voller Liebe hatte, dem reicht sie für ein ganzes Leben. Für die anderen ist es harte Arbeit.*

Ein guter Weg zur Versöhnung mit den Eltern kann, wie mehrere Schreiberinnen und Schreiber berichten, die *Familienaufstellung* sein. Sie ist heute mit dem Namen des süddeutschen Familientherapeuten und katholischen Theologen Bert Hellinger verknüpft. Tatsächlich wurde sie natürlich schon vor ihm in der systemischen Familientherapie, dem Psychodrama oder etwa der Gestalttherapie praktiziert. Hellinger hat die Familienaufstellung jedoch zu einer außerordentlichen Verdichtung geführt. Allerdings, meine ich, sind zwei Warnungen angebracht. Einmal neigt Hellinger zu autoritären und spekulativen Aussagen im Rahmen seines therapeutischen Konstrukts von *Sippenbewusstsein,* aber auch in seiner Arbeit mit organisch kranken Menschen. Da werden in der 30–40-minütigen Familienaufstellung neurotische Verhaltensweisen oder Krankheiten des Klienten mit einer im Extremfall in

der Großelterngeneration befindlichen Familien-
konstellation in Verbindung gebracht und apodikti-
sche Diagnosen erstellt (*du willst deiner Großtante
in den Tod folgen*), ohne dass sie rational nachvoll-
zogen werden können. Sie müssen geglaubt werden.

Zum anderen ist es heute oft Mode geworden, an
einem Wochenende isoliert eine Familienaufstellung
zu machen und daraus die schnelle Lösung aller
Probleme zu erwarten. Dies ist aus zwei Gründen
falsch: Aktuelle Störungen sind fast nie monokausal
die Folge einer Traumatisierung in der Ursprungsfamilie, sondern sie sind multifaktorell, das heißt
durch viele Lebensumstände verursacht. Zum anderen ist die Familienaufstellung *Teil* eines therapeutischen Prozesses, allerdings eine potenziell
glänzende psychodramatische Verkörperung und
Visualisierung, die tief beeindruckend ist und nur
empfohlen werden kann. Aber die Familienaufstellung ersetzt nicht die „Mühen der Ebene" einer
Therapie, die Zeit braucht. Psychotherapie ist
immer auch detektivische Arbeit, langsames emotionales Aufbrechen, ein Entwicklungsprozess mit
Rückschlägen, Stagnation, Auf- und Durchbrü-
chen. Generell möchte ich Vorsicht allen therapeutischen Blitzverfahren gegenüber anraten, die wie
eine chemische Großreinigung die sofortige Entfernung seelischer Flecken versprechen.

Dass im Rahmen gründlicher therapeutischer
Arbeit auch und gerade die Familienaufstellung
einen unvergleichlichen kognitiven wie gefühlshaf-
ten Zugang zur Versöhnung mit den Eltern eröffnen

kann, erlebte Heinrich, verheiratet, Vater von drei Kindern. Man muss wissen, dass Heinrichs Mutter, eine Vertriebene aus dem Osten, ihre uneheliche Schwangerschaft benutzte, *damit sie meinen Vater heiraten konnte. Nach der Heirat hatte ich meinen Zweck erfüllt und war eigentlich überflüssig: Die Welt, in die ich hineingeboren wurde, war kalt. Liebe war Fehlanzeige. Ich lief meinen Eltern immer hinterher, immer in der Hoffnung, doch noch etwas Liebe von ihnen zu bekommen. Doch alles Laufen half nichts. Es blieb alles beim Alten.*

Heute schwankt Heinrich zwischen der Sehnsucht, sein Herz zu öffnen, und seinem Seelenpanzer. In der Familienaufstellung begriff Heinrich das Drama seiner Eltern so tief, wie er es noch nie verstanden hatte: *Der Therapeut stellte hinter mir meine Eltern auf, hinter meiner Mutter deren Eltern, ihre Religion und Ostpreußen. Hinter meinen Vater stellte er dessen Eltern und seine Religion auf. Dann legten alle ihre Hand auf mich. Ich ließ beide Welten, beide Kulturen in mich hineinfließen. Danach war ich völlig entspannt.* Heinrich erkannte: *Ich bin auf einer anderen Ebene mit meiner Mutter verstrickt. Sie hat es wahrscheinlich nicht überwunden, ihre Heimat, ihren Kulturkreis gewaltsam verlassen zu müssen. Dann musste sie für die Heirat ihre Religion aufgeben. Zudem war sie mittellos. Aus dem einen Kulturkreis wurde sie entwurzelt, in den neuen Kulturkreis konnte oder wollte sie nicht hineinwachsen. Sie hat sich nie mit diesem Problem auseinandergesetzt. Ich übernahm nun von meiner Mutter, und das ist die Verstrickung, dieses Unentschlossene, zwischen zwei Welten lebend, sich nicht für das eine oder das andere entscheiden zu können. Ich habe, wenn man so will, zwei Seelen in meiner Brust und kann mich nicht für eine entscheiden ... Die Heirat meiner Eltern und die Umstände dabei sehe ich nach der Familienaufstellung mit anderen Augen. Wut und Trauer sind dabei, von mir zu weichen.*

In den Familienaufstellungen wird, mit Recht meine ich, großer Wert darauf gelegt, dass sich die erwachsenen Kinder in die *Ordnung der Liebe* (Bert Hellinger) einfügen, den Vater als Vater, die Mutter als Mutter respektieren und dies in einer tiefen Verneigung, oft auch einem Einstellungssatz (*Ich verehre dich als meinen Vater. Du bist meine Mutter und ich achte dich*) ausdrücken. Mia hat lange darunter gelitten, dass ihr der Vater als Mädchen den Besuch der Höheren Schule verweigerte (*ich glaube, dass damals mein größter Komplex entstanden ist*), und sie sehnte sich vergeblich danach, einmal auf dem Schoß des Vaters zu sitzen. Doch vor einiger Zeit nahm sie Zuflucht zu einer Familienaufstellung: *Offen ausgesprochen habe ich mein Verzeihen in einem Wochenendseminar über „Großsystemische Familienaufstellung". Darum konnte ich auch jetzt in deinen Fragestellungen, lieber Mathias, so manches Positive über Versöhnung mit den Eltern aussprechen, was ich vorher nicht gekonnt hätte.*

Versöhnung mit den Eltern heißt, die Reise zu den Wurzeln, *back to the roots*, anzutreten. Kaum etwas ist versöhnender, als sich mit den alt gewordenen Eltern die Fotos früherer Zeiten anzusehen, viele Fragen zu stellen, Missverständnisse aufzuklären oder auch nur das friedliche Zusammensitzen zu genießen. Schließlich und endlich ist aber auch das Sterben und der Tod der Eltern oft – nicht immer – ein großer Versöhner.

Annemie (*heute habe ich meine liebe Mutter zu Grabe getragen*) hat zunächst den Tod des Vaters vor vierzehn Jahren als schrecklich erlebt: *Er war zwar viele Jahre krank, doch kam der Tod dann doch für mich zu plötzlich. Ich konnte keine Gespräche mehr führen. Er war zwar immer als Vater anwesend, aber eine Tochter-Vater-Beziehung, wie ich es mir gewünscht hätte, gab es nicht. Nun war es zu spät für Gespräche. Alpträume verfolgten mich. Die Erde über dem Grab bewegte sich, der Sarg kam heraus, der Deckel öffnete sich, und Vater stieg aus dem Sarg.*

Ähnliches wollte Annemie nicht mit ihrer Mutter erleben. Eine Kartenlegerin sagte Annemie, „Wenn Ihre Mutter stirbt, wird es für Sie eine Erleichterung sein": *Ich fuhr schon am nächsten Tag zu meiner Mutter, umarmte sie und ließ sie aus ihrem Leben erzählen. Ich wollte alles wissen. Als sie mir von der Flucht 1953 aus der DDR erzählte (mein Vater war schon 1949 geflüchtet und ließ Mutter und Geschwister alleine zurück) und von ihrem Heimweh nach der Heimat, nach den Kindern, die sie zurücklassen musste, von der Schwangerschaft mit mir in Armut und den Depressionen,*

*die sie bekam, änderte ich meine Einstellung zu ihr,
und sie wurde meine Mutter. Von da an besuchte ich
sie öfters und ließ sie immer wieder erzählen.*

Ich selbst hatte nicht den Mut, Mutter zu werden. Sie hatte den Mut, gebar selbst vier Kinder und
heiratete einen Witwer mit vier Kindern. Trotz
allem haderte sie nicht mit ihrem Schicksal. Vater
hinterließ ihr nur eine kleine Witwenrente am
Rande der Sozialhilfe, doch mit dem Wenigen
machte sie sich, sechsundsiebzigjährig, noch das
Leben schön. Sie gab niemals Geld für eine Tasse
Kaffee in einem Café aus – ich lud sie ein zum Café
Heinemann oder Käfer in der Kö-Galerie in Düsseldorf. Dann machte sie sich fein, und wir verbrach-
ten schöne Stunden.

Die Mutter bekam einen Tumor hinter dem
Auge, inoperabel. *Sie wünschte sich dann im Sommer, noch einmal ihre Heimat zu sehen. Ich organi-
sierte eine Ferienwohnung und fuhr mit ihr gemeinsam im PKW Richtung Sachsen/Erzgebirge. Sie
zeigte mir den Ort ihrer Geburt und ihrer Kindheit,
den Schulweg, das Haus der Eltern. Für mich war es
ein besonderes Erlebnis. Ich erfuhr durch meine
Mutter, wo meine Wurzeln sind. Wir besuchten ihre
Geschwister und hatten in den vier Tagen viel
Freude. Und es war mir eine Freude, meiner Mutter
Freude zu bereiten.*

Das klingt alles so selbstverständlich, in Wahrheit war es eine psychische Revolution. Denn
Annemie erlebte eine schwere Kindheit: *Ich lebte
als Kind wie unter einer Tarnkappe (nur nicht auf-*

fallen). *Ich fühlte mich minderwertig und ungeliebt. Ich konnte erst ab Mitte vierzig etwas freier werden. Das Seminar deiner Schwester Maria Theresia „Frau, flieg dich frei" hat mir sehr geholfen.*

Dann starb die Mutter: *Der geistige und körperliche Verfall war dramatisch. Weihnachten verbrachte ich rund um die Uhr an ihrem Bett. Sie sprach nur noch mit den bereits Verstorbenen und lag wie im Koma. Ich rief Freunde und Verwandte an. Ich weinte und nahm Abschied. Ich ließ sie los und sagte: „Mutti, wenn du nicht mehr auf dieser Welt sein willst, ich lasse dich gehen." ... Mein Bruder hatte sich nicht mehr gemeldet. Sein Kommentar: „Sie war für mich nicht da, als ich sie als Kind brauchte". Heute, zur Beisetzung, war er auch nicht da ... Nun kann ich auch den Satz der Kartenlegerin verstehen. Ich bin erleichtert, dass meine Mutter nicht mehr leiden muss, dass sie friedlich eingeschlafen ist und keine großen Schmerzen ertragen musste – Schlimmeres ist ihr erspart geblieben. ... Nun kann ich wieder mit Mutti sprechen – ihre Stimme kann ich aber noch anhören. Auf den Bändern meines Anrufbeantworters ist sie gespeichert.*

Hier liegt ein wichtiger Hinweis versteckt: Wäre es nicht auch ein Weg der liebenden Erinnerung und der familiengeschichtlichen Spurensicherung, nicht nur das Band des elterlichen Anrufbeantworters aufzubewahren, sondern die Eltern mit einem Tonband zu befragen und ihre unvergesslichen Stimmen für sich und für die Kindeskinder zu speichern? Ich habe selbst so viele Menschen in meinem Leben interviewt, von Willy Brandt bis Luise Rinser. Ich besitze alle Bänder noch. Wieviel würde ich jedoch für ein einziges Band mit der Stimme meiner Mutter geben! (Die Stimme meines Vaters besitze ich auf Tonband).

Auch Pia, die Dritte von vier Kindern, die mit dreizehn Jahren begreifen musste, dass die Ehe der Eltern eine Fassade und die Mutter alkoholsüchtig war, erlebte den Tod der Mutter als großen Wegweiser. Als sie am Todestag um acht Uhr morgens am Bett der in den frühen Morgenstunden verstorbenen Mutter saß, *fühlte ich noch ihre Wärme und wusste sie gut aufgehoben in des Schöpfers Hand. Wir beteten für sie, und ich spürte Vergebung für die Fehler, die ich im Umgang mit ihr gemacht habe, und Vergebung für die Verletzung, die sie mir zugefügt hat. So bleibt die Liebe, die sie mir gegeben hat, und das ist ein sehr schönes Gefühl. Noch heute spüre ich den Frieden der Situation. Ich bin traurig, dass sie nicht mehr da ist, aber ich bin sehr glücklich, dass sie meine Mutti war. In den nächsten Tagen haben wir Geschwister viel über das Leben meiner Mutter erfahren, anhand von Aufzeichnungen und Briefen, die wir fanden. Es war ein sehr schweres Leben. Ich kann vieles heute besser verstehen und „einsortieren". Ich habe gemerkt, dass nicht wir Kinder ihr das Leben so schwer gemacht haben, wie ich das als Kind oft dachte. Wir hatten zu Lebzeiten keine so liebevolle, verzeihende, erwachsene Beziehung zueinander wie heute nach ihrem Tod … Ich war hart und verurteilend gegen meine Mutter. Dies* vor allem, weil sie nie darüber geredet hat, was sie bewegte und geprägt hat. Das habe ich erst nach ihrem Tod erfahren. Ich empfinde heute, dass wir uns verziehen haben.

Zia, eine gebürtige Jugoslawin, erlebte mit fünfzehn Jahren die Trennung ihrer Eltern. Der Vater wurde Alkoholiker und stürzte jämmerlich ab. Gleichwohl hat sie die letzte Zusammenkunft mit ihm versöhnt: *Der Tag vor seinem Tod gehörte mir. Nach der Arbeit fuhr ich zu ihm. Er war am Tropf. Mit dem Tropf gingen wir in die Raucherecke, damit er seine Zigarette rauchen konnte. Wir erzählten anders als sonst. Über seine Kindheit, über uns, und wir schauten uns die Sterne an. Der Himmel war klar, es war ein angenehmes Gefühl, bei ihm zu sein. Ich brachte ihn bis ans Bett. Er legte sich zum Schlafen. Händchenhaltend saß ich neben seinem Bett und wollte bleiben, bis er einschlief. „Geh nach Hause, Zia. Du hast dort einen Mann und eine Tochter, die auf dich warten. Wir sehen uns ja bald wieder." Ich lag vielleicht gerade eine Stunde im Bett, als das Telefon klingelte. Es war das Krankenhaus. Papa lag im Sterben. Als wir ankamen, war er tot. Ich saß lange an seinem Bett und weinte. Doch den Abend mit ihm kann mir keiner nehmen. Das war das Schönste in meinem Leben mit meinem Vater. Der Tod war für ihn eine Erleichterung. Für mich war er doppelt so schwer, da ich gerade angefangen hatte, meinen Vater kennen zu lernen und zu lieben. Ich brauchte fast ein Jahr, bis ich loslassen konnte. Er ist mir im Traum erschienen und sagte mir, es ginge ihm gut. Auch jetzt laufen dicke Tränen über mein Gesicht, obwohl ich es jetzt zum zweiten Mal schreibe. Ich vermisse ihn.*

Manchmal brauchen wir auch die Verletzung durch unsere eigenen Kinder, um uns mit den Eltern zu versöhnen. Isabell, deren Vater 1945 zusammen mit zwölf anderen Offizieren von den Tschechen erschossen wurde, hatte oft ein gespanntes Verhältnis zu ihrer tüchtigen, alleinerziehenden Mutter. Die Tochter, heute Sportlehrerin, ist der Mutter nicht immer gerecht geworden, hat sie auch manchmal, wenn es um die Fürsorge der Großmutter ging, im Stich gelassen. Die Scham darüber hat die heutige Sportlehrerin in der Therapie bearbeitet. Isabell erkennt inzwischen: *Die gleichen Verletzungen habe ich dann auch mit meiner Tochter durchgemacht und kann jetzt die Gefühle meiner Mutter gut verstehen ... In meiner Ehe bekam ich nicht die Geborgenheit, Zuwendung, Achtung, wie ich sie brauchte und erhoffte. Das machte mich unzufrieden – und ich gab nach unten, das heißt an die Kinder, weiter. Mit meinen jetzt erwachsenen Kindern habe ich darüber gesprochen. Der Sohn konnte mir lange nicht verzeihen und quälte mich mit seinen Aggressionen. Die Tochter hat mir schneller verziehen, weil sie die Erklärung von mir verstand und meinte, es sei Vergangenheit. Ich bin dankbar und froh, dass wir wieder liebevoll aufeinander zugehen, uns umarmen, trösten und uns gegenseitig helfen können. Ich bin auch glücklich darüber, dass wir es noch zu Lebzeiten dazu kommen lassen konnten. Mit Dankbarkeit und Stolz denke ich an meine Kinder.*

Karl-Gustav muss mit den asozialen Verhältnissen seiner Eltern fertig werden. Der Vater war Alkoholiker und schlug die Mutter und „vermietete" sie zur Prostitution in einem Bauwagen. Noch heute weiß Karl-Gustav nicht, wer sein wahrer Vater ist. Ein Erbgutachten ergab, dass er und drei seiner Geschwister jeweils einen anderen Vater haben. Die Mutter, auch eine Alkoholikerin, war eine unglückliche Frau: *Sie wollte sich das Leben nehmen, indem sie aufs Feld ging, sich mit Benzin in volltrunkenem Zustand übergoss und sich anzuzünden versuchte.* Karl-Gustav kann jedoch, nach intensiver Therapie, in der ich ihn kennenlernte, sagen: *Ich muss die Erwartung, die Illusion loswerden, dass mir meine Mutter das noch geben könnte, was sie mir bisher nicht gab. Sie kann mir nichts mehr geben, sie ist tot. Ich muss sie in Liebe ziehen lassen. Es ist der einzige Weg.*

Muriel, Fremdsprachensekretärin, Single, konnte schwer verwinden, dass der Vater ihr die Zustimmung verweigerte, zur Realschule zu gehen, obwohl sie die Aufnahmeprüfung bestanden hatte: *Ich kniete vor ihm, bettelte und weinte. Er blieb hart und ungerührt.* Er gab der Tochter viel Ohrfeigen, Hausarrest und Schelte. Auf Muriels Drängen hin ließ sich die Mutter scheiden: *Ich erlebte es als Befreiung und wertete dies als Bekenntnis meiner Mutter zu mir. Ich hatte gedroht: „Er oder ich."* Das Verhältnis zum Vater war zappenduster. Er starb mit einundachtzig, aber das Wunder geschah: *Warum habe ich verziehen? Es war mir ein Bedürfnis, den Kontakt zu meinem Vater wieder aufzunehmen. Ich sah einen alternden Mann und seine Lebensgeschichte. Er hatte es nicht gelernt, Schwächen und Fehler einzugestehen. Er war schwach gewesen, was er durch Lautstärke und brutale Handlung gegenüber Frau und Kind zu überspielen versuchte ... Jetzt waren wir Partner geworden. Er fragte mich um Rat, schrieb mir auch Briefe und scheute sich nicht, seine Einsamkeit zu bekennen und seine Gefühle zu mir zu äußern. Ich bin froh, dass ich bei meinem letzten Aufenthalt, bevor er starb, noch einen sehr schönen Spaziergang mit ihm gemacht habe. Er war glücklich, noch einmal durch dieses geliebte Tal gehen zu können, wohin er ohne mich und ohne Auto nicht hätte kommen können. Er hatte Schmerzen und war ziemlich schwach. Wir saßen auf einer Bank in der Sonne, und es war gut.*

Als vaterlos empfand sich Janosch, der drittgeborene einzige Sohn einer Kaufmannsfamilie: *Nach einer schweren Schwangerschaft kam ich gesund zur Welt, und mein Vater weinte vor Glück.* Doch: *In unserem Haus lebte Oma, die dankbar die Mutterrolle übernahm, weil meine Mutter ein eigenes Geschäft eröffnet hatte. In unserer Nachbarschaft lebte eine Tante, die fast jeden Tag im Haus war. Auch die anderen Töchter meiner Oma waren oft anwesend. So wundert es mich heute nicht, dass das meinem Vater auf die Dauer „zu viele Weiber" wurden. Er war ein toller Geschäftsmann, wurde von seiner*

Belegschaft geliebt, hatte Einfluss auf die Geschicke der Stadt, saß in Gremien, Vorständen, Aufsichtsräten und im Stadtrat. Sollte er wider Erwarten Zeit gehabt haben, so verschwand er im Keller bei seinem Hobby. Und bitte, den armen Mann durfte man jetzt nicht stören, zu Deutsch: „Er hat sich verpisst." Aus heutiger Sicht kann ich es verstehen, es war wohl die einzige Möglichkeit für ihn, sich vor all den Frauen zu schützen. Nur wäre es für mich entscheidend gewesen, wenn er mich mitgenommen hätte. So musste ich ohne Vater aufwachsen.

Erwachsen geworden und Vater von zwei Söhnen, seit über fünf Jahren alleinerziehend, steht Janosch vor dem Problem, *Wie bringe ich den Jungs etwas bei, was ich selbst nicht gelernt habe: Was ist ein Mann? Seine Identität, seine Vision? Ich hatte kein Vorbild und niemanden, der mir darüber etwas mitgeteilt hat. Die Botschaften waren einseitig weiblich.*

Inzwischen einunddreißig Jahre alt, von seiner ersten Frau verlassen, hat Janosch eine Therapie begonnen, an deren Anfang eine Familienaufstellung stand: *Hier begann die Versöhnungsarbeit. Im therapeutischen Rahmen beginne ich, mich auf meine Eltern zuzubewegen. Hier war auch der Raum für meine riesige Trauer und die ebenso große Wut. Nach vielen, auch schmerzvollen, Stunden, beginnt das ganze Lebenspuzzle zusammenzupassen. Das Bild, das entstand, war endlich ich. ... Das Verleugnen meines Ursprungs, das Nichtannehmen meines Vaters und meiner Mutter hat mir so viel*

Energie entzogen, dass diese mir entscheidend zum Leben gefehlt hat. *Und jetzt passiert etwas Wunderbares. Meine Eltern, inzwischen achtundsechzig Jahre und fünfundsechzig Jahre, sind auch in einer Therapie. Wir können miteinander reden, austauschen. Wie war es für euch? Wie für mich? Es eröffnen sich für mich bisher ungeahnte Horizonte. Es geht mir saugut mit meinen Eltern ... Heute treffe ich mich mit meinem Vater zum Frühstücken und mit meiner Mutter zum Abendessen. Wenn ich voll Achtung meinen inzwischen alt gewordenen Vater anschaue, dann verstehe ich, warum er von seiner Frau und seiner Belegschaft geliebt und geachtet wird. Ich kann ihn endlich als Mann, Vater und Vorbild annehmen.*

Janosch rät Menschen in der gleichen Versöhnungssituation: *Die nichtbewältigten Probleme in der Vergangenheit sind die nichtbewältigten Probleme in der Gegenwart. Eure Probleme mit den Eltern holen euch durch eure Kinder wieder ein. Ich bin dankbar, dass wir uns, wie auch immer, begegnen können. Dass ich meine Eltern noch zu Lebzeiten erleben, genießen und überhaupt haben kann. Dass ich ihnen heute, leibhaft, etwas von mir geben kann, anstatt Blumen aufs Grab.*

Post scriptum: Mein Vater hörte von diesem Schreiben und bat mich um eine Zweitschrift. Er bekommt sie, unzensiert.

Beenden wir dieses Kapitel mit Karl Jaspers (*Philosophie II. Existenzerhellung*). Der Philosoph meinte: *Stets gegenwärtige Treue gegen die Eltern ist* ein Element meines Selbstbewusstseins. Ich kann mich selbst nicht lieben, ohne meine Eltern zu lieben. Bringt die Zeit in neuen Situationen mit ihnen Konflikte, so ist das Äußerste, dass sich Treue umsetzt in Pietät als die Alltagsform zur Sicherung der Treue, die in ihrer Tiefe nicht jeden Augenblick vollzogen werden, aber als Bereitschaft gegenwärtig bleiben kann.

Treue verlangt, Kindheit und Jugenderfahrungen für immer zu erfahren und ernst zu nehmen. Nur die Ratlosigkeit leerer Existenz kann die eigene Jugend verlachen und, was wirklich war, als Jugendillusion beiseite schieben. Wer sich selbst nicht treu ist, kann niemandem treu sein.

*

Das Schicksal hat nicht den langen Arm, den man ihm zuschreibt; es hat nur Gewalt über Menschen, die sich an das Schicksal klammern oder es fürchten. Daher gilt es, Abstand zu gewinnen, indem wir die Natur und uns selbst klar erkennen und bewusst werden, woher wir kamen und wohin wir gelangen wollen, was gut und was schlecht für uns ist.

Lucius Annäus Seneca,
(4 v. Chr. – 65 n. Chr.)

Umarme deinen Gegner, bis er sich ergibt

Im Flugzeug nach New York, unterwegs zu meinem kranken Vater, ging mir auf, dass man ja nicht allein in den Himmel kommt, man nimmt seine Familienbeziehungen mit. Mir wurde klar, dass sich mir jetzt die Möglichkeit bot, diesen Besuch ganz anders als alle anderen zu gestalten ...

Ich hatte diesmal fest vor, ein Gefühl der Nähe mit beiden wieder herbeizuführen. Sie wie sonst auf Armeslänge von mir entfernt zu halten, wollte ich nun nicht mehr. Jahrelang hatte ich diese gezwungenen Treffen mit meinen Eltern gehasst und ihnen die Schuld daran gegeben, dass diese so unerfreulich abliefen. Dieses Mal wollte ich selbst die Verantwortung dafür übernehmen.

Ich hatte vorher nie daran gedacht, dass mein Training als Arzt, als Psychiater irgendetwas mit meinem Verhältnis zu meinen eigenen Eltern zu tun haben könnte. Jetzt kam es mir so vor, als ob Gott oder die Natur sagen wollte: „Nun mal los, Bloomfield; mal sehen, was du wirklich gelernt hast!"

Harold H. Bloomfield
Im Frieden mit den Eltern

Nicht alles lässt sich so einfach auflösen, wie ich es beim Schreiben dieses Buches gerne gehabt hätte. Miriam-Luisa zum Beispiel ist in ein Dilemma verstrickt, vor dem ich ratlos stehe. Die alleinerziehende Mutter eines Sohnes tut sich vor allem mit der eigenen Mutter, der heute Achtzigjährigen, schwer: *Meine Mutter hat mich viel arbeiten lassen – ich bin die Älteste von vier Kindern – und hat mich viel angeschrien und geschlagen. Ich bin auch einmal von zu Hause weggelaufen ... Ich habe mich bis heute vergeblich nach Liebe gesehnt. Meine Mutter hat mehrmals verkündigt, dass sie nie Kinder haben wollte – sie hat vier Kinder bekommen. Das muss auch schrecklich sein für eine Frau ... Es war auch mein Vater, der mich studieren ließ. Meine Mutter wollte mich als Hausmädchen benutzen. Das hat er nicht zugelassen ... Ich bemühe mich sehr um Verzeihung. Es ist sehr schwer. Ich habe sie einmal auf die Schläge angesprochen, die ich von ihr bekommen habe. Ich wollte einfach nur von ihr hören, dass sie das heute auch nicht mehr gut findet oder etwas Ähnliches. Aber da kommt nur Rechtfertigung: Dann hattest du die Schläge auch verdient. Es kommt keine Weichheit, keine Einsicht auf.* Miriam-Luisa hat selbst Therapie gemacht und möchte mit ihrer Mutter Frieden schließen, *aber dazu gehören zwei. Sonst wäre das kein Problem. Ich benehme mich ihr gegenüber respektvoll und freundlich. Das ist vorläufig mein Beitrag.*

Was Miriam-Luisa weiter quält, ist das Verhältnis zu ihrem Sohn: *Ich habe meinen Sohn allein erzogen. Ich wollte alles anders und besser machen. Es ist mir bestimmt im Grundsatz auch gelungen. Ich habe 1971 einen Kinderladen gegründet, was für meinen Sohn und mich ganz wichtig war. Ich habe mir Hilfe geholt und bekommen. Mein Sohn war ein guter Schüler. Er hat leicht gelernt, er war witzig und lustig und einfach ein prima Kerl – einundzwanzig Jahre lang. Von da an begann eine Entwicklung völlig gegen mich. Ich konnte und kann bis heute nichts tun, um mit ihm wieder in eine gute Beziehung zu kommen. Er entzieht sich allen Bitten um Aussprache. Er wirft mir nichts vor. Das ist schrecklich, andernfalls wüsste ich wenigstens, worum es geht. Er sagt, es ist alles in Ordnung. Es stimmt nicht, aber auch hier verspüre ich wieder Hilflosigkeit. Was kann ich darauf antworten? Ich habe ihm eine gute Ausbildung bezahlt, ich habe mich liebevoll und helfend mit ihm zusammengesetzt, als klar wurde, dass er schwul ist. Ich hatte ein gutes Verhältnis zu seinem langjährigen Freund, aber etwas ist schief gelaufen. Er hilft mir nicht.*

Miriam-Luisa meint am Ende: *Man sollte versuchen, zu vergeben – und zu vergessen – auch zum eigenen Wohlbefinden. Denn Familie kann krank machen.* Der Wiener Aphoristiker Karl Kraus meinte denn auch ironisch: *Der Begriff Familienbande hat einen Beigeschmack von Wahrheit.*

Manchmal kommt die Versöhnung auch leichtflügelig angeflogen. Beatrice, neununddreißig, Steuerberaterin, verheiratet, zwei Kinder, schickte ihrem Vater nach jahrelanger Entfremdung und Schweigen

305

ein kleines Gedicht, das sie irgendwo entdeckt hatte. Es spielte auf die Ungeborgenheit der kleinen Beatrice und die Sehnsucht nach ihrem Vater an. Um das Ergebnis vorwegzunehmen, der Vater rief postwendend nach Erhalt des lyrischen Poems an und vereinbarte ein Treffen mit der Tochter, und sie sprachen sich im Guten aus. Für den Vater bildete das zarte Gedicht, weil es keine Anklage war, eine Brücke zum Herzen seiner Tochter. Das Gedicht ist von Eveline Erlsbacher:

Vater
wirf mich nicht weg
sagt das kind
ich habe noch ein paar träume von der zukunft
die du mir schenken wolltest
ich habe noch von dem vertrauen
und der wärme
mit der du mich erwartet hast.

lass mich nicht allein
sagt das kind
meine seele ist noch so weich
und meine beine unsicher
und ich habe noch von der liebe
die du mir ins nest gelegt hast.

missbrauche mich nicht
sagt das kind
mein licht reicht noch nicht
für die dunklen stürme des lebens

und ich habe noch von der hoffnung
dass ich stern an deinem himmel
licht in deinem hause bin.

zerbrich mich nicht
sagt das kind
ich habe noch nicht gelernt
mich gegen die gewalt zu wehren
und ich habe auch noch von der illusion
dass kindsein heißt
geborgenheit.

In der Therapie mache ich oft die Erfahrung, dass Eltern sich durch ein Gedicht oder einen Prosatext, manchmal auch ein entsprechendes Sachbuch oder eine Kassette, angesprochen fühlen und mit den erwachsenen Kindern ein tieferes Gespräch zulassen. Tödlich ist, wie bereits früher gesagt, die Anklage gegen die Eltern. Wolltest du dich, liebe Leserin, lieber Leser, am Ende deines Lebens von einem erwachsenen Kind auf die Anklagebank setzen lassen? Würdest du es akzeptieren wollen, wenn deine Tochter, dein Sohn dein gesamtes Leben zum Pfusch und zum Versagen erklärt? Ist gar keine Dankbarkeit gefragt?

Damit bin ich bei dem, was mir am wichtigsten ist: die Dankbarkeit. Wie immer sich Eltern schwer getan haben bei der Erziehung ihres Kindes, sie haben in den tausendfältigen Prüfungen des Alltags erst einmal etwas geleistet. Sie haben mich genährt, gefüttert, begleitet, auf die Schule geschickt, gestützt, gemahnt, ermuntert, mich in meiner Krankheit gepflegt, geschützt. Sie haben mich auf ihre Weise eben meist doch geliebt. Nach dem schweren Teil der Therapie, in dem das Eltern-Drama bewütet und beweint wurde, erlebe ich immer freudvoll, wieviel Schönes Klienten plötzlich dann auch in ihrer Kindheit entdecken. Es ist meist überwältigend, was an Schätzen hinter dem Schutt schlimmer Erinnerungen an das Tageslicht kommt. Ich bin verblüfft, wieviele liebenswerte, drollige, gescheite, witzige und paradoxe Züge erwachsene Menschen in diesem Stadium der Therapie an den Eltern entdecken. Edgar, einundfünfzig, Radiologe, konstatierte in meiner Praxis: *Gegen meine Eltern bin ich ein angepasster Spießer. Sie waren herrliche Chaoten. Sie hatten nie Geld, aber immer Schulden, und der Sekt floss in Strömen.*

Ohne Dankbarkeit gibt es kein Leben. Vergessen wir nicht, wir haben uns in diesem Buch und bei der Beantwortung des Fragebogens stark auf die Psychopathologie der Eltern-Kind-Beziehung, das heißt die Fülle der Verletzungen, konzentriert, was eine einseitige Perspektive ergibt. Tatsächlich gibt es auch so viel Blühendes zwischen Eltern und Kindern. Wir sind auch voller schöner Elterngeschichten. Wenn wir als Geschwister zusammen sind, kommen wir mit unseren Eltern- und Kindheitsgeschichten vom Hundertsten aufs Tausendste und können nicht genug davon bekommen.

Die Familie ist nicht tot, wie manche Soziologen vorschnell behaupten, sie wird es auch nie sein. In der *positiven Therapie* des in Wiesbaden praktizierenden iranischen Psychotherapeuten Peseschkian spielt der orientalische Familienverband der Sippe eine wunderschöne, tragende Rolle. Davon sollten wir westlichen Menschen mit unserem manchmal einseitigen, egozentrischen Selbstverwirklichungstrip uns ein Stück abgucken. Eltern sind auch Schätze, gewaltige zinsbringende Kapitalien unseres Lebens, Startrampen, von denen wir, mit hohem Treibsatz ausgestattet, zum Kosmonautenflug in die Galaxien unseres künftigen Kosmos katapultiert werden. Wir sollten auch Lobeshymnen auf unsere Eltern singen, frei nach dem Motto meiner Klienten Edith und Peter:

> *Am Grabe streuen Menschen Blumen:*
> *Warum denn nur im Leben nicht,*
> *Warum so sparsam mit der Liebe,*
> *Und warten bis ein Auge bricht.*
> *Den Toten freuen keine Blumen,*
> *Er fühlt im Grabe keinen Schmerz,*
> *Würde man im Leben Liebe üben,*
> *Dann schlüge länger manches Herz!*

Holprig oder nicht, das Gedicht bringt die Sache mit den Eltern auf den Punkt.

Almut, der Name ist authentisch, beglückte ihre Mutter Luise, auch der Name ist authentisch, zu deren fünfzigstem Geburtstag vor einigen Jahren mit einer köstlichen, epistolaren Liebeserklärung: *Liebe Mama, mit jedem Jahr gehst du neue Schritte. Jeder Schritt bringt dich weiter voran. Du entdeckst* dich selbst und wie wunderbar du bist. Ich danke dir dafür, dass du mir stets ein Vorbild bist. Du bist eine mutige Frau und strahlst innere und äußerliche Schönheit aus. Ich bin stolz darauf, deine Tochter zu sein! Zum Geburtstag sende ich dir meine allerliebsten Grüße und einen dicken Kuss! Deine Almut.

Pablo Picasso bedankte sich einmal bei seiner Mutter für das Urvertrauen, das sie ihm als Kind mit auf den Lebensweg gab, mit folgenden erinnernden Worten: *Als ich ein Kind war, sagte meine Mutter zu mir: „Wirst du Soldat, so wirst du General werden. Wirst du Mönch, so wirst du Papst werden." Ich wollte Maler werden, und ich bin Picasso geworden.*

Warum nicht auch einmal zugeben, was wir von den Eltern mitgenommen haben, auch und gerade, wenn es ein schöner Körper ist. Undine, Mutter von zwei Kindern, noch im unabgeschlossenen Prozess der Versöhnung (*Ich wünsche mir manchmal, dass meine Eltern tot wären*), rühmt die Mitgift ihrer Eltern: *Meine künstlerische Begabung, meine Fähigkeit für Sprache, Vernunft, logisches Denken, meine Liebe zur Poesie und Philosophie. Meine Freude an der Natur, an den Kindern und an den Tieren. Meine Freude an den einfachen Dingen. Mein südländisches Aussehen. Meine Schönheit. Meine braunen Augen. Meine Naturlocken, meine Intelligenz. Mein Leben überhaupt bekommen zu haben.*

Einen ganzen Katalog guter Mitgift zählt Annerose bei der Würdigung ihrer Eltern auf: *Liebe zur Musik, Vermittlung christlicher Werte ohne „Druck". Unterstützung in der Schule. Vermittlung*

*von Traditionen im positiven Sinn (Mutter). Gebor-
genheit, Vermittlung von Geschichte und Kunstge-
schichte. Die Liebe zur Literatur. An meinem Vater
imponiert mir seine Bildung, seine Liebe zum Rad-
fahren, sein Engagement gegen Faschismus. An meiner Mutter imponiert mir ihr Engagement in zwei
Chören, ehrenamtliche Arbeit in der Kirche. Und
das Wichtigste fällt mir komischerweise erst zuletzt
ein, nämlich, dass sie es schafft, für uns (längst
erwachsene Kinder) da zu sein, ohne sich aufzu-
drängen dabei ... Ich bin dankbar für das, was ihr
mir mitgegeben habt.*

Mit *befriedigend* und *gut* komme ich spielend
durch jede Prüfung. Genau diese Noten gibt Sybille
dem Verhältnis zu ihrer Mutter und ihrem Vater.
Beiden attestiert sie die Vermittlung von Geborgenheit und Werten: *Mir imponiert an beiden, dass sie
den Krieg und die Nachkriegsjahre gemeistert haben
und mir auch heute noch immer ein Zuhause, eine
echte Zufluchtsstätte bieten. Ich habe auch Hochachtung: Mein Vater hat nach dem Krieg durch eine
nebenberufliche Ausbildung über fünf Jahre seine
Ausbildung zum Bauingenieur gemacht!*

Evi, Ex-Studienrätin, verheiratet, musste vor
fünfzig Jahren die Scheidung ihrer Eltern erleben.
Der Mutter, den beiden Brüdern und Evi ging es
dreckig: *Wir waren bettelarm. Mein Vater hatte
noch keine feste Arbeit und konnte nicht viel schicken. An einem Weihnachten hatte meine Mutter
noch fünf D-Mark und noch keinen Weihnachts-
baum, geschweige denn ein Geschenk. Zum Glück*

kam mein Vater überraschend, fuhr mit uns in die Stadt, kaufte Orangen, Äpfel und Nüsse und ein Geschenk für jeden. Meine Eltern unternahmen zwei Versuche, wieder zusammenzukommen. Der erste scheiterte, weil meine Mutter das Rauchen nicht aufgab, der zweite, als mein Vater die Sonnenbrille nicht abnahm, als meine Mutter ihn fragen wollte. So spielt das Leben. Nach schweren Krankheiten, Asthma, Rheuma, Tumor, welch letzterer sie zeitweilig in den Rollstuhl zwang, hat die unerschrockene Evi in therapeutischen Gesprächen die Beziehung zu ihren Eltern geklärt: *Ich ging durch Wut, Frust, Trauer und auch zeitweise Hass. Ich denke aber, dass ich inzwischen mit ihnen versöhnt bin. Ich habe ihnen gegenüber keine „negativen" Gefühle mehr. Im Gegenteil. Mein Vater ist 1962, meine Mutter 1989 gestorben. Bei beiden habe ich sehr geweint und lange getrauert. In der Therapie habe ich ihnen verziehen, aber auch gedankt.*

Zu meiner Mutter hatte ich etwa ab dem fünfzigsten Lebensjahr ein wunderbares Verhältnis. Nicht wie Mutter und Tochter, sondern wie zwei Freundinnen. Wir konnten wirklich über alles sprechen. Wir hatten keine Geheimnisse voreinander. Sie hat mich auch aufgeklärt, mir nie Steine in den Weg gelegt, mich ermutigt – sie war eine wunderbare Frau... Dass mein Vater sich von unten wieder so hochbrachte, verdient meinen Respekt. Ich habe von beiden gelernt zu kämpfen, niemals aufzugeben, mutig zu sein, auch in verfahrenen Situationen. Ich kann nur jedem raten, sich mit seinen Eltern zu ver-

söhnen, allein um auch in Frieden mit sich selbst
leben zu können.

Kritik und Dankbarkeit gegenüber den Eltern
können sich auch in einem Brief voller dialektischer
Fragen an Mutter oder Vater ausdrücken. So schrieb
Bianca zum achtundachtzigsten Geburtstag ihrer
Mutter folgende Betrachtungen zu ihrem Schicksal,
als Tochter und nicht als ihr Sohn geboren worden
zu sein:

Liebe Mama,
was wäre gewesen, wenn ich als vierter Sohn in un-
sere Familie hineingeboren worden wäre? Ich hätte
Hosen, Matrosenanzüge und kurze Haare getragen.
Ich hätte im Stehen pinkeln gedurft, keine lästi-
gen Hausarbeiten verrichten müssen und sonntags
im Herrenzimmer den Internationalen Frühschop-
pen mit ansehen dürfen. Mit den Jungen hätte ich
raufen dürfen, hätte weder Handtasche noch Stock-
schirm gekannt und eine Klasse repetieren wäre kein
Weltuntergang gewesen. Von Puppen, Handarbeit
und Näharbeit wäre ich verschont geblieben, hätte
meine Hupe an meinem Fahrrad nicht abgenommen
bekommen und mit achtzehn Jahren meine Runden
auf dem Motorroller gedreht. Ich hätte nicht das
Schlafzimmer mit der Tante teilen müssen, meine
Freunde und die Clique wären weniger misstrauisch
begutachtet worden. Ich hätte mit den Jungen Sport
getrieben und wäre mit den Pfadfindern auf große
Fahrt gegangen. Ich hätte meine Fremdsprachen früh
im Ausland vertieft und die Welt kennen gelernt.

Schleifchen, Plisseeröcke, Pettycoat und Perlonstrümpfe, Boleros, Stöckelschuhe und Stola wären ein Fremdwort gewesen.

Aber alles kam anders. Ich musste viel kämpfen, musste mich verteidigen und mich wehren. Was wäre, wenn ich nicht als Tochter in diese männermordende Familie gekommen wäre? Ich hätte nie meine Freundin Brigitte kennengelernt. Hätte nie bei meinen Freundinnen Irmfriede und Lilo an der Konfirmation auf dem Tisch getanzt. Ich hätte nie den Mut gehabt, Boxhandschuhe zu meiner Verteidigung mit in die Schule zu nehmen.

Ich hätte nie auf dem Marktplatz „Mein Vater ist ein Wandersmann" gesungen. Meine Mutproben, die mir meine Brüder gestellt hatten – im dunklen Aufzug zu sitzen, über einen Balkon, über einem Trümmerloch zu balancieren –, hatte ich bestanden. Meine Herde von Erziehungsberechtigten musste ich täuschen, um meine Pläne auszuführen. Ich hätte nie die interessanten Internatsjahre erlebt und lebensprägende Freundschaften geschlossen. Ich hätte heute nicht diese prächtigen Kinder und meinen außergewöhnlichen Lebensweg.

Ich hätte nicht diese starke Mutter erlebt. Aber eins, liebe Mama, würde ich noch gerne erleben, dass wir beide uns endlich so akzeptieren, wie wir wirklich sind – jeder in seiner Welt.

Deine Tochter
53 Jahre

Wie sagt der Volksmund: *Schreibe Wohltaten in Marmor, Kränkungen in Sand.* Das Sprichwort ist, wie fast alle, einseitig, aber es hat einen wahren Kern. Wichtig ist, dass wir, anstatt zu hadern und masochistisch in Selbstabwertungen zu schwelgen, lernen, uns selbst zu *bemuttern* und zu *bevatern.* Wenn wir das gelernt haben, können wir den Eltern auf gleicher Ebene, das heißt in der Erwachsenenperspektive, gegenübertreten. Wir können darauf verzichten, jene Verwöhnung und Zuwendung, die wir schon in der Kindheit vermissten, jetzt noch bekommen zu wollen. Das ist ohnehin absurd. Die Eltern sterben biologisch vor uns. Wir müssen uns ablösen, ob wir wollen oder nicht. Wir sind selber für die berühmten „Streicheleinheiten", die wir brauchen, verantwortlich.

Sich bemuttern heißt nichts anderes und nicht mehr, als genau das selber für mich zu tun, was ich von meiner Mutter gerne gehabt hätte – also zum Beispiel mich ins Bett zu stecken, wenn ich mich schlapp fühle. Mir etwas Schönes zu kochen, mir ein kleines Geschenk mitzubringen, liebevoll mit mir zu sprechen. Oder mich zu einer Kündigung bei einem schlechten Arbeitsplatz zu ermutigen, eine Alpenwanderung zu machen, eine neue Sportart zu lernen, wozu mich ein guter Vater motiviert hätte. Habe ich gelernt, mich zu bevatern und zu bemuttern, gehe ich gut gewärmt durchs Leben.

Theo, vierundfünfzig, Konditor, drei Kinder, hat das begriffen: *Ich habe die väterliche Bäckerei übernommen. Du weißt, lieber Mathias, wie hart Bäcker* arbeiten. Um vier Uhr musste ich als Fünfzehn-jähriger in der Backstube stehen, da gab es kein Vertun. Mein Vater war ein ziemlicher Antreiber. Er rackerte selbst bis zum Umfallen und starb bereits mit zweiundsechzig Jahren, eine Rente hat er nie erlebt. Diese Arbeitsbesessenheit habe ich ihm nachgemacht. Eigentlich habe ich mit ihm konkurriert, denn heute gehören mir drei Bäckereien und ein grosses Café. Der Vater saß mir immer auf dem Rücken, beziehungsweise ich habe ihn auf meinen Rücken plaziert. Das ist mir auf der Reha-Klinik deutlich geworden.

Warum Reha-Klinik, wirst du fragen? Ja, ich bekam mit einundfünfzig einen schweren Herzinfarkt. Das war ein Alarmzeichen. In den therapeutischen Gruppengesprächen in der Reha-Klinik begriff ich das väterliche Muster in mir. Ich habe damals nicht nur um mich, sondern auch um meinen Vater geweint. Ich ließ erst einmal das Gefühl zu, wie sehr er mir fehlt. Ich habe ihn doch sehr geachtet. Er war mir ein Vorbild, im Guten wie im Problematischen.

In der Reha-Klinik wollte ich meine schriftlichen Arbeiten erledigen, vor allem die Steuererklärung und Verbandspflichten. Der Therapeut, ein dicker, gemütlicher Mann mit Rauschebart, hat mir das verboten. Er war der gute Vater für mich, einmal nahm er mich sogar in einer Art von zärtlichem Spaß auf den Schoß, und ich alter Depp war richtig gerührt und schlang meine Arme um seinen Hals. So etwas kann man keinem erzählen, der nicht selbst Therapie gemacht hat.

316

Ich habe seit der Reha-Klinik gelernt, mich gut zu „bevatern" – so nannte das der Therapeut. Ich arbeite heute nur noch vier Stunden am Tag, delegiere viel Arbeit. Ich schwimme täglich und perfektioniere die alte Leidenschaft meiner Jugend: das Holzschnitzen. Ich glaube, mein Papa im Himmel ist nicht nur stolz auf mich, sondern auch glücklich, dass ich, anders als er mit sich, besser mit mir umgehe. Auch die Liebe zu meiner Frau und den Kindern erlebe ich wie einen aufbrechenden Frühling.

Man mag mich totschlagen und der Verliebtheit in die Körpertherapie bezichtigen, aber ich lasse nicht ab von dem Gedanken, dass eine kraftvolle Umarmung immer noch das stärkste Argument in der Liebe ist: Umarme deinen „Gegner", bis er sich ergibt. Margarete, neunundzwanzig, ist durch ihre Krebskrankheit, wie sie schreibt, *erwachsen geworden.* Der Wurm in ihrer eigentlich behüteten Kindheit (*meine Eltern sind für mich ein Rückhalt*) war, dass der Vater seine Liebe, wie viele Männer, nicht so recht zeigen konnte. Soll sie kapitulieren? Sie denkt nicht daran. Wenn man mit einem metastasierenden Karzinom dem Tod ins Auge gesehen hat, zahlt man nicht mehr mit so kleiner Münze. Margarete: *Ich bin in der Beziehung zu meinen Eltern in Bewegung. Übrigens ist es mit meinem Vater zu Weihnachten, Geburtstag usw. „ab und an" auch der Fall, dass wir uns in den Arm nehmen. Der Impuls kommt von mir. Umgekehrt pflegt die Mutter neuerdings öfters einmal zu sagen: Komm her, ich*

317

nehme dich in den Arm. Ich habe dich als Kind vielleicht zu wenig gedrückt.

Natürlich ist das mit dem In-den-Arm-Nehmen nicht immer einfach. Aber wer von uns hätte das nicht auch schon gelernt, gegenüber dem Partner, Freunden oder mit den eigenen Kindern. Wir alle verfügen doch über ein hohes Maß an Körpersprache. Ich möchte die Eltern sehen, die sich auf Dauer der Umarmungsstrategie zu entziehen vermögen. Insgeheim sehnt sich doch jeder Mensch nach Körperkontakt. Er muss seine Sehnsucht vielleicht erst spüren lernen. Man muss halt einen Vater, eine Mutter bitten, *darf ich dich einmal in den Arm nehmen.* Naturgemäß kann man ihnen nicht mit der übergriffigen Naivität eines Neufundländers einfach sabbernd auf den Schoß springen. Die Annäherung ist vielmehr wie eine Therapie und braucht zarte Fingerchen.

Der amerikanische Arzt Harold H. Bloomfield, dem wir den schönen Ratgeber *In Frieden mit den Eltern* verdanken, schildert in seinem Buch unter dem ironischen Titel *Die zweihundertste Umarmung,* wie er seinen Vater so lange umarmte, bis dieser sich glücklich ergab: *Die Haut meines Vaters sah gelb aus, wie er da in einem Bett auf der Intensivstation lag, durch Drähte und Schläuche mit verschiedenen Apparaten und Monitoren verbunden. Er war immer ein kräftig gebauter Mann gewesen; jetzt hatte er mehr als dreißig Pfund verloren.*

Die Diagnose seiner Krankheit war Krebs in der Bauchspeicheldrüse, eine der gefährlichsten Krebs-

erkrankungen überhaupt. Die Ärzte taten für ihn, was sie konnten, mussten uns aber mitteilen, dass er nur noch drei bis sechs Monate zu leben hatte. Krebs der Bauchspeicheldrüse konnte man weder mit Bestrahlung noch mit Medikamenten behandeln, und man konnte uns nur wenig Hoffnung machen.

Als mein Vater ein paar Tage später in seinem Bett saß, ging ich auf ihn zu und sagte: „Vater, was mit dir passiert ist, nimmt mich wirklich sehr mit. Es hat mir dabei geholfen zu sehen, wie ich immer Abstand von dir gehalten habe, und auch, wie sehr ich dich doch eigentlich liebe." Ich beugte mich vor und wollte ihn umarmen, aber seine Schultern und Arme wurden ganz steif.

„Komm Vater, ich möchte dich wirklich gern umarmen."

Einen Augenblick lang sah er schockiert aus. Es war bei uns einfach nicht üblich, Zärtlichkeit füreinander zu zeigen. Ich bat ihn, sich etwas mehr aufzusetzen, damit ich ihn in meine Arme nehmen könnte, und versuchte es wieder. Dieses Mal wurde er noch steifer. Ich merkte schon, wie langsam die Wut wieder in mir hochstieg, und war kurz davor zu sagen: „Warum strenge ich mich eigentlich an? Wenn du mich mit derselben Kälte wie sonst behandeln willst, nur zu!" Jahrelang hatte ich ja meines Vaters Widerstand und Unbeugsamkeit dazu benutzt, ihm die Schuld zu geben, ihn abzulehnen und mir immer wieder zu sagen: „Siehst du, er macht sich nichts aus dir."

Dieses Mal aber dachte ich noch einmal darüber nach und stellte fest, dass diese Umarmung ja auch für mich wichtig war und nicht nur für ihn. Ich wollte ausdrücken, wie sehr ich ihn mochte, auch wenn es ihm noch so schwer fiel, mich an sich herankommen zu lassen. Mein Vater war immer von einem preußischen Pflichtbewusstsein; seine Eltern müssen ihm schon als Kind beigebracht haben, dass man seine Gefühle unterdrücken müsse, um ein echter Mann zu sein.

Mein alter Wunsch, ihm die Schuld an unserer fehlenden Nähe zu geben, verging, und ich freute mich wirklich auf die Aufgabe, ihm von nun an mehr Liebe zu zeigen. Ich sagte: „Komm, Vater, lege deine Arme um mich." Ich saß auf der Bettkante, neigte mich näher zu ihm hin, und er legte seine Arme um mich. „Ja, so ist es gut und jetzt drücken, ja richtig. Und nun noch einmal. Sehr gut."

Ich brachte meinem Vater eigentlich erst bei, wie man jemanden umarmt, und als er mich drückte, geschah etwas. Für einen winzigen Moment fühlte es sich an wie „ich hab dich lieb". Viele Jahre lang hatten wir uns kühl und formell mit einem „Guten Tag" die Hand gegeben, und jetzt warteten wir beide darauf, dass diese flüchtige Sensation der Nähe noch einmal auftrat. Aber immer gerade dann, wenn er anfing, dieses Gefühl der Wärme zu verspüren, rastete irgendetwas ein, sein Oberkörper wurde steif, und die Umarmung wurde peinlich. Es brauchte noch Monate, bis er weicher wurde und *seine Gefühle mit Hilfe seiner Arme auf mich übertragen konnte, wenn wir uns umarmten.*

Ach, hätte ich es doch auch geschafft, meinen Vater vor seinem Tod so wundervoll zu umarmen. Ich war noch nicht soweit. Die Geschichte zwischen Eltern und Kindern ist ein langer Prozess, der mit dem Tod der Eltern oft noch nicht zu Ende ist. Diese Geschichte ist Lebendigkeit pur, aber auch ein Drama von Irrungen und Wirrungen.

Ohne Irrungen geht es nicht, oder, wie Karl Jaspers konstatiert: *Zwischen Menschen ist es gerade im Wesentlichen nicht möglich, gleichsam in einem Schlage das Wahre zu erfassen. Der Mensch und seine Welt sind nicht reif im Augenblick, sondern erwerben sich durch eine Folge von Situationen. Er muss durch vorläufige, halbe, unvollständige Positionen hindurch, damit sie sich ergänzen; durch ins extrem Übersteigerte, damit sie sich überschlagen. Wer nur richtig handeln und sprechen will, handelt gar nicht. Er tritt nicht ein in den Prozess und wird unwahr, weil er unwirklich ist.*

Wer wahr sein will, muss wagen, sich zu irren, sich ins Unrecht zu setzen, muss die Dinge auf die Spitze treiben, oder auf des Messers Schneide bringen, damit sie wahrhaft und wirklich entschieden werden. Da somit keiner an den Anderen oder an sich den Anspruch stellen kann, in der Zeit vollendet zu sein, will die existenzielle Solidarität in Gegenseitigkeit sehen, nicht, um aburteilen und zu verwerfen, sondern um auch gerade im Versagen und Verstricktsein die Hand zu halten.

So steht es um die Dynamik der Eltern-Kind- und Kind-Eltern-Beziehung. Wir sind miteinander *verstrickt*. Nur durch die Totalität der Lebenssituationen erwerben wir uns und können wir uns gerecht werden. Wahrheit und Unwahrheit sind Elemente dieses Lebensprozesses.

Insofern richtet sich das folgende Gedicht des amerikanisch-libanesischen Dichters Khalil Gibran nicht nur zurück an die Adresse unserer Eltern, sondern vorwärts in Richtung unserer Verantwortung für unsere Kinder und die Generationenkette. Mit ihm will ich unser Buch beenden. Das Band zwischen Eltern, Kindern und Kindeskindern kann nur aus Freiheit, Respekt voreinander und der Liebe füreinander bestehen.

Ich danke dir, liebe Schreiberin, lieber Schreiber, für dein Vertrauen und dir, liebe Leserin, lieber Leser, für deine Geduld des Zuhörens. Ich wünsche dir Versöhnung mit deinen Eltern und, wenn es Not tut, mit deinen Kindern.

Ich lege dir am Ende unserer Seelenreise die Worte des „Propheten" aus Khalil Gibrams weltberühmtem Poem ans Herz:

Eure Kinder sind nicht e u r e Kinder.
Es sind Söhne und Töchter
von des Lebens Verlangen nach sich selber.
Sie kommen durch euch,
doch nicht v o n euch;
Und sind sie auch bei euch,
so gehören sie euch doch nicht.

Ihr dürft ihnen eure Liebe geben,
doch nicht eure Gedanken,
Denn sie haben ihre eigenen Gedanken.
Ihr dürft ihren Leib behausen,
doch nicht ihre Seele,
Denn ihre Seele wohnt im Hause von Morgen,
das ihr nicht zu betreten vermöget,
selbst nicht in euren Träumen.

Ihr dürft euch bestreben,
ihnen gleich zu werden,
doch suchet nicht,
sie euch gleich zu machen.
Denn das Leben läuft nicht rückwärts,
noch verweilet es beim Gestern.
Ihr seid Bogen,
von denen eure Kinder
als lebende Pfeile entsandt werden.
Lass deine Bogenrundung in der Hand des
Schützen Freude bedeuten.

... weitere Bücher vom Mathias Jung:

Seele – Sucht – Sehnsucht
Alltagssüchte ... ein Tabuthema, von dem fast jeder direkt oder indirekt betroffen ist.
352 S., gebunden

Trennung als Aufbruch
Trennungen sind die tapfersten und schmerzhaftesten seelischen Leistungen in unserem Leben.
300 S., gebunden

Die Lebensmitte stellt uns vor unabweisbare Probleme und kühne Herausforderungen!
Lebensnachmittag
(früher: Zweite Lebenshälfte) 256 S., gebunden

Das sprachlose Paar
Jede dritte Ehe geht in die Brüche ... Wie sprachlose Paare wieder Worte für einander finden, zeigt dieses Buch.
248 S., gebunden

Mut zum Ich
Nichts fällt uns schwerer, als selbstbewusst unseren eigenen Weg zu gehen.
288 S., gebunden

Vom gleichen Autor erschienen folgende Vorträge als Audiokassetten im emu-Verlag

Tonkassetten (Livevorträge) ca. 1,5 Std., DM 20,–

Lebensberatung
- Mein Charakter – mein Schicksal?
- Depression als Chance
- Das Verdrängte in unserer Seele
- Die Wunde der Ungeliebten
- Das Nein in der Liebe
- Was ist der Sinn des Lebens?
- Meine Sprache – meine Seele
- Söhne brauchen Väter – Das Männerdrama
- Krankheit als Kränkung und Anpassung
- Eifersucht – ein Schicksalsschlag?
- Der Mann – ein emotionales Sparschwein
- Der kleine Prinz – mein verschüttetes Ich
- Geschwisterliebe – Geschwisterrivalität
- Verlassen und verlassen werden
- Neurodermitis – Fehlernährter Körper – Aufgekratzte Seele
- Froschkönig – Glück und Zähneklappern der Liebe
- Das verletzte Kind in mir oder q»Hans mein Igel«
- Sein und Schein oder Des Kaisers neue Kleider
- Schneewittchen oder das Drama des Neides
- Das sprachlose Paar
- Die zweite Lebenshälfte – Endlichkeit und Aufbruch
- Siddharta: das Rätsel des Lebens
- Das Drama der Trennung
- Wege weiblicher Entwicklung
- Eisenhans oder Wie ein Mann ein Mann wird
- Mut zur Angst
- Das tapfere Schneiderlein oder Mut zum Leben
- Sexualität – Lust und Last
- Eigensinn oder Die Möwe Jonathan
- Außenbeziehung – Krise oder Chance
- Elternablösung – Hänsel und Gretel
- Liebesverträge in der Beziehung

- Lob der Einsamkeit
- Aggressionen unter Liebenden
- Mehr Zeit für mich
- Alkoholkrank: Der Betroffene und seine Familie
- Lebensbedingte Krankheiten nach Dr. M. O. Bruker
- Die Vater-Wunde
- Außenseiter – Das häßliche Entlein
- Befreiung der Weiblichkeit – Das Märchen Blaubart
- Tödliches Schweigen – Der Fischer und seine Frau
- Meditation: Freude – Angst – Hoffnung
- Alter und Tod. Rätsel der Natur
- Verzeihen und Versöhnen
- Frieden mit den Eltern
- Das Paar im Wandel: Jugend, Mitte, Alter
- Sexueller Missbrauch
- Seele – Sucht – Sehnsucht

Philosophie
- Sokrates oder Die Norm meines Gewissens
- Seneca oder Die Freude des Augenblicks
- Augustinus oder Der Zwiespalt
- Giordano Bruno oder Die neue Welt
- Descartes oder Der Januskopf der Wissenschaft
- Spinoza oder Das Abenteuer der Diesseitigkeit
- Hobbes oder Die Zähmung der Bestie Mensch
- Leibniz oder Die Beste aller Welten
- Voltaire oder Die Waffe des Geistes
- Kant oder Die Mündigkeit
- Hegel oder Der Fortschritt
- Feuerbach oder Die Sache mit Gott
- Marx oder die Entfremdung des Menschen
- Schopenhauer oder die Qual des Seins
- Nietzsche oder die Hymne auf das Leben
- Heidegger oder Die Angst
- Jaspers oder Die Weltphilosophie

Dr. med. M. O. Bruker und Co-Autoren:

Unsere Nahrung – unser Schicksal

Lebensbedingte Krankheiten

Idealgewicht ohne Hungerkur
mit Rezepten von Ilse Gutjahr

Stuhlverstopfung in 3 Tagen heilbar
mit Rezepten von Ilse Gutjahr

Herzinfarkt, Herz-, Gefäß- und Kreislauferkrankungen

Leber-, Galle-, Magen-, Darm- und Bauchspeicheldrüsen- erkrankungen

Erkältungen müssen nicht sein
mit Rezepten von Ilse Gutjahr

Rheuma – Ursache und Heilbehandlung
mit Rezepten von Ilse Gutjahr

Dr. M. O. Bruker/Ilse Gutjahr
Biologischer Ratgeber für Mutter und Kind

Diabetes und seine biologische Behandlung
mit Rezepten von Ilse Gutjahr

Allergien müssen nicht sein
Ursachen und Behandlung von Neurodermitis, Hautausschlä- gen, Ekzemen, Heuschnupfen und Asthma

Hilfe bei Kopfschmerzen, Migräne und Schlaflosigkeit

Dr. M. O. Bruker/Ilse Gutjahr
Zucker, Zucker …

Dr. M. O. Bruker/Ilse Gutjahr
Cholesterin – der lebensnot- wendige Stoff

Dr. M. O. Bruker/Ilse Gutjahr
Wer Diät ißt, wird krank

Dr. M. O. Bruker/Ilse Gutjahr
Osteoporose – Dichtung und Wahrheit

Dr. M. O. Bruker/Ilse Gutjahr
Reine Frauensache

Dr. med. M. O. Bruker/Dr. phil. Mathias Jung
Der Murks mit der Milch

Dr. med. Joachim Hensel
Über den Sinn des Leidens
mit einem Vorwort von
Dr. M. O. Bruker

Dr. med. M. O. Bruker/
Ilse Gutjahr
Fasten – aber richtig

Dr. M. O. Bruker/Ilse Gutjahr
Störungen der Schilddrüse

Dr. med. M. O. Bruker/Ilse Gutjahr
**Candida albicans, Pilze, Myko-
sen, Bakterien**

Dr. M. O. Bruker/Ilse Gutjahr
**Naturheilkunde – Richtig zu
Hause anwenden**

Dr. M. O. Bruker/Ilse Gutjahr
Krampfadern

Vorsicht Fluor

**Ärztlicher Rat aus ganzheit-
licher Sicht**

Dr. phil. Mathias Jung/
Ilse Gutjahr
Sterben auf Bestellung

Ilse Gutjahr/Erika Richter
Streicheleinheiten
Von der Kunst, schmackhafte
Brotaufstriche zu zaubern

Ilse Gutjahr
Iß, mein Kind
Vollwertkost vom Stillen bis zum
Pausenbrot

Ilse Gutjahr
**Das große Dr. Max Otto Bru-
ker-Ernährungsbuch**

Waltraud Becker
Lust ohne Reue
200 Vollwert-Rezepte ohne tierisches Eiweiß

Ein Verlag,
ein Haus, eine Philosophie.

Millionen Bundesbürger kennen den kämpferischen Ganzheitsarzt Dr. Max Otto Bruker, Jahrgang 1909, aus dem Fernsehen, aus Vorträgen, durch den „Mundfunk" überzeugter Patienten. Vor allem lesen sie aber die rund 30 Bücher des schwäbischen Humanisten und Seelenarztes. Mit einer Gesamtauflage von über drei Millionen Exemplaren ist Max Otto Bruker der wohl bedeutendste medizinische Erfolgsautor im deutschsprachigen Raum. Der – in der Nachfolge des Schweizer Reformarztes Bircher-Benner scherzhaft „Deutschlands Vollwertpapst" genannte – Massenaufklärer, langjährige Klinikchef und Ernährungsspezialist lehrt zwei fundamentale Erkenntnisse Patienten wie Gesunden: Der Mensch wird krank, weil er sich falsch ernährt. Der Mensch wird krank, weil er falsch lebt.

Hinter den Erfolgstiteln des emu-Verlages steht ein bedeutender Forscher und Arzt, eine Bewegung, ein Haus und tausende Schülerinnen und Schüler. 1994 wurde das „Dr. Max Otto Bruker Haus", das Zentrum für Gesundheit und ganzheitliche Lebensweise, auf der Lahnhöhe in Lahnstein bei Koblenz bezogen. Es stellt die äußere Krönung des Brukerschen Lebenswerkes dar: Der lichte Bau mit seinem Grasdach, den Sonnenkollektoren und den Wasserrecyclinganlagen, seinen Seminarräumen, dem Foyer mit der Glaskuppel und dem liebevollen Biogarten ist als Treffpunkt für all jene konzipiert, denen körperliche und seelische Gesundheit, ökologische und spirituelle Harmonie Herzensbedürfnis und Sehnsucht sind.

Hinter dem eleganten Halbmondkorpus mit dem markanten Grasdach verbirgt sich eine Begegnungsstätte für Gesundheitsbewußte, Seminarteilnehmer, Trost-, Ruhe- und Anregungsbedürftige.

Das Dr. Max Otto Bruker Haus

Feste Termine:

Jeden Dienstag, 18.30 Uhr: Vortrag Dr. phil. Mathias Jung (Lebenshilfe und Philosophie)
Jeden Mittwoch, 10.30 Uhr: Fragestunde mit Dr. med. Jürgen Birmans (Ärztlicher Rat aus ganzheitlicher Sicht)

Ausbildung Gesundheitsberater/in GGB
Lebensberatung/Frauen-, Männer- und Paargruppen

Die vitalstoffreiche Vollwertkost hat ihre Verbreitung, auch im klinischen Bereich, durch die unermüdliche Information und praktische Durchführung von Dr. M. O. Bruker gefunden. Um die Erkenntnisse gesunder Lebensführung und die durch falsche Ernährung provozierte Krankheitslawine ins öffentliche Bewußtsein zu rücken, bildet M. O. Bruker seit 1978 (im Rahmen der von ihm gegründeten „Gesellschaft für Gesundheitsberatung GGB e. V.") Gesundheitsberaterinnen und Gesundheitsberater GGB aus. Über 2000 Frauen und Männer haben bislang die berufsbegleitende Ausbildung bestanden und wirken in Volkshochschulen, Bioläden, Lehrküchen, Krankenhäusern, ärztlichen Praxen, Krankenversicherungen und ähnlichen Bereichen.

Auf der Lahnhöhe erhalten sie durch Dr. Bruker und sein Expertenteam nicht nur eine sorgfältige Grundlagenausbildung über die vitalstoffreiche Vollwerternährung und den Krankmacher der „entnatürlichten" (denaturierten) Zivilisationsernährung (raffinierter Fabrikzucker, Auszugsmehle, fabrikatorische Öle und Fette, tierisches Eiweiß usw.), sondern gewinnen auch Einblick in die leibseelischen Zusammenhänge der Krankheiten.

Anfragen zur Gesundheitsberater-Ausbildung wie zu den Selbsterfahrungsgruppen, Lebensberatung, Paartherapie und Psychotherapie bei Dr. Mathias Jung und weiteren Tages- und Wochenendseminaren sowie Einzelberatung sind zu richten an die Gesellschaft für Gesundheitsberatung GGB e. V., Taunusblick 1, 56112 Lahnstein (Tel.: 0 26 21 / 91 70 10, 91 70 17, 91 70 18, Fax: 0 26 21 / 91 70 33).

Fordern Sie ebenfalls ein kostenloses Probe-Exemplar der Zeitschrift „Der Gesundheitsberater" an!